校企合作汽车专业系列丛书

互联网+创新型“十四五”精品教材

汽车维护与保养

（微课版）

主　编　李　靖　严　飞　刘　娟

副主编　张晓伟　张超龙　张　芽　韩　雪

哈尔滨工程大学出版社
Harbin Engineering University Press

内容简介

本书按照汽车维修企业的实际工作需要编写而成，围绕着“预防为主、定期检测、强制维护”的原则，结合现代汽车的性能特点、使用维护规定及车主个性化需求等实际情况，系统地介绍了汽车维护概论及维护工具使用、汽车发动机的维护与保养、汽车电气设备与附件维护、汽车空调系统维护与保养、汽车底盘维护与保养、新能源汽车的维护与保养。

本书既可作为应用型本科、职业院校汽车专业的通用教材，也可供汽车修理厂、汽车运输部门的工人和技术人员参考。

图书在版编目（CIP）数据

汽车维护与保养 ：微课版 / 李靖，严飞，刘娟主编. —哈尔滨 ：哈尔滨工程大学出版社，2024.2

ISBN 978-7-5661-4301-3

I. ①汽… II. ①李… ②严… ③刘… III. ①汽车－车辆修理②汽车－车辆保养 IV. ①U472

中国国家版本馆 CIP 数据核字（2024）第 049361 号

汽车维护与保养（微课版）

QICHE WEIHU YU BAOYANG（WEIKE BAN）

责任编辑 田 婧

封面设计 赵俊红

出版发行 哈尔滨工程大学出版社

社　　址 哈尔滨市南岗区南通大街 145 号

邮政编码 150001

发行电话 0451-82519328

传　　真 0451-82519699

经　　销 新华书店

印　　刷 唐山唐文印刷有限公司

开　　本 889 mm×1 194 mm　1/16

印　　张 12.5

字　　数 360 千字

版　　次 2024 年 2 月第 1 版

印　　次 2024 年 2 月第 1 次印刷

书　　号 ISBN 978-7-5661-4301-3

定　　价 49.80 元

http://www.hrbeupress.com

E-mail:heupress@hrbeu.edu.cn

前　言

随着我国汽车工业的高速发展，一个新的观念，即“七分维护，三分修理”“以养代修”“维护为主，视情修理”正在被广大车主所接受。汽车维护与保养是汽车维护和修理的泛称，其实质就是对出现故障的汽车通过技术手段排查，找出故障原因，并采取一定措施使其排除故障并恢复，达到一定的性能和安全标准。汽车保养是指根据车辆各部位不同材料所需的保养条件，采用不同性质的专用护理材料和产品，对汽车进行全新的保养护理的工艺过程。

党的二十大报告指出，我们要坚持教育优先发展、科技自立自强、人才引领驱动，加快建设教育强国、科技强国、人才强国，坚持为党育人、为国育才，全面提高人才自主培养质量，着力造就拔尖创新人才，聚天下英才而用之。

本书在编写过程中，紧紧围绕课程标准，书中内容以完成工作任务为目标，力求做到“教中学，学中做”。通过理论知识与相关视频的结合，使学生更加全面地了解汽车相关知识和操作技能。

本书主要内容包括汽车维护概论及维护工具使用、汽车发动机的维护与保养、汽车电气设备与附件维护、汽车空调系统维护与保养、汽车底盘维护与保养、新能源汽车的维护与保养。本书实用性与针对性强，包含任务工单和思考练习，注重理实一体教学；通过现场实操，培养学生的动手操作能力和解决问题的能力，是一本具有鲜明特色的职业类教材。

本书由李靖（陕西机电职业技术学院）、严飞（眉县职业教育中心）、刘娟（陕西机电职业技术学院）担任主编，由张晓伟（陕西机电职业技术学院）、张超龙（陕西机电职业技术学院）、张芽（陕西机电职业技术学院）、韩雪（陕西机电职业技术学院）担任副主编。本书的相关资料和售后服务可扫描封底微信二维码或登录 www.bjzzwh.com 下载获得。

本书在编写过程中，编者引用了大量原厂手册及文献资料，在此向原作者们表示衷心的感谢！由于新能源汽车领域技术日新月异，同时编者知识和能力也会存在不足，书中难免存在不当之处，恳请读者及时反馈，以便以后修订。

编　者

目　录 CONTENTS

项目一 汽车维护与保养的基本知识

项目概述

汽车维护是指定期对汽车相关部分进行检查、清洁、补给、润滑、调整或更换某些零件的预防性工作。其目的是保持车容整洁，技术状况正常，消除隐患，预防故障发生，减缓劣化过程，延长使用周期。本项目介绍汽车维护与保养概论和汽车维护工具的使用，包含以下两个任务。

任务一：汽车维护与保养概论。

任务二：汽车维护工具的使用。

通过以上两个任务的学习，使读者能够掌握现代汽车维护与保养的意义和目的，正确使用汽车维护常用工具。

学习目标

知识目标

◆ 了解现代汽车维护与保养的意义和目的。

◆ 了解现代汽车维护与保养的原则和分类依据。

◆ 准确识别和选择各种类别、型号的量具，以精准的匠人精神正确运用量具并掌握安全操作方法。

◆ 熟悉汽车维护常用工具的维护方法。

能力目标

◆ 熟练掌握现代汽车维护与保养的分类及作业内容。

素质目标

◆ 培养学生的分析能力。

◆ 培养学生的探索精神、创新精神。

思政目标

◆ 通过本项目的学习，培养学生的创新意识，让学生对汽车维护和维护工具更加了解，提高学生的动手能力，让学生体会工匠精神，明确工匠精神的重要性。

任务工单

任务名称	汽车常用工具的使用	学时		班级	
学生姓名		学生学号		任务成绩	
实训设备	常用工具一套	实训场地		日期	
任务载体	谈到维护，许多顾客都会自然地联想到维护工具的使用，其实规范地使用每一类工具并不容易。本任务重点介绍常用维护工具的使用。				

一、资讯

1．普通扳手有：呆扳手、________、________、________、________、________。

2．手钳的种类有：________、________、________、________、________。

二、决策与计划

请结合汽车维护作业，小组确定所需要的工具并制订出工具的摆放方案。

1．5 000 km 维护作业需要的工具：

____

2．10 000 km 维护作业需要的工具：

____

3．30 000 km 维护作业需要的工具：

____

三、实施

1．写出常用工具的使用方法与注意事项。

____

2．说说你对轿车维修专用工具的认识。

____

四、检查及评估

1．各组就维护作业常用工具的摆放方案进行自我评估，并提出改进意见。

____

2．教师对小组工作情况进行评估，并进行点评。

____

任务一　汽车维护与保养概论

一、现代汽车维护与保养的意义及目的

（一）现代汽车维护与保养的意义

随着现代汽车制造业的不断进步，新技术、新工艺、新材料得到广泛应用，汽车的技术性能有了很大的提高。但是，汽车作为机电产品，即使性能极其卓越，随着行驶里程的增加，其零部件也会逐渐发生磨损，技术状况会不断变差，这是不可避免的。如图 1–1 所示为汽车零部件磨损的三个阶段，其中正常工作期越长，就意味着大修间隔里程越长，车辆使用成本越低，而正常工作期的长短主要取决于车辆的使用与保养状况。

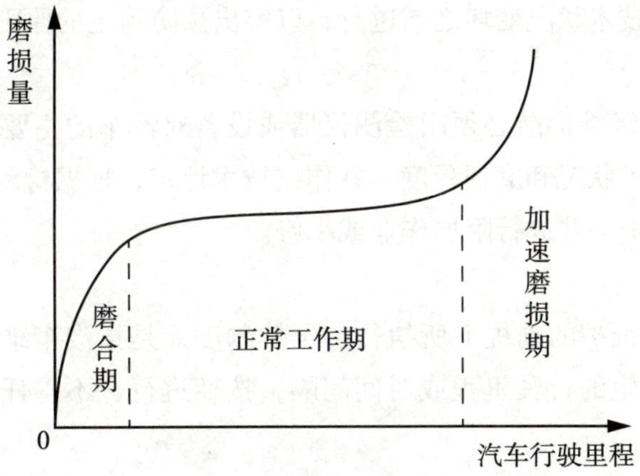

图 1–1　汽车零部件磨损的三个阶段

如图 1–2 所示为汽车零部件的磨损曲线，由图可以看出，其磨损的程度在其他条件（如材料、路况等）相同的情况下，会因使用方法、保养的情况不同而有很大的差异。由此可见，只有根据零部件的磨损规律制定切实可行的维护保养措施，才能使其保持完好的技术状态，这便是汽车维护与保养的意义所在。

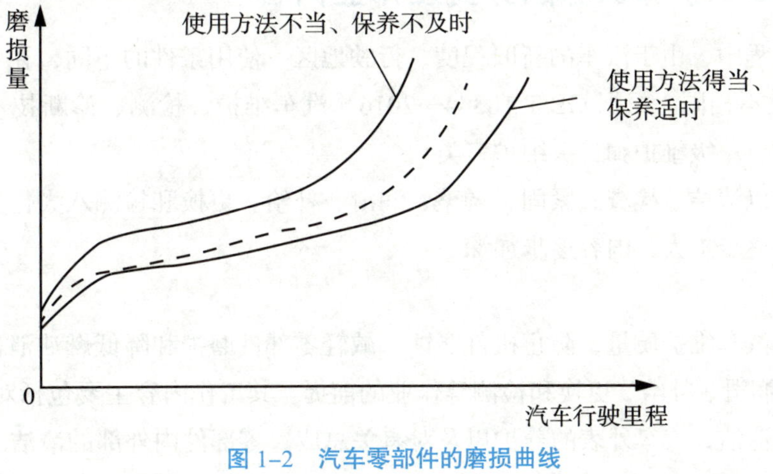

图 1–2　汽车零部件的磨损曲线

（二）现代汽车维护与保养的目的

当汽车行驶一定的里程和时间间隔后，根据汽车维护技术标准，按规定的工艺流程、作业范围、作业项目和技术要求所进行的预防性作业称为汽车维护。其目的就是保持车辆技术状况良好，确保行车安全，充分发挥汽车的使用效能和降低运行消耗，以取得良好的经济效益、社会效益和环境效益。

二、现代汽车维护与保养的原则

根据《道路运输车辆技术管理规定》，汽车维护应贯彻“预防为主、定期检测、强制维护”的原则，即汽车维护必须遵照交通运输管理部门和汽车生产厂家规定的行驶里程或时间间隔，按期强制执行，不得拖延，并在维护作业中遵循汽车维护分级和作业范围的有关规定，以保证维护质量。

1. 预防为主

汽车维护是预防性的，保持车容整洁、车况良好，及时消除发现的故障和隐患，防止汽车过早损坏是汽车维护的基本要求。汽车维护的各项作业是有计划定期执行的，其内容是依照汽车技术状况变化的规律来安排的，并赶在汽车技术状况变坏之前进行，以突出预防为主的原则。

2. 定期检测

定期检测是指汽车在二级维护前必须用检测仪器或设备对汽车的主要性能和技术状况进行检测诊断，以了解和掌握汽车的技术状况和磨损程度，并作出技术评定，根据检测结果确定该车的附加作业或小修项目，从而结合二级维护一并进行附加作业或小修。

3. 强制维护

强制维护是在计划预防维护的前提下所执行的维护制度，是指汽车维护工作必须遵照交通运输管理部门或汽车使用说明书规定的行驶里程或时间间隔，按期进行，不得任意拖延，以体现强制性的维护原则。

思政链接

以上原则与习近平总书记所提出的“人民至上、生命至上，保护人民生命安全和身体健康可以不惜一切代价”“我们要倡导绿色、低碳、循环、可持续的生产生活方式”的理念是一脉相承的。

三、现代汽车维护与保养的分类及作业内容

在汽车的使用过程中，由于汽车的新旧程度、行驶地区、使用条件的不同，在各个时期对汽车维护与保养的作业分类也不相同。根据 GB/T 18344—2016《汽车维护、检测、诊断技术规范》的规定，汽车维护分为日常维护、一级维护和二级维护三类。

汽车维护与保养以清洁、检查、紧固、调整、润滑、补给、更换和检测八大作业为主，维护范围随着行驶里程的增加而逐步扩大，内容逐步加深。

1. 清洁作业

清洁作业是提高汽车维护质量，防止机件腐蚀，减轻零部件磨损和降低燃油消耗的基础，也是做好检查、紧固、调整、润滑、补给、更换和检测等作业的前提。其工作内容主要包括对燃油、机油、空气、空调等滤清器滤芯的清洁，汽车外表的养护以及对有关总成、零部件内外部的清洁。

提示

发动机中的燃料供给系统、润滑系统、冷却系统，底盘中的制动系统、液压助力转向系统、自动变速器以及车身中的空调系统等，可根据需要进行深度免拆清洁，即“骨子里”的清洁，以便彻底清除这些系统管路中的积炭、漆膜、杂质和胶质等沉积物，从而提高系统工作性能、降低能源消耗、延长使用寿命。

2. 检查作业

检查作业是汽车维护的重要工作之一，通过对汽车各部位的检查，以确定零部件的变异和损坏情况。其工作内容主要是检查汽车各总成和机件是否齐全，连接是否紧固；是否存在漏水、漏油、漏气和漏电等现象；利用汽车上的指示仪表、报警装置以及随车诊断装置，检查各总成、机构和仪表的技术状况是否完好。

3. 紧固作业

紧固作业是确保各部位机件连接可靠，防止机件松动出现安全隐患的重要预防性作业。汽车在运行中，由于振动、颠簸、热胀冷缩等原因，会改变零部件的紧固程度，以致零部件失去连接的可靠性。紧固工作的重点应放在负荷重且经常变化的各机件的连接部位上。

4. 调整作业

调整作业是保证各总成和机件长期正常工作的重要环节。调整工作的好坏，对减少机件磨损、保持汽车使用的经济性和可靠性有直接的关系。其作业内容主要是按技术要求，恢复总成、机件的正常配合间隙及工作性能等。

5. 润滑作业

润滑作业是为了减小各摩擦间的摩擦力，减轻机件的磨损所进行的作业。其工作内容包括按照汽车的润滑图表和规定的周期，用规定牌号的润滑油或润滑脂进行润滑；各油嘴、油杯和通气塞必须配齐，并保持畅通；发动机、变速器、转向器、驱动桥等应按规定补充、更换润滑油。

提示

润滑作业是确保汽车各运转部件能够正常运转的最频繁、最重要的维护作业，也是最大限度地减小运动副摩擦阻力，降低零部件磨损，延长车辆使用寿命的关键环节。如发动机号称汽车的“心脏”，而润滑油（俗称机油）号称发动机的“血液”，其润滑性能的好坏直接决定发动机的能耗、排放、噪声和寿命；自动变速器是汽车上结构最复杂的机、电、液一体化的产品，其工作性能的好坏和使用寿命的长短直接取决于液力传动油的选用。因此，应认真提炼润滑作业中的典型工作任务，让学生熟练掌握润滑作业的工艺流程、操作要领、技术要求和注意事项等关键内容。

6. 补给作业

补给作业是指在汽车维护中，对汽车的燃料及特殊工作液进行加注补充；对蓄电池进行补充充电、对轮胎进行补气等作业。

7. 更换作业

更换作业是指结合汽车二级维护，对发动机正时带、附件驱动带、制动器摩擦衬片、制动液、转向助力液、液力传动油、润滑油以及燃油滤清器等零部件进行更换的过程。

提示

更换作业一般作为二级维护作业的附加小修项目，与二级维护作业一并进行，并不得大拆大卸，仅拆卸无关紧要的小零部件即可，以体现维护作业尽量不拆的技术原则。

8. 检测作业

检测作业是指汽车在进行二级维护前，为了确定更换某些总成或部件，如正时带、蓄电池、摩擦衬片等，并确定附加作业小修项目而进行的检查、检验和测试，是确定更换和附加作业小修项目的技术依据。

四、现代汽车维护与保养的作业规范及范围

1. 作业规范

维护作业包括上述所讲的清洁、检查、紧固、调整、润滑、补给、更换和检测等内容。一般除主要总成发生故障必须解体外，不得对车辆总成进行解体，这就明确了维护和修理的界限。车辆进行维护时，不能对其主要总成大拆大卸，只有在发生故障需要解体时方可进行解体。很显然，与过去的维护制度相比，现行的维护制度进行了以下规范。

（1）取消了整车解体式的三级维护。生产实践证明，对主要总成大拆大卸的工艺方法是不科学的，也是不符合技术经济原则的。同时，“三级维护”作业内容既有维护作业，又有修理作业，不便于维护和修理的区分。

（2）没有对各级维护周期作统一规定，由省、直辖市、自治区按车型，结合本地区具体情况提出统一的维护周期，但制定了车辆维护技术规范以保证车辆的维护质量。

（3）对季节性维护作了规范。当车辆进入冬夏两季运行时，一般结合二级维护对车辆进行季节性维护。

2. 作业范围

现代汽车各类维护的作业范围（GB/T 18344—2016）见表 1–1。

表 1–1 现代汽车各类维护的作业范围

维护种类	作业范围
日常维护	日常维护作业以清洁、补给和安全性能检视为中心内容。其主要内容包括如下几点。 ① 坚持“三检”，即在出车前、行车中、收车后检视车辆的安全机构及各部位机件连接的紧固情况； ② 保持“四清”，即保持润滑油、空气、燃油滤清器和蓄电池的清洁； ③ 防止“四漏”，即防止漏水、漏油、漏气和漏电
一级维护	一级维护作业中心内容除日常维护作业外，还润滑、紧固为作业中心内容，并检查有关制动、操纵等系统中的安全部件
二级维护	二级维护作业中心内容除一级维护作业外，还检查、调整制动系统、转向操纵系统、悬架等安全部件，并拆检轮胎，进行轮胎换位，检查调整发动机工作状况和汽车排放相关系统等
季节性维护	由于冬夏两季的温差大，为使车辆在冬夏两季合理使用，在换季之前应结合定期维护附加一些相应的项目，使汽车适应气候变化了的运行条件，这种附加性的维护称为季节性维护
免拆维护	免拆维护是指在突出“不解体”的前提下，用专用设备及保护用品对汽车燃油系统、冷却系统、润滑系统、制动系统、空调系统以及自动变速器等进行清洁和补给的维护

五、现代汽车维护与保养的周期

根据《道路运输车辆技术管理规定》，道路运输经营者和私家车主应当依据国家有关标准和车辆使用说明书等，结合车辆类别、车辆运行状况、行驶里程、道路条件、使用年限等因素，自行确定车辆维

护周期，确保车辆正常使用。

日常维护周期为出车前、行车中和收车后。汽车一级维护、二级维护周期的确定应以行驶里程间隔为基本依据，行驶里程间隔执行车辆维修资料等有关技术文件的规定；对于不使用行驶里程间隔统计、考核的汽车，可用行驶时间间隔确定一级维护、二级维护的周期。道路运输车辆的一级维护、二级维护推荐周期见表 1–2。

表 1–2　道路运输车辆的一级维护、二级维护推荐周期（GB/T 18344—2016）

适用车型		维护周期	
		一级维护行驶里程间隔上限值或行驶时间间隔上限值	二级维护行驶里程间隔上限值或行驶时间间隔上限值
客车	小型客车（含乘用车）（车长≤ 6 m）	10 000 km 或 30 日	40 000 km 或 120 日
	中型及以上客车（车长＞ 6 m）	15 000 km 或 30 日	50 000 km 或 120 日
货车	轻型货车（最大设计总质量≤ 3 500 kg）	10 000 km 或 30 日	40 000 km 或 120 日
	轻型以上货车（最大设计总质量＞ 3 500 kg）	15 000 km 或 30 日	50 000 km 或 120 日
挂车		15 000 km 或 30 日	50 000 km 或 120 日

注：对于山区、沙漠、炎热、寒冷等特殊运行环境为主的道路运输车辆，可适当缩短维护周期。

注意

当前数量庞大的进口、合资及自主品牌私家车各车型的维护保养规定与我国道路运输车辆的强制维护规定的内容有所不同，为保证这些汽车的合理使用和行车安全，在汽车实际维护保养工作中应以厂家规定内容为准。

课堂讨论

现代汽车的维护与保养周期是多少？汽车维护与保养的意义有哪些？

任务二　汽车维护工具的使用

一、汽车常用工具的使用

（一）普通工具

1. 普通扳手

（1）呆扳手

呆扳手是最常见的一种扳手，俗称开口扳手，按形状的不同分为双头扳手和单头扳手，其作用是紧固、拆卸一般标准规格的螺母和螺栓，如图 1–3 所示。它开口的中心平面和本体中心平面有 15°、45°、90° 等夹角，这样既能适应人手的操作方向，又可降低对操作空间的要求，以便在受限制的部位扳动方便。其规格是以两端开口的宽度 S（mm）来表示的，如 8 ～ 10 mm、12 ～ 14 mm 等；通常是成套装备，有 8 件一套、10 件一套；通常用 45 钢、50 钢锻造，并经热处理。

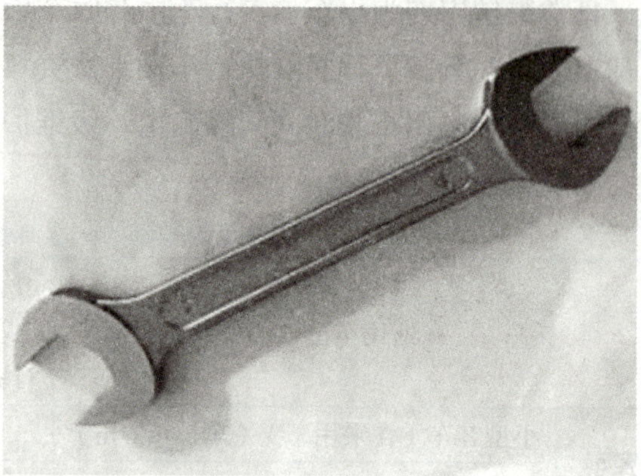

图 1–3　呆扳手

（2）梅花扳手

梅花扳手与呆扳手的用途相似，但其两端是环状的，环的内孔由两个正六边形互相同心错转 30° 而成，可将螺栓和螺母头部套住，如图 1–4 所示。使用时，扳动 30° 后，即可换位再套，因而适用于狭窄场合下操作。与呆扳手相比，梅花扳手强度高，使用时不易滑脱，但套上、取下不方便。其规格是以闭口尺寸 S（mm）来表示，如 8 ～ 10 mm、12 ～ 14 mm 等；通常是成套装备，有 8 件一套、10 件一套等；通常用 45 钢或 40 Cr 锻造，并经热处理。

（3）套筒扳手

套筒扳手除了具有一般扳手的用途外，特别适用于旋转部位很狭小或隐蔽较深处的六角螺母和螺栓，其材料、环孔形状与梅花扳手相同，如图 1–5 所示。套筒扳手主要由套筒头、手柄、棘轮手柄、快速摇柄、接头及接杆等组成，各种手柄分别适用于不同的场合。由于套筒扳手各种规格是组装成套的，故使用方便，效率更高，常用套筒扳手的规格是 8 ～ 32 mm。

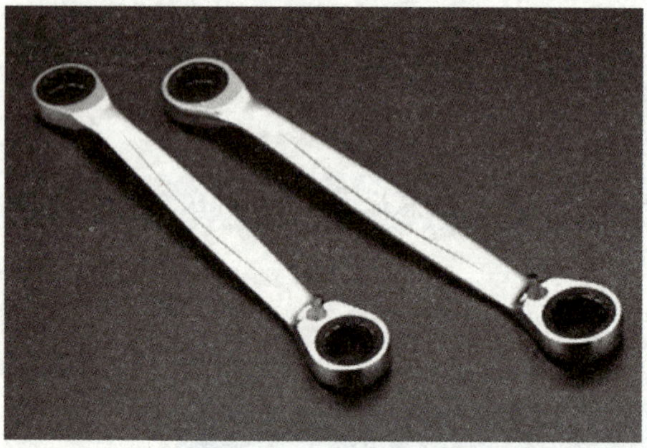

图 1–4　梅花扳手

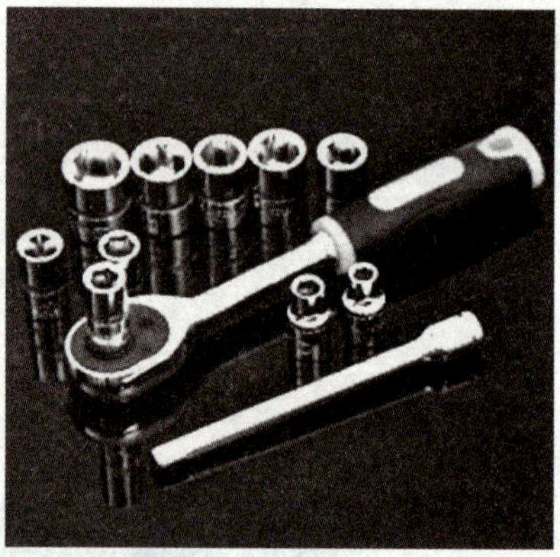

图 1–5　套筒扳手

（4）活扳手

活扳手由固定扳唇、活动扳唇、蜗轮和轴销组成，其使用场合与呆扳手相同，且开口尺寸能在一定的范围内任意调整，遇到不规则的螺母或螺栓时更能发挥作用，故应用较广，如图 1–6 所示。其规格是以最大开口宽度 S（mm）来表示的，最大开口宽度为 14 mm、19 mm、24 mm、30 mm、36 mm、46 mm、55 mm、65 mm 等。其长度有 100 mm、150 mm、200 mm、250 mm、300 mm、375 mm、400 mm 和 600 mm 等，通常是由碳素钢（T）或铬钢（Cr）制成的。

（5）扭力扳手

扭力扳手是一种可读出所施力矩大小的扳手，由扭力杆和套筒头组成，如图 1–7 所示。凡是对螺母、螺栓有明确规定力矩的（如气缸盖，曲轴与连杆的螺栓、螺母等），都要使用扭力扳手。其规格是以最大可测力矩来划分的，常用的有 0 ～ 300 N·m 和 0 ～ 500 N·m 两种。扭力扳手除用来控制螺纹件旋紧力矩外，还可以用来测量旋转件的起动转矩，以检查配合、装配情况。

图 1–6　活扳手

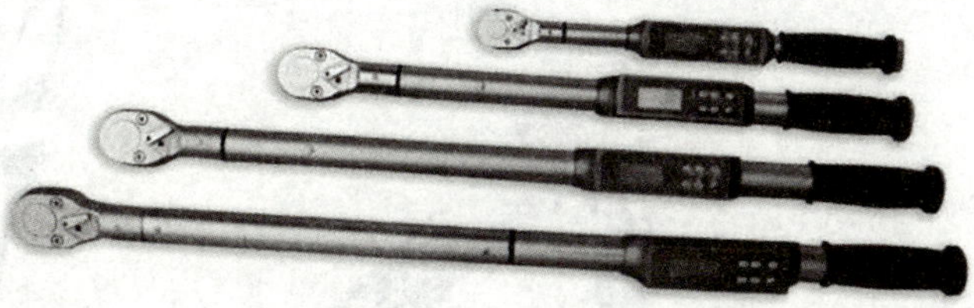

图 1–7　扭力扳手

（6）内六角扳手

内六角扳手是用来拆装内六角圆柱头螺钉（螺塞）用的。其规格以六角形对边尺寸 S 表示，有 13 种 3 ～ 27 mm 尺寸，如图 1–8 所示。汽车维护作业中使用成套的内六角扳手来拆装 M4 ～ M30 的内六角圆柱头螺钉。

2. 螺钉旋具

螺钉旋具是用来拧动螺钉的工具，通常分为“一”字螺钉旋具和“十”字螺钉旋具两类。螺钉旋具由手柄、刀体和刃口组成，如图 1–9 所示。

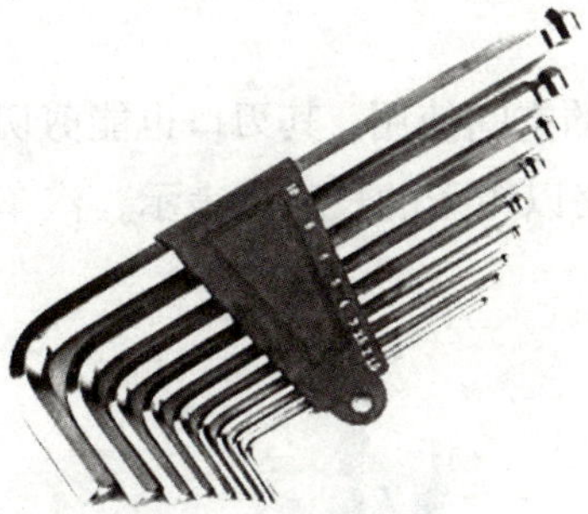

图 1–8　内六角扳手

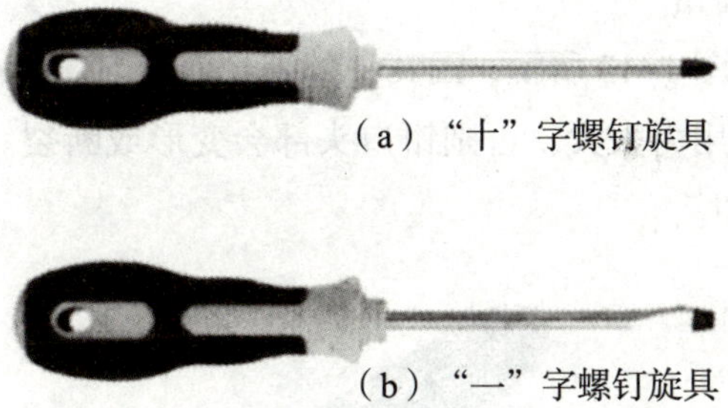

（a）“十”字螺钉旋具

（b）“一”字螺钉旋具

图 1–9　螺钉旋具

（1）“一”字螺钉旋具

用于旋紧或松开头部开“一”字槽的螺钉，一般工作部分用碳素工具钢制成，并经淬火处理。其规格以不含握柄刀体部分的长度表示，常用的规格有 50 mm、65 mm、75 mm、100 mm、125 mm、150 mm、200 mm、250 mm、300 mm、350 mm 和 400 mm 等，工作直径有 3 mm、4 mm、5 mm、6 mm、7 mm、8 mm、9 mm 和 10 mm 等。使用时，应根据螺钉沟槽的宽度选用相应的规格。

（2）“十”字螺钉旋具

用于旋紧或松开头部带“十”字沟槽的螺钉，材料和规格与“一”字螺钉旋具相同。

3. 锤子

锤子其锤头一端平面略有弧形，是基本工作面；另一端是球面，用来敲击凹凸形状的工件。其规格以锤头质量来表示，以 0.5 ～ 0.75 kg 的最为常用。锤头用 45 钢、50 钢锻造，两端工作面热处，如图 1–10 所示理后，硬度一般为 50 ～ 57 HRC。

4. 手钳

常见的手钳有钢丝钳、鲤鱼钳、尖嘴钳和卡簧钳等。

（1）钢丝钳

钢丝钳结构如图 1–11 所示。按其长度分别有 150 mm、175 mm 和 200 mm 三种。钢丝钳主要用于夹持圆柱形的零件，也可以代替扳手旋动小螺栓、小螺母，钳口后部的刃口可剪切金属丝。

图 1–10　锤子

图 1–11　钢丝钳

（2）鲤鱼钳

鲤鱼钳如图 1–12 所示。钳头的前部是平口细齿，适用于夹捏一般小零件，中部凹口粗长，用于夹持圆柱形零件，也可以代替扳手旋动小螺栓、小螺母，钳口后部的刃口可剪切金属丝。由于一片钳体上有两个互相贯通的孔，又有一个特殊的销子，所以操作时钳口的张开度可以变化，以适应夹持不同大小的零件，是汽车维修作业中使用最多的钳子。其规格以钳子的长度来表示，一般有 165 mm 和 200 mm 两种，用 50 钢制造。

（3）尖嘴钳

尖嘴钳如图 1–13 所示，因其头部细长而得名，能在较小的空间使用。其刃口也能剪切细小金属丝，但使用时不能用力太大，否则钳口头部会变形或断裂。其规格以钳子的长度来表示，汽车拆装常用的是 160 mm 尖嘴钳。

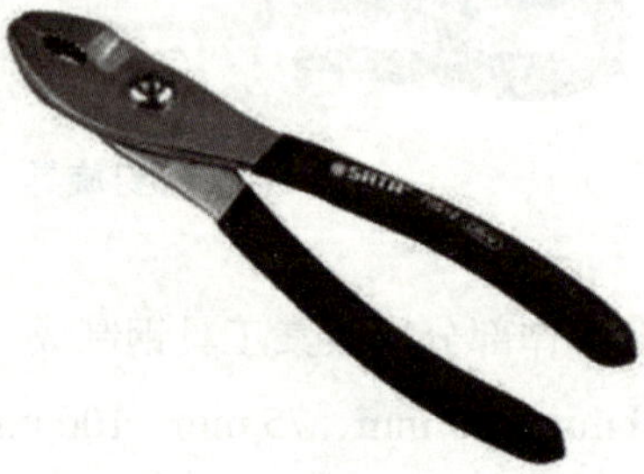

图 1–12　鲤鱼钳

图 1–13　尖嘴钳

（4）卡簧钳

卡簧钳也称挡圈钳，有多种结构形式，适用于拆装发动机中的各种卡簧（挡圈），如图 1–14 所示。使用时，应根据卡簧（挡圈）的结构形式选择相应的卡簧钳。

图 1–14　卡簧钳

（二）专用工具

有些维修项目必须使用专用工具才能顺利进行。

（1）活塞环拆装钳

活塞环拆装钳是一种专门用于拆装活塞环的工具。维修发动机时，必须使用活塞拆装钳拆装活塞环，防止不正当的操作而导致活塞环折断，如图 1–15 所示。

（2）气门弹簧拆装架

气门弹簧拆装架是一种专门用于拆装顶置气门弹簧的工具，如图 1–16 所示。

（3）火花塞套筒扳手

火花塞套筒扳手是一种薄壁长套筒、用手拆除火花塞的专用工具，如图 1–17 所示。

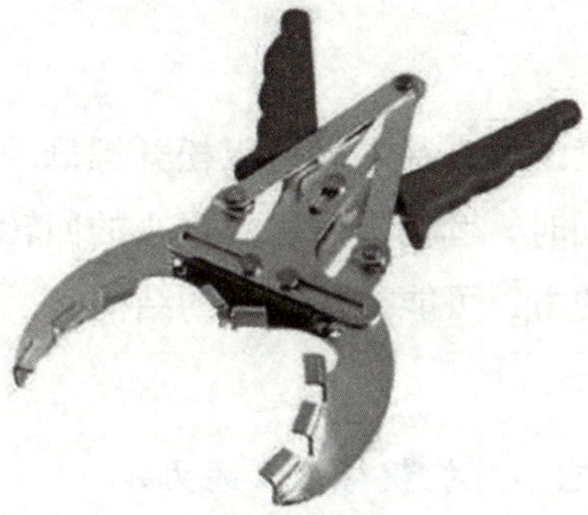

图 1–15　活塞环拆装钳

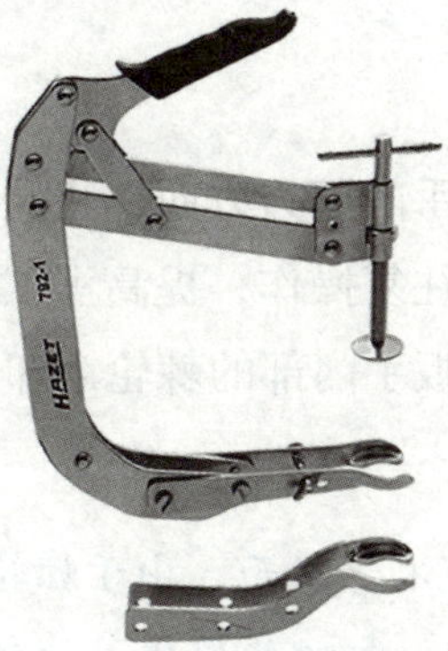

图 1–16　气门弹簧拆装架

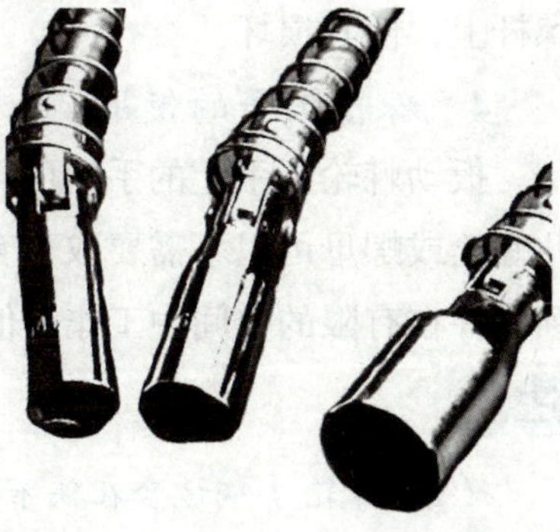

图 1–17　火花塞套筒扳手

（4）油封取出装置

油封取出装置用于将油封取出，使用时将油封取出器置于油封中，旋转使之张开，即可将油封拉出。使用中注意用力和张开的程度不宜太大，以免损伤油封。

（5）衬套、轴承、密封圈安装器

安装衬套、轴承和密封圈是一项很困难的工作。在安装过程中，这些部件必须正确定位，有时安装这些部件的时候必须施加一定的压力。不同的引导件用于不同内径的衬套，这些引导件包括压盘和手柄，还有几个隔板和驱动器，可以在安装的部件上施加均匀的力。压盘的直径范围是 5 ～ 45 mm。

（三）常用工具的使用方法

1. 呆扳手的使用

（1）所选用扳手的开口尺寸必须与螺栓或螺母的尺寸相符合。若扳手开口过大，易滑脱并损伤螺母的六角。在进口汽车维修中，应注意扳手米制、寸制的选择。各类扳手的选用原则，一般优先选用套筒扳手，其次为梅花扳手，再次为呆扳手，最后选活扳手。

（2）为防止扳手损坏和滑脱，应使拉力作用在开口较厚的一边。这一点对受力较大的活扳手尤其应该注意，以防开口出现“八”字形，损坏螺母和扳手。

（3）普通扳手是按手部的力量来设计的，遇到较紧的螺纹连接件时，不能用锤子击打扳手。除套筒扳手外，其他扳手都不能套装加力杆，以防损坏扳手或螺纹连接件。

2. 梅花扳手的使用

梅花扳手钳口是双六角形的，可以容易地装配螺栓或螺母。同时，由于螺栓或螺母的六角形表面被包住，因此没有损坏螺栓角的危险，并可施加大的力矩。由于手柄具有一定的角度，因此可用于在凹进空间里或在平面上旋转螺栓或螺母。

使用时首先应选择尺寸合适的扳手，否则，极易损伤扳手和螺母。应尽量使用拉力，如果由于空间限制无法拉动工具，可用手掌推它。已经拧得很紧的螺栓或螺母可以通过施加冲击力轻松旋开，拧得过紧的螺栓或螺母不可使用锤子和管子（用来加长轴）来增加力矩。

3. 活扳手的使用

活扳手可通过旋转调节螺钉改变口径。一个可调扳手可用来代替多个呆扳手，适用于尺寸不规则的螺母或用来压紧。使用时转动调节螺杆，应先将螺母卡入扳手开口内部，调整开口大小，使其卡紧螺母，再将扳手外拉后拧动。取下扳手时，前推扳手，向上取出。重新套上螺母时，与此动作相反，可简记为“内套后拉，取时前推”。并注意使拉力作用在开口较厚的一边来转动扳手，否则将使压力作用在调节螺杆上，使其损坏。

4. 棘轮扳手的使用

扳动棘轮扳手上的手柄可以改变扳手的用力方向，往左转可以拧紧螺母，往右转可以松开螺母。因此螺栓或螺母可以不需要取下套筒头而往复操作，提高了工作效率。同时，套筒扳手可以以小的回转角锁住并在有限的空间中工作。但注意，扳手内部的棘轮小却承受较大的力，可能损坏棘爪的结构。

注意

（1）棘轮手柄适合在狭窄空间中使用。然而，由于棘轮的结构，它不可能获得很大的力矩。

（2）滑动手柄要求极大的工作空间，但它能提供最快的工作速度。

（3）旋转手柄在调整好手柄后可以迅速工作。但此手柄很长，很难在狭窄空间使用。

5. 扭力扳手的使用

扭力扳手使用时，一手按住套筒一端，另一手平稳地拉动扭力扳手的手柄，并观察扭力扳手指针指示的力矩数值。切忌在过载的情况下使用扭力扳手，以免造成读数失准或扳手损坏。用后应将扭力扳手平稳放置，避免重物撞压，造成扳杆或扳手指针变形而影响其测量精度，甚至损坏扳手。

6. 螺钉旋具的使用

螺钉旋具使用时，右手握住螺钉旋具，手心抵住柄端，螺钉旋具与螺钉同轴心，压紧后用手腕扭转。松动后用手心轻压螺钉旋具，用拇指、中指、食指快速扭转。使用长杆螺钉旋具时，可用左手协助压紧和拧动手柄，刃口应与螺钉槽口大小、宽窄、长短相适应，刃口不得残缺，以免损坏槽口和刃口。

螺钉旋具的使用注意事项如下几点。

（1）使用前先擦净油污，以免工作中滑脱发生意外。

（2）选用的工具与螺栓上的槽口相吻合，刃口太薄易折断，太厚使旋具和螺栓口损坏。

（3）使用时不允许将工件拿在手上拆装螺钉，以免螺钉旋具从手中滑出伤手。

（4）不允许用螺钉旋具当撬杠使用，不允许用锤子敲击旋柄。

（5）不允许用扳子转螺钉旋具的尾端来增加扭力。

（6）使用完毕后擦拭干净。

7. 锤子的使用

（1）使用锤子敲击时，右手握住锤柄后端约 10 mm 处，握力要适度，眼睛注视工件。

（2）挥锤方法有三种：手挥、肘挥和臂挥。手腕挥锤只有手腕动，锤击力小，但准、快、省力。臂挥是大臂和小臂一起运动，锤击力最大。握锤和挥锤方法如图 1-18 所示。

（3）手柄应安装牢固，用楔塞牢，防止锤头飞出伤人。

图 1-18　握锤和挥锤方法

（4）锤头应平整地击打在工件上，不得歪斜，防止破坏工件表面形状。

（5）拆卸零部件时，禁止直接锤击重要表面或易损部位，以防出现表面破坏或损伤。

8. 手钳的使用

（1）使用时，用手握住钳柄后端，使钳口开闭、夹紧。

（2）不能用钳子代替扳手来拧紧或拧松螺栓、螺母，以免损坏螺栓、螺母头部棱角。

（3）不能将钳子柄当撬棒使用，以免使之弯曲、折断或损坏。

（4）不能用力太大，否则，钳口头部会变形、销轴会松动。

9. 活塞环拆装钳的使用

（1）使用活塞环拆装钳时，将拆装钳上的环卡卡住活塞环开口，握住手把稍稍均匀地用力，使拆装钳手把慢慢地收缩，环卡将活塞环徐徐地张开，使活塞环能从活塞环槽中取出或装入。

（2）使用活塞环拆装钳拆装活塞环时，用力必须均匀，避免用力过猛而导致活塞环折断，避免伤手事故。

10. 气门弹簧拆装架的使用

气门弹簧拆装架使用时，应根据需要将装卸钳放于合适位置。如图 1–19 所示，将拆装架托架抵住气门，对正气门弹簧座，然后用力压下手柄，使气门弹簧被压缩。取下气门弹簧锁销或锁片后，慢慢地松抬手柄，即可取出气门弹簧座、气门弹簧和气门等。使用时，应根据气门的位置和形式选取合适的拆装钳（顶置式、侧置式、液力挺柱式）。

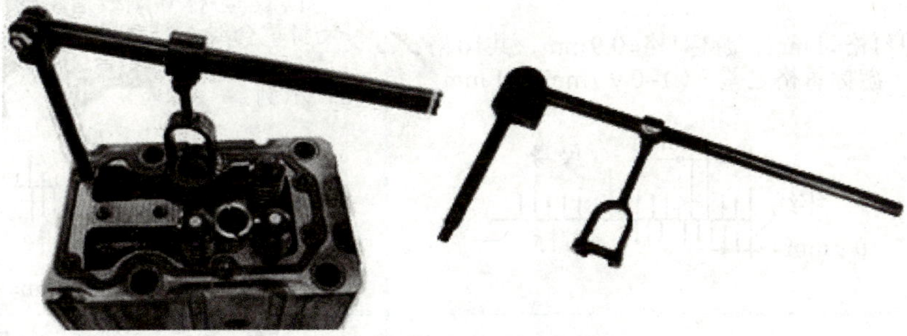

图 1–19　气门弹簧拆装架

11. 火花塞套筒扳手的使用方法与注意事项

使用火花塞套筒扳手前，应根据火花塞六角对边的尺寸选用火花塞套筒。拆卸时，套筒应对正火花塞六角头，套接要妥当，不可歪斜，应逐渐加大扭力，以防滑脱。

二、汽车常用量具的使用

（一）常用量具

1. 金属直尺

金属直尺是一种最简单的测量长度并直接读数的量具，用薄钢板制成。常用它粗测工件的长度、宽度和厚度。金属直尺的规格有 150 mm、300 mm、500 mm、1 000 mm、1 200 mm 等数种，最常用的是 150 mm 和 300 mm 两种。

2. 游标卡尺

游标卡尺是一种较精密的量具，能较精确地测量工件的长度、宽度、深度及内外圆直径等尺寸。其常用的规格有 0 ～ 125 mm、0 ～ 150 mm、0 ～ 200 mm、0 ～ 300 mm、0 ～ 500 mm 多种。游标卡尺按其精度可分为 0.1 mm、0.05 mm、0.02 mm 三种。

（1）游标卡尺的构造

游标卡尺由尺身、游标、外测量爪、刀口内测量爪、深度尺、紧固螺钉等组成，如图 1–20 所示。

图 1–20　游标卡尺

内、外固定测量爪与尺身制成一体，而内、外径活动测量爪和深度尺与游标制成一体，并可在尺身上滑动。尺身上的刻度每格为 1 mm，游标上的刻度每格不足 1 mm。当内、外测量爪合拢时，尺身与游标上的零线应重合；在内、外测量爪分开时，尺身与游标上的刻线即相对错动。测量时，根据尺身与游标错动情况即可在尺身上读出整数毫米数，在游标上读出小数毫米数。为了使测好的尺寸不致变动，可拧紧紧固螺钉使游标不再滑动。

（2）刻线原理和读数方法

不同精度的游标卡尺的刻线原理和读数方法见表 1–3。

表 1–3　游标卡尺的刻线原理及读数方法

精度值 /mm	刻线原理	读数方法及示例
0	尺身1格=1 mm、游标1格=0.9 mm，共10格，尺身、游标每格之差=（1–0.9）mm=0.1 mm 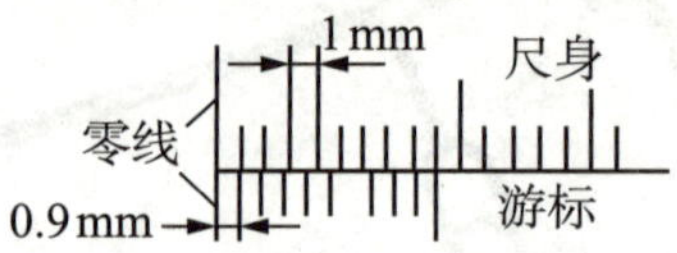	读数=游标 0 刻线指示的尺身整数 + 游标与尺身重合线 × 精度值 示例： 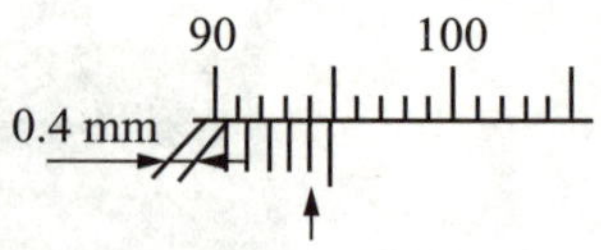 读数=（90+4 × 0.1）mm=90.4 mm
0.05	尺身1格=1 mm，游标1 格=0.95 mm，共20 格，尺身、游标每格之差=（1–0.95）mm=0.05 mm 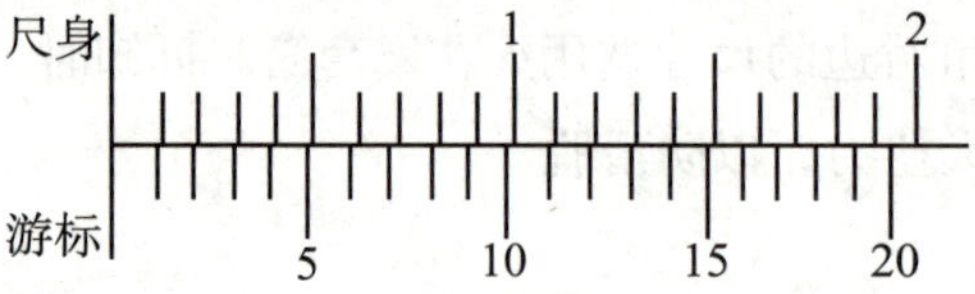	读数=游标0刻线指示的尺身整数+游标与尺身重合线数 × 精度值 示例： 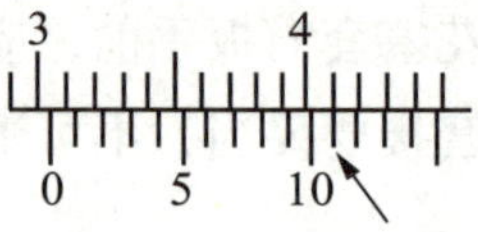 读数=（30+11 × 0.05）mm=30.55 mm
0.02	尺身1格=1 mm，游标1格=0.98 mm，共50格，尺身、游标每格之差=（1–0.98）mm=0.02 mm 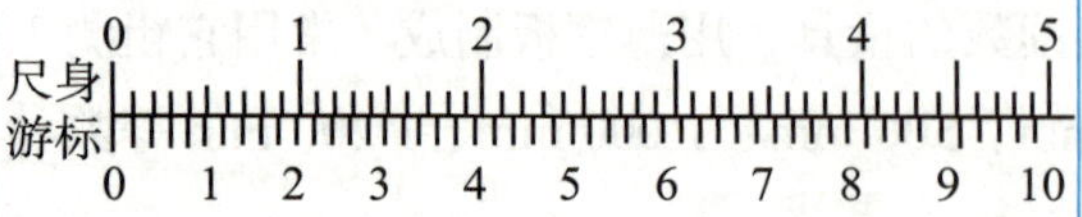	读数=游标0刻线指示的尺身整数+游标与尺身重合线 × 精度值 示例： 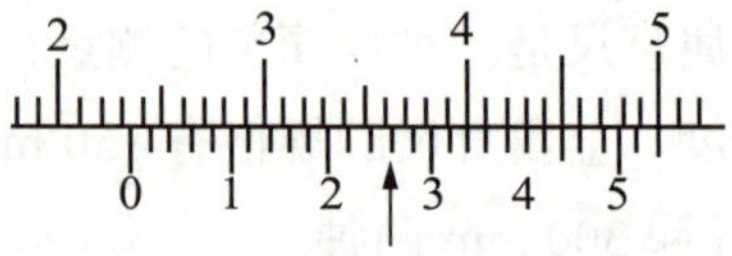 读数=（23+27 × 0.02）mm=23.54 mm

3. 千分尺

千分尺俗称螺旋测微器，是比游标卡尺更为精确的一种精密量具，其测量精度可达 0.01 mm，按其用途的不同可分为外径千分尺、内径千分尺、深度千分尺和螺纹千分尺等。这里只介绍常用的外径千分尺的构造和使用。

（1）外径千分尺的构造

外径千分尺是用来测量工件外部尺寸的，图 1–21 为外径千分尺的构造。其测量的范围分为 0 ～ 25 mm、25 ～ 50 mm、50 ～ 75 mm、75 ～ 100 mm、100 ～ 125 mm 等多种。它由测砧、测微螺杆、螺纹轴套、固定套管、微分筒、调节螺母、测力装置、锁紧装置等组成。

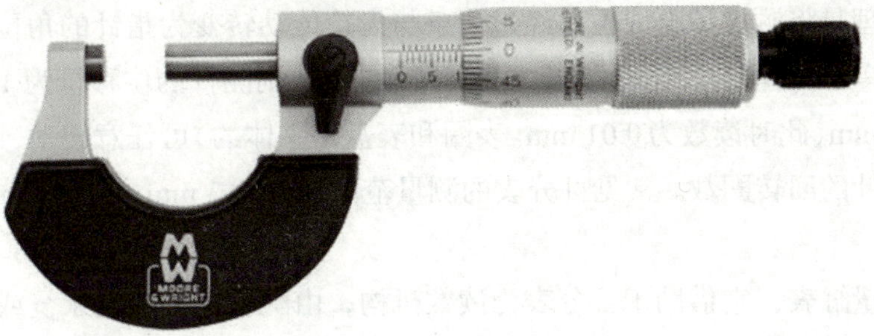

图 1–21　外径千分尺的构造

（2）刻线原理

千分尺是利用螺旋副传动原理，借助螺杆与螺纹轴套的精密配合，将回转运动变为直线运动，以固定套管和微分筒（相当于游标卡尺的尺身和游标）所组成的读数机构读得被测工件尺寸的。

固定套管外面有尺寸刻线，上、下刻线每 1 格为 1 mm，相邻刻线间距离为 0.5 mm。测微螺杆后端有精密螺纹，螺距是 0.5 mm，当微分筒旋转一周时，测微螺杆和微分筒一同前进（或后退）0.5 mm，同时，微分筒就遮住（或露出）固定套管上的 1 条刻线。在微分筒圆锥面上，一周等分成 50 条刻线，当微分筒旋转一格（即一周的 1/50）时，测微螺杆就移动 0.01 mm，故千分尺的测量精度为 0.01 mm。

（3）读数方法

首先，先读固定套管上的毫米数和半毫米数；然后，再看微分筒上第几条刻线与固定套管的基线对正，即有几个 0.01 mm；最后，将两个读数值相加就是被测量工件的尺寸值。

在图 1–22（a）中，固定套管上露出来的数值是 7.50 mm，微分筒上第 39 格线与固定套管上基线正对齐，即数值为 0. 39 mm，此时，千分尺的正确读数为 7.50 mm＋0.39 mm ＝ 7.89 mm。在图 1–22（b）和图 1–22（c）中，千分尺的正确读数分别为 7.5 mm ＋0.35 mm ＝ 7.85 mm 和 0.50 mm ＋0.01 mm ＝ 0.51 mm。

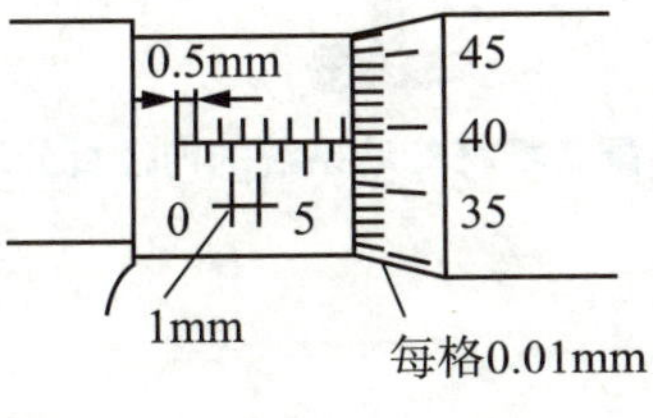

（a）正确读数为 7.89 mm

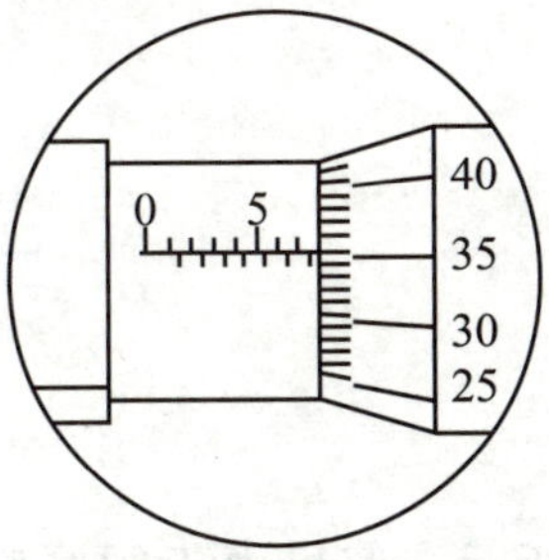

（b）正确读数为 7.85 mm

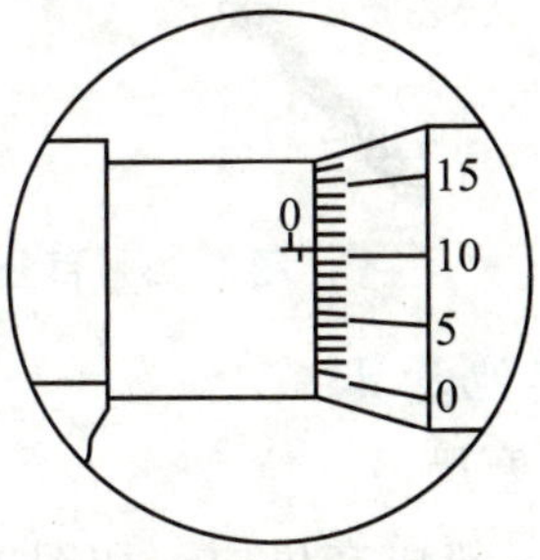

（c）正确读数为 0.60 mm

图 1–22　千分尺的刻度和读数示例

4. 百分表

（1）百分表的结构特点

百分表是一种精度较高的齿轮传动式测微量具，如图 1–23 所示。它利用齿轮齿条传动机构将测杆的直线移动转变为指针的转动，由指针指出测杆的移动距离。因百分表只有一个测量头，所以它只能测出工件的相对数值。百分表主要用来测量机器零件的各种几何形状偏差和表面相互位置偏差（如平面度、垂直度、圆度和跳动量），也可测量工件的长度尺寸，也常用于工件的精密找正。它具有外形尺寸小、质量小、使用方便等特点。

（2）百分表的工作原理与读数方法

百分表的工作原理是将测杆的直线位移经过齿条与齿轮传动转变为指针的角位移。百分表的刻度盘圆周刻成 100 等份，其分度值为 0.01 mm。若主指针转动 1 周，则测杆的位移量为 1 mm；大指针转一格，测杆的位移量为 0.01 mm，此时读数为 0.01 mm。表圈和表盘是一体的，可任意转动，以便使指针对正零位。小指针用以指示大指针的回转圈数。常见百分表的测量范围为 0 ～ 3 mm、0 ～ 5 mm 和 0 ～ 10 mm 等。

5. 内径百分表

内径百分表俗称量缸表，它借助于百分表为读数机构，由配备杠杆传动系统或楔形传动系统的杆部件组合而成。它用比较法来测量孔径及其几何偏差。在发动机拆装与检修中，内径百分表主要用来测量气缸的尺寸精度和形状精度，也可以用来测量工件上孔的尺寸精度和形状精度。

图 1–24 为配备杠杆传动系统的内径百分表，它的上部是百分表，下部是量杆装置，上、下部分有联动关系。测量时，被测孔的尺寸偏差借活动测量头的位移，通过杠杆和传动杆传递给百分表。因传动系统的传动比为 1。故测量头所移动的距离值与百分表的指示值相等。为了测量不同直径的缸体，内径百分表备有长短不同的固定量杆，并在各量杆上标有测量范围，以便于选用。内径百分表的规格是按测量直径的范围来划分的，如 18 ～ 35 mm、35 ～ 50 mm、50 ～ 160 mm 等。汽车维修作业中常用内径百分表的规格为 50 ～ 160 mm。

图 1–23　百分表

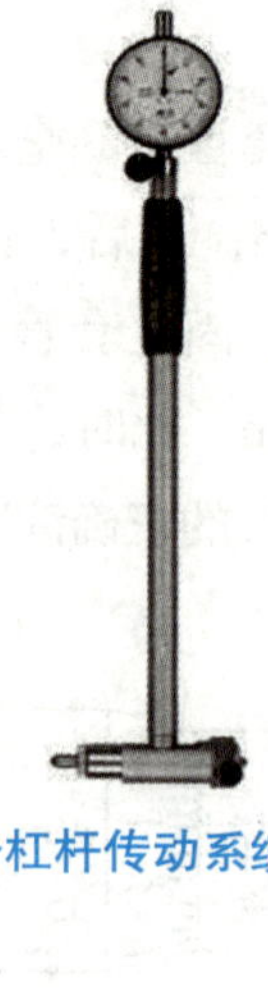

图 1–24　配备杠杆传动系统的内径百分表

6. 其他量具

（1）塞尺

塞尺一般成套供应，如图 1–25 所示。塞尺由不同厚度的金属薄片组成，每个薄片有两个相互平行的平面并有较准确的厚度。塞尺的规格以长度和每组片数来表示，其长度有 50 mm、100 mm、200 mm、300 mm，每组片数有 11 ～ 17 等多种。

塞尺主要用于检查两平面或接合面之间间隙的大小；塞尺与平尺及等高垫块结合使用，可检验平台台面的平面度。在汽车检修中，塞尺常用来测量零件之间的配合间隙，如气门间隙、曲轴轴向间隙等。

图 1–25　塞尺

（2）螺纹样板

螺纹样板有米制和寸制两种。米制螺纹样板用来测量螺距；寸制螺纹样板用来测量每寸牙数。它们一般是成套供应的，米制上注 60° 和螺距数字，寸制上注有 55° 和每寸牙数，以区分米、寸制和螺纹的牙型角。米制的螺纹样板一套由 20 片组成，它的螺距有如下 20 种：0.4 mm、0.45 mm、0.5 mm、0.6 mm、0.7 mm、0.75 mm、0.8 mm、1 mm、1.25 mm、1.5 mm、1.75 mm、2 mm、2.5 mm、3.0 mm、3.5 mm、4 mm、4.5 mm、5 mm、5.5 mm 和 6 mm。

使用螺纹样板时，目测螺距后选择近似的一片与螺纹吻合。如果吻合严密，则该片上的数字为所测的螺距或每寸牙数。

（3）弹簧秤

弹簧秤是用来测量拉力或弹力的，其外壳的正面刻有量度单位，单位为 N 或 kgf。使用时，把要测的物体挂在钩上，拉动或提起圆环，弹簧就伸长，固定在弹簧上的指针也跟着移动，即可得出被测力的大小。

（二）常用量具的使用方法

1. 金属直尺的正确使用

（1）在测量长度时，金属直尺应与工件平面（或轴线）保持平行，或与其顶面相垂直，否则，将影响测量的精确度。

（2）在测量直径时，将金属直尺的尺端齐靠在圆柱边缘固定不动，而金属直尺的另一端左右摆动，以通过圆心量出最大数值（即直径的尺寸）。

（3）判断平面是否平直，常用金属直尺或刀口形直尺垂直搁在平面上通过透光来检查。从直尺侧面与平面接触处透光的强弱程度来判断平面的平面度误差，透光面越大，说明该平面越不平直。

（4）当尺端磨损或刻线不清时，为使测量尺寸准确，可使工件端面与金属直尺的第二段整数刻线相齐，量出全长后减去前面空出的尺寸即是工件的实际测量尺寸。读数时，视线应与金属直尺垂直，否则，将引起测量误差。

（5）金属直尺不适宜测量温度过高的工件尺寸，否则，不仅由于材料的热胀冷缩特性影响工件测量的准确性，而且会损坏金属直尺。

（6）金属直尺必须经常保持良好状态，不能损伤或弯曲，其短边和长边相互垂直。

2. 游标卡尺的正确使用

（1）使用方法

① 测量前，应将被测工件表面擦净，使游标卡尺测量爪保持清洁。

② 测量工件外尺寸时，应先使游标卡尺外测量爪间距略大于被测工件的尺寸，再使工件与尺身外测量爪贴合，然后使游标外测量爪与被测工件表面接触，并找出最小尺寸。测量时，要注意外测量爪的

两测量面与被测工件表面接触点的连线应与被测工件表面相垂直。

③ 测量工件孔内尺寸时，应使游标卡尺内测量爪的间距略小于工件的被测孔径尺寸。将测量爪沿孔中心线放入，先使尺身内测量爪与孔壁一边贴合，再使游标内测量爪与孔壁另一边接触，找出最大尺寸。同时，注意使内测量爪两测量面与被测工件内孔表面接触点的连线与被测工件内表面垂直。

④ 用游标卡尺的深度尺测量工件深度尺寸时，要使卡尺端面与被测工件的顶端平面贴合。同时，保持深度尺与该平面垂直。

（2）注意事项

使用游标卡尺应注意以下事项。

① 检查零线。使用前，应先擦净卡尺，合拢测量爪，检查尺身与游标的零线是否对齐。如未对齐应记下误差值，以便测量后修正读数。

② 放正卡尺。测量内、外圆时，卡尺应垂直于轴线；测量内圆时，应使两测量爪处于直径处。

③ 用力适当。测量爪与测量面接触时，用力不宜过大，以免测量爪变形和磨损，导致读数误差大。

④ 视线垂直。读数时，视线要对准所读刻线并垂直尺面，否则，读数不准。

⑤ 防止松动。取出卡尺时，应使固定测量爪紧贴工件，轻轻取出，防止活动测量爪移动。

⑥ 勿测毛面。卡尺属于精密量具，不得用来测量毛坯表面。

⑦ 游标卡尺不能测量旋转中的工件。禁止把游标卡尺的两个测量爪当作扳手或刻线工具使用。

⑧ 游标卡尺受到损伤后，不允许用锤子、锉刀等工具自行修理，应交专门修理部门修理，经检定合格后才能再次使用。

3. 千分尺的正确使用

（1）测量前，先将测量面擦净，并检查零位。具体检查方法：用测力装置使测量面或测量面与标准棒两端面接触，观察微分筒前端面与固定套管零线、微分筒零线与固定套管基线是否重合。如不重合，应通过附带的专用小扳手转动固定套管来进行调整。图 1-26 为千分尺零位的调整。

外径千分尺

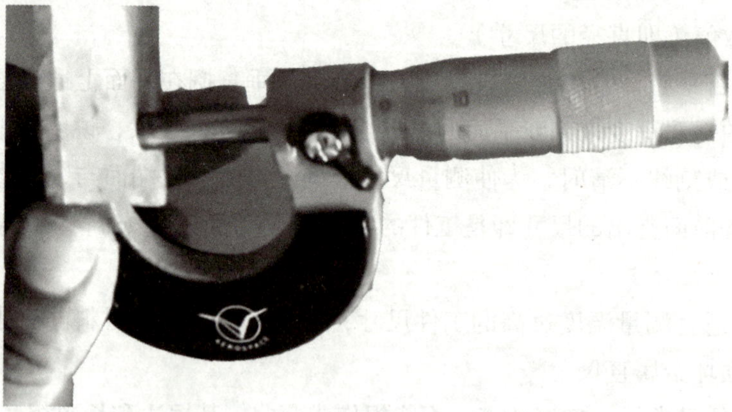

图 1-26　千分尺零位的调整

（2）测量时，左手拿尺架隔热装置，右手旋转微分筒，使千分尺微测螺杆的轴线与工件的中心线垂直或平行，不得歪斜。先用手转动活动套管，当测量面接近工件时，改用测力装置的螺母转动，当测量面接近工件时，改用测力装置的螺母转动，直到听到“咔咔”响声，表示测微螺杆与工件接触力适当，应停止转动，并严禁拧动微分筒，以免用力过度，造成测量不准确，这时千分尺上的读数值就是工件的尺寸。为防止一次测量不准，可旋松棘轮，再进行多次复查，以求得测量值的准确性。

（3）读数要细心，必要时，用紧定手柄将测微螺杆固定，取下千分尺读出测量的数值。要特别注意，不要读错 0.5 mm。

（4）不准测量毛坯或表面粗糙的工件，不准测量正在旋转或温度较高的工件，以免损伤测量面或得不到正确的读数。

（5）千分尺应保持清洁，用后要擦净涂油，并妥善保管。

4. 百分表和内径百分表的正确使用

（1）使用磁性表座百分表测量工件时，必须将其固定在可靠的支架上，如图 1–27 所示。

（2）百分表的夹装要牢固，夹紧力应适当，不宜过大，以免装夹套筒变形，卡住测杆。

（3）夹装后应检查测杆是否灵活，夹紧后不可再转动百分表。

（4）测量时，测杆与被测工件表面必须垂直，否则，会产生测量误差。

图 1–27　百分表架及百分表的使用

（5）按被测工件表面的不同形状选用相应形状的测量头。例如，用平测量头测量球面工件，用球面测量头测量圆柱形或平面工件，用尖测量头或曲率半径很小的球面测量头测量凹面或形状复杂的表面。

（6）测量时，应轻提测杆，缓慢放下，使量杆端部的测头抵在被测零件的测量面上，并要有一定的压缩量，以保持测头一定的压力；再转动刻度盘，使指针对准零位。测量时，应注意不能使测头移动距离过大，不准将工件强行推至测头下，也不准急速放下测杆，使测头突然落到零件表面上；否则，将造成测量误差，甚至损坏百分表。

（7）测量时，使被测量的工件按一定要求移动或转动，从刻度盘指针的变化直接观察被测零件的偏差尺寸，即可测量出工件的平整程度或平行度、垂直度或轴的弯曲度及轴颈磨损程度等。

（8）使用中，应注意百分表与支架在表座上安装的稳固性，以免造成倾斜或摆动现象。

（9）对于磁性表座，一定要注意检查按钮的位置，测杆与测头不应沾有油污；否则，会降低其灵敏性。使用后，应将百分表从支架上拆下，擦拭干净，然后涂油装入盒中，并妥善保管。

（10）用内径百分表测量缸径时，先根据缸径选用合适的固定量杆，将内径百分表放入气缸上部。若表针能左右转动，则为调整适宜，然后将量杆上的固定螺母锁紧。

（11）测量缸径时，量杆必须与气缸轴线垂直，读数才能准确。测量时，滑动导杆将测杆定位在气缸中心。读数时，缓慢地上下摆动量规，仔细观察百分表指针的微小变化，指针会在某一数值左右摆动，这个数值就是气缸的内径。

气缸磨损时，就会产生圆度误差或圆柱度误差。气缸圆度误差是由活塞猛烈撞击气缸壁造成的，而锥度是由活塞环与气缸壁间的相互作用引起的。气缸严重磨损时，就要重新对其钻孔打磨。为了准确地测量气缸的圆度误差值，测量气缸同一深度处三个不同方向的内径，将测量值中的最大数值减去最小数值就是气缸的圆度误差。气缸圆柱度误差是通过比较气缸最高点的内径与最低点的内径得来的，即圆柱度误差为这两个数值之差。

5. 塞尺和弹簧秤使用注意事项

（1）测量时要注意工件和塞尺片的清洁。

（2）塞尺测量间隙时，应先用较薄的一片塞尺插入被测间隙内，若仍有间隙，则选较厚的依次插入，也可取若干片相叠插入，直到塞尺插入工件之后，以手感到有摩擦力为合适，此时厚度，即为间隙大小。

（3）塞尺的间隙片很薄，容易弯曲和折断，测量时不能用力太大。

（4）不能用塞尺测量温度较高的工件。

（5）塞尺用后要擦拭干净，及时合到夹板（保护片）中去。

（6）用弹簧秤测力时，应注意拉动方向要和要测的力的方向一致。

三、汽车常用检测设备的使用

（一）常用的检测设备

1. 诊断仪

诊断仪有时候也被称作扫描仪或检测仪。诊断仪（图 1–28）通过诊断插座或诊断接口（DLC）与车载计算机相连接，并从动力总成控制模块（PCM）读取故障码。即使诊断仪无法诊断发动机的故障，也会反馈出发动机的运行状况。诊断仪在汽车燃油和点火系统的故障诊断中起到很重要的作用，效果非常好。如果故障指示灯（MIL）亮了，表明车载计算机 PCM 存储有诊断故障码（DTC），汽车诊断故障码非常明确地指出了具体是哪个系统发生了故障。例如，诊断故障码“P0302”表明发动机 2 号缸不点火，但它没有指出不点火的原因，这需要技师自己诊断。为检查气门、活塞与气缸间是否漏气时要进行气压检测，这时只需将诊断仪与 DLC 相连，然后按照提示读取 DTC 信息或其他一些数据，如发动机冷却液温度、发动机转速、车速等。

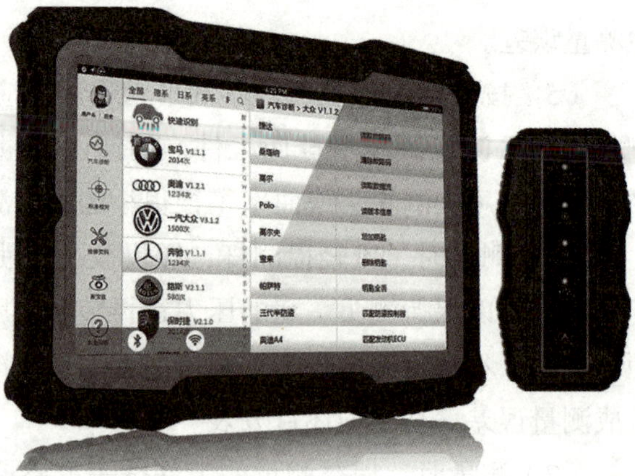

图 1–28　诊断仪

2. 气缸压力表

气缸压力表用来检查气缸的压缩压力。压力表的仪表盘指示压力的数值，它同时以磅力每平方英寸（lbf/in^2，1 lbf/in^2 = 68894.75 Pa）和千帕（kPa）为单位进行显示。量程范围通常为 0 ～ 3001 Lbf/in^2 和 0 ～ 2 100 kPa。

压力表有压入式和螺纹旋入式两种基本类型。

（1）压入式压力表有一个短的连接杆，连接杆具有垂直或呈 45° 两种形式。杆的尾端是锥形橡胶头，以便适合任何尺寸的火花塞孔。在拆下火花塞后，橡胶头被塞入火花塞孔内并在发动机旋转的几个压缩周期中始终保持安装位置。虽然使用简单，但是，如果压入式压力表在火花塞孔中安装不紧密，它会显示不准确的读数。

（2）螺纹旋入式压力表有一个长而灵活的胶皮管，管的尾部是连接头。这种压力检测计应用普遍，因为灵活的胶皮管能进入到压入式检测计很难达到的地方。由于连接头可以更换，从而得到不同规格的接头来适应 10 mm、12 mm、14 mm、18 mm 的直径孔，连接头通过旋入方式安装在火花塞插孔中。柴油发动机的压力比较高，检测时必须使用高量程压力表，将连接头通过旋入安装在喷油器孔中。如果拿标准的压力表检测柴油发动机的压力，会损坏压力表。

大多数压力表都有一个排气阀门，用它来保持仪表盘上最高的压力读数。当测试结束时，打开这个阀门释放压力。

3. 气缸漏气量检测仪

如果压力检测表明某个气缸漏气，就需要进行气缸漏气量检测，来检查压缩泄漏的百分比，从而帮助确定泄漏源。

气缸漏气量检测仪（图 1–29）通过火花塞插孔向气缸内注入压缩气体。在气体被注入气缸之前，该气缸的活塞必须在压缩行程的上止点（TDC）。空气压缩管端部的螺纹接头拧入火花塞插孔中。压缩气体的来源通常是维修厂的气体压缩系统。检测仪中的压力调节器控制注入气缸的气体压力。在压缩气体注入的同时，一个模拟式仪表记录从气缸泄漏的压力百分比，仪表盘上量程范围为 0 ～ 100%。

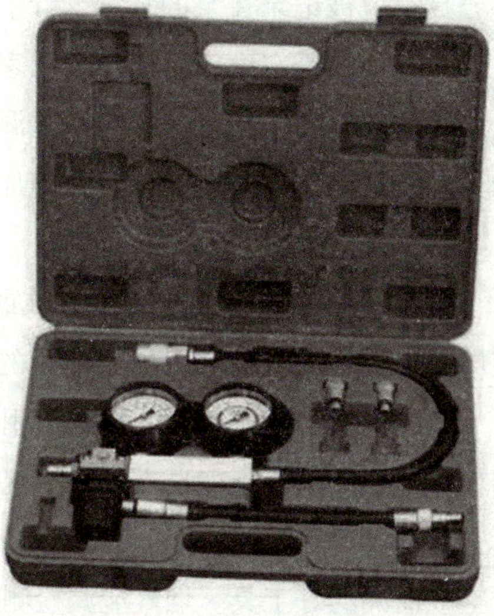

图 1–29 气缸漏气量检测仪

零读数意味着气缸没有泄漏量，读数为 100% 表示气缸不能保持任何压力，可以通过听和感觉发动机周围的各个零件来找到气缸泄漏的位置。

大多数汽车，即使是新车，在活塞环周围也会存在泄漏。在泄漏量检测中，泄漏不大于 20% 被认为是可接受的。当发动机实际运行中，活塞环将会密封得更紧密，从而实际的泄漏量会更低，但在气门周围以及气缸垫周围不应该有泄漏。

4. 真空表

测量进气歧管的真空度是另一个诊断发动机工作状况的方法。进气歧管的真空度通过真空表来测量，真空表是在活塞的进气行程中形成的。当活塞下行时，气缸内的空气压力降低，这个较低的气缸压力称为发动机的真空度。如果气缸存在漏气，空气会在大气压作用下进入气缸，以至于气缸进气行程终了时压力不会太低。当存在压差时，高压侧气体就会向低压侧运动。

真空表测量的是进气歧管的压力和大气压力的差值。如果进气歧管的压力低于大气压力，就存在真空度。通常以英寸水银柱高度（inHg）、千帕（kPa）或者毫米水银柱高度（mmHg）作为真空度的度量单位。

要测量真空度，需将真空表的软管连接到进气歧管真空源上，或在进气歧管上拆下一堵塞，并在孔口处安装一个专用接头。

这项检测在发动机曲轴转动和（或）发动机运转时进行。比较好的真空读数通常至少是 16 inHg，一般读数在 15 ～ 20 inHg（50 ～ 60 kPa）也是正常的。由于每个气缸的进气行程发生在不同的时间，产生的真空度数值也是波动的。如果每个气缸产生的真空度是一样的话，真空表就会显示一个平稳的读数。如果一个或多个气缸产生不同数值的真空度，真空表就会显示波动的读数。

低的或波动的读数表明许多问题。例如，低的、平稳的读数可能是由于点火正时延迟或气门正时不正确导致。在规律的时间间隔点上出现大的真空度下降，可能是因烧损的进气歧管导致的。

5. 真空泵

汽车上有许多利用真空驱动的装置和真空开关，这些装置利用发动机的真空来产生机械动作或是元件的接合或断开。用来检测真空驱动部件的工具是真空泵，两种典型的真空泵为电动泵和手持泵。手持真空泵是由手动泵、真空表和用来将真空泵连接到被检测部件的橡胶软管组成，手持真空泵通常做诊断时使用。用真空泵进行的测试，通常情况下不需要将部件从汽车上拆下。

当真空泵的把手被挤压在一起时，泵体内部的活塞就从被检测的部件中吸取空气，由真空泵产生的部分真空就被记录在泵的真空度计上。当在部件中产生真空的时候，观察部件的动作，对某个给定的部件所能施加的真空度应对比参照厂家给的维修指南。

真空泵也通常用来确定真空泄漏的位置。这需将真空泵连接到可能泄漏的真空管或部件上，随后施加真空。如果真空表上的指针在施加完真空后开始缓慢下降，这就说明系统中的某个部位漏气。

6. 真空泄漏检测仪

通过压缩检查、气缸泄漏测试或进行进气歧管真空度测试可以检查真空或压缩泄漏情况。然而，找到泄漏的具体位置并不是一件容易的事。

一种简单但比较费时的方法是用真空泵逐个检查每个部件和真空软管。只需要对怀疑的部位施加真空，随后观察真空表，看是否有真空泄漏，一个好的真空部件可保持施加在其上的真空。烟气泄漏检测仪（图 1–30）也是一种检测真空或泄漏的好工具。烟气泄漏检测仪通过车间的压缩空气或无毒气体将低压烟气导入到需要检测的部件内部。为了检测真空泄漏，需用堵塞将油门口堵住。然后将烟气软管与真空部件连接起来，再开启检测仪。如果有泄漏的话，烟气就会从泄漏口逸出来。监测时，请参照烟气泄漏检测仪的使用说明书。

图 1–30　烟气泄漏检测仪

注意

用烟气泄漏检测仪检测散热器的泄漏时，不能使用车间的压缩空气，而应该用氮气，并且散热器压力不能高于 1 psi（约 6.895 kPa）。检测时，请参照使用说明书，以免损坏检测仪或造成危险。

另一种真空泄漏的检测方法是使用超声波检漏仪（图 1–31）。气体流过泄漏处时会产生一种高频率的声音，它高于人类听觉频率范围。超声波检漏仪能监听泄漏产生的声波频率，当检漏仪通过泄漏位置时，在高频声音的作用下，检漏仪会发出警报声。一些检漏仪有一排发光二极管（LED），在接收到高频声音时，发光二极管会亮。检漏仪离泄漏部位越近，发光的二极管数就会越多或警报声就会越急促。这就使技师能够准确地找到泄漏位置，超声波检漏仪能够检测到 1/500 in（英寸，in）这么小的空隙和孔的泄漏，并能在 1/16 in 内精确地定位泄漏源。

7. 冷却系统压力检测仪

冷却系统压力检测仪（图 1–32）由一个手持泵和一个压力表组成。一根软管将手持泵和安装在散热器加液口处的一个专用接头连接在一起，检测仪用来对冷却系统加压，从而检查冷却液是否泄漏。外加的接头能够将此检测仪连接到散热器盖上，将检测仪连接到散热器盖上，可以检测散热器盖的泄压作用。

图 1-31　超声波检漏仪

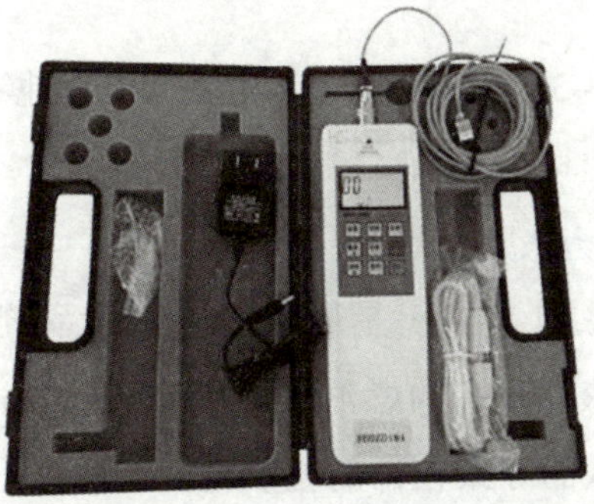

图 1-32　冷却系统压力检测仪

8. 冰点仪

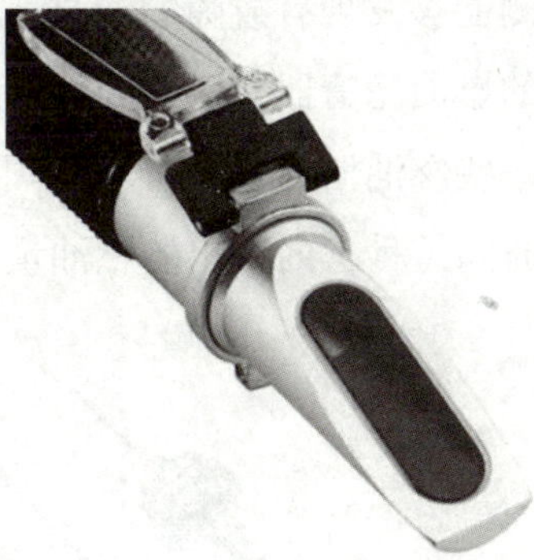

图 1-33　冰点仪

如图 1-33 所示的冰点仪又称光学冰点仪、冰点测试仪、汽车冰点仪、防冻液冰点仪、防冻液冰点测试仪，是为测量防冻液、玻璃液的凝固点及电池溶液的密度而设计的，只要滴几滴液体在棱镜上，然后向着光观察，就可以快速读出溶液的测量值。通过测得的百分比可以知道以丙二醇和乙二醇为基的防冻系统的凝固点和汽车前窗玻璃清洁液的凝固点，还可用来检查蓄电池内电解液的密度及使用状态。测量范围：防冻液凝固点为 -70 ～ 0 ℃；电解液比重为 1.10 ～ 1.40；清洁液凝固点为 -60 ～ 0 ℃。

9. 机油压力表

机油压力表（图 1-34）可连接在发动机上，用以检查润滑油的压力。机油压力表通常有许多不同的安装接头以便适合润滑系统中的不同孔径。

10. 传动带张力计

传动带张力计（图 1-35）用来测量传送带的张紧程度。传动带张力计安装在带上，用来指示传送带的张紧力。

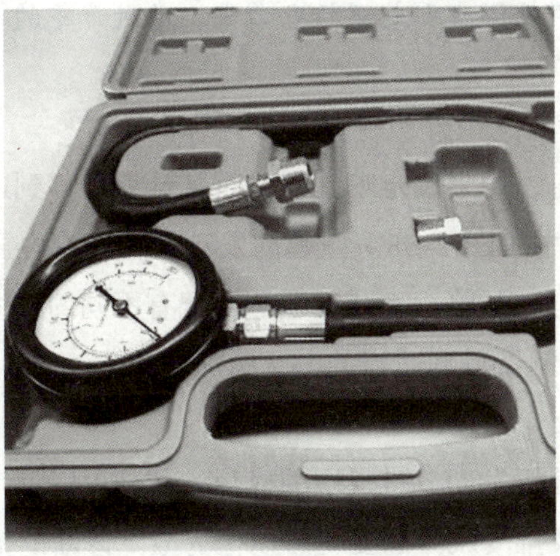

图 1-34　机油压力表

图 1-35　传动带张力计

11. 听诊器

听诊器（图 1–36）是用来判定发动机和其他零件噪声的来源。听诊器的拾音端放在可疑的零件上，接听端放在技师的耳朵里。

12. 燃油压力表

燃油压力表（图 1–37）是用来测量燃油系统压力的工具，对于诊断燃油喷射系统非常重要。因为燃油系统的工作依靠很高的燃油压力（30 ～ 70 psi，206.9 ～ 482.7 kPa），油压的降低会减少输送到喷油器中的油量，从而导致较稀的空燃比。

燃油压力表可用来检查燃油泵的输出压力、燃油喷射系统的调节压力以及喷油器的压力降。通过压力检测能够发现有故障的油泵、调压器或喷油器，也能够检测出燃油喷射系统存在的堵塞。堵塞通常由脏污的燃油滤清器、压扁的软管或损坏的燃油管路引起。

一些燃油压力表还有一个阀门和出口管，用来检测燃油泵的排量。生产厂商规定的排量通常是指在一定时间（秒）内泵出的燃油量，以品脱或升为单位。

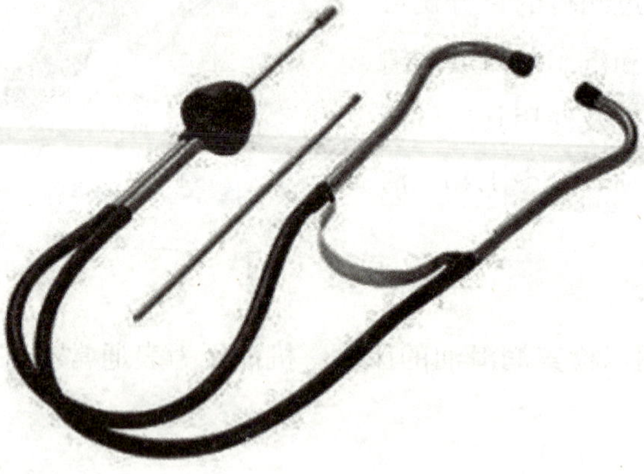

图 1–36　听诊器

图 1–37　燃油压力表

提示

检测燃油压力时，小心不要溢出汽油，以防止因汽油溢出引起爆炸和着火，导致严重的人员伤害和财产损失。

13. 喷油器电路检测灯

喷油器电路检测灯是一种叫作闪烁灯的特殊测试灯，用来确定喷油器是否从计算机得到适当的电压脉冲。断开喷油器的线束插头，并将闪烁灯插进插头中（图 1–38）。起动发动机，若有电压，闪烁灯就会快速地闪烁，不闪烁则说明喷油器的电源或搭铁电路开路。不同的喷油器配有不同的接线座。起动发动机，然后检查燃油总管线束是否从 PCM 或点火控制器得到适当的电压脉冲。

14. 排气分析仪

排气分析仪是非常有用的诊断工具。通过观察和分析发动机排气中的成分，技师可以了解燃烧过程的效果。任何故障都能造成排气成分的变化，排气量及排气成分的变化可以作为故障诊断的依据。

现代的排气分析仪分为四气分析仪和五气分析仪（图 1–39）两种。四气分析仪用来检测排气中的碳氢化合物（HC）和一氧化碳（CO）的含量。这些有毒气体受十二碳五烯酸（EPA）的限制，尾气中这些气体的含量不能超过规定的值。四气分析仪还可以用来检测排气中氧气（O_2）和二氧化碳（CO_2）的含量，排气中这些污染气体的浓度大小直接反映了混合气的燃烧质量。如果混合气浓度太高，排气中CO的含量就会偏高而O_2的含量却会偏低。造成混合气过浓的原因主要有燃气压力调整仪或氧气传感器出故障、排气堵塞或者压力过低。如果发动机点火不正常，混合气就不能够完全燃烧，排气中的HC和O_2的含量都会增加。火花塞磨损、火花塞高压线损坏以及点火线圈损坏是造成点火不正常的主要原因。五气分析仪比四气分析仪能多检测一种气体——氮氧化物（NO_x）。发动机燃烧温度过高时就会产生NO_x，NO_x是造成臭氧层破坏、光化学烟雾的主要污染气体。

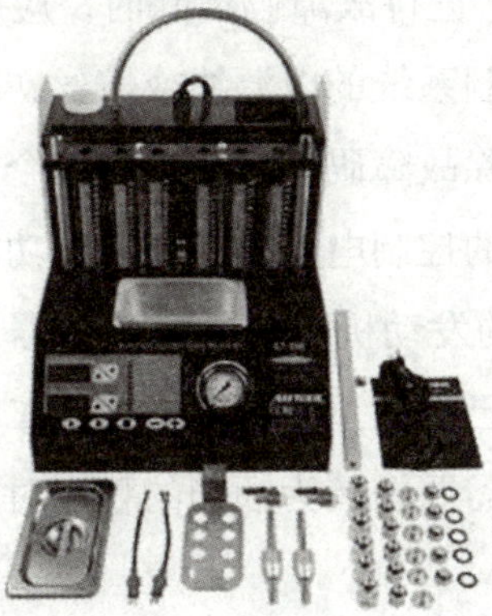

图 1–38　喷油器电路检测灯及其配套接头

图 1–39　五气分析仪

（二）常用检测设备的使用方法

1. 自诊断检查

（1）故障码的读取

读取故障码之前应该做好的准备工作。

① 安全第一，确认制动良好，变速杆置于驻车挡或空挡，挤住驱动轮并断开点火开关。

② 对发动机控制系统进行全面检查。

③ 起动发动机，怠速运转，暖机到正常工作温度。

④ 检查蓄电池电压，电压值应该在 11 V 以上。

⑤ 检查节气门是否关闭。

⑥ 检查变速杆是否在空挡。

⑦ 检查是否断开所有的电子控制系统和辅助设备。

⑧ 检查发动机指示灯是否工作正常。

（2）检测仪读取故障码的方法

① 专用电脑检测仪。为方便汽车维修人员对电子控制喷射发动机进行检修，各汽车厂都为自己生产的各种型号的汽车喷射发动机设计了专用的电脑诊断仪。现代电子控制汽油喷射发动机的控制电路上设有一个专用的故障检测插座，它通常位于发动机附近或仪表板下方，通过电路与电脑连接。只要将汽车制造厂提供的该车型电脑检测仪的检测插头与汽车上的故障检测插座连接，然后打开点火开关，就可以方便地从电脑检测仪的显示屏上读出所有储存在发动机电脑上的故障码。

② 通用电脑检测仪。通用电脑检测仪也称为汽车电脑解码器，如 Bosch 公司生产的 KT600 系列、北京金奔腾公司的彩圣系列、远征公司生产的电眼睛。这种汽车电脑解码器本身也是一个小型电脑，其软件储存有各国不同型号的汽车电脑及控制系统的检测程序和数据资料，并配有各种专用检测插头。使用时，只需将被测汽车的型号和车辆识别码输入汽车电脑解码器，就能从软件中调出相应的检测程序；按照解码器屏幕上的提示，将相应的故障检测插头和汽车上的故障检测插座连接，就可以根据汽车电脑故障自诊断电路的功能范围和检修要求，选择对发动机、自动变速器、防抱死制动装置等各个控制系统，进行读取代码、显示电脑运行数据资料、测试执行器工作情况、清除电脑储存的故障码等工作。

③ 故障码的清除工作。汽车故障排除后，需要清除故障码。进行故障码清除时，应严格按照特定车型所规定的故障码的清除方法。一般而言，断开通往发动机控制系统的电源线或熔丝，就可清除微机控制系统存储的故障码。但采用拆除蓄电池负极搭铁线的方法清除故障码，将会造成两个方面的麻烦：其一，是会使某些车型的控制电脑失去“经验记忆”。有些车型的控制电脑具有自学习功能，拆除蓄电池负极搭铁线后，便会自动清除储存在随机存储器（ROM）中的发动机运行的经验数据，从而使汽车在维修后的相当长时间内性能不好，或行驶一段时间后，又重现已清除掉的故障码。其二，还会造成有些车辆某些功能的丧失，音响锁止便是比较常见的例子。这时，需要按较为烦琐的程序对音响系统进行解密，才能恢复音响系统的正常工作。

2. 发动机异响检查

（1）异响诊断的方法

① 人工直观试探法

人工直观试探法主要是借助听诊器、断火试验，结合变换节气门开度等，凭耳、眼进行听、察异响的变化情况。在听察过程中，还要及时观察排气管冒出的烟色、烟景的变化和各仪表的工作情况等。

② 仪器诊断法

因为发动机各类异响和振动的声响、声压、振幅等不同，只要发动机有摩擦副磨损，配合间隙增大或某一部分发生松动，就会产生异响与振动，形成特别的声级、声压和振幅并通过仪器反映出来。

（2）异响的确诊过程

当异响出现在怠速或低速运转期间，可依以下顺序进行诊断。

① 用单缸断火法检查异响与缸位是否有关联。若某缸断火后异响有明显的变化，说明故障在该缸。

② 若某缸断火后异响并无明显的变化，说明异响与缸位并无关系。继而应逐缸检查异响与工作循环是否有关联，判定故障出在哪一机构。

③ 进而再逐渐提高发动机转速，听察异响有无变化，根据异响随转速的变化，判断运动机制耗损的程度。

④ 此外，在诊断过程中，还应注意观察发动机温度的变化对异响的影响。

3. 进气系统真空度检查

（1）真空表的使用

如果随意改变节气门的开度（急加速或急减速）就会获取真空度的变化值，根据这些数值的变化，就可分析和判断发动机存在的故障。

（2）进气歧管真空度检测分析

让发动机在海平面高度下怠速运转，根据真空表读数及其指示状态进行分析、判断。海拔高度每增加 1 000 m，真空表读数相应降低约 10 kPa。

① 若真空表指针稳定地指在 57 ～ 71 kPa 之间，说明发动机密封良好；快速启闭节气门，若真空表指针能随之在 7 ～ 84 kPa 之间灵敏摆动，说明进气管真空度对节气门开度变化的随动性较好，则进一步说明发动机密封良好。

② 若真空表指针有规律地跌落 3 ～ 23 kPa，摆幅不大，表示气门与气门座密封不良，同时可能伴随有回火（进气门漏气）、放炮（排气门漏气）现象。

③ 若真空表指针在 17 ～ 57 kPa 之间大幅摆动，可能是气缸垫烧损漏气所至。

④ 若真空表读数低于正常值，快速开启节气门，真空表指针迅速下降，几乎为 0；且当节气门关闭时，指针不能恢复到 84 kPa，则说明活塞与气缸之间密封不良，同时可能出现排气管冒蓝烟（烧机油）现象。

4. 发动机密闭性检查（气缸压力）

气缸的密封性能可以通过检测气缸压缩压力、曲轴箱窜气量、气缸漏气量（率）及进气管真空度等多项参数进行综合诊断，现主要依据气缸压缩压力和进气歧管真空度来判断气缸的密封性。

气缸压缩压力的检测：气缸压缩压力可用气缸压力表检测，也可用气缸压力测试仪检测。

（1）用气缸压力表检测缸压

这是维修企业检测气缸压力最常用和最实用的检测方法。检测缸压时应保证蓄电池电压充足，有足够的起动转速，节气门全开，发动机工作温度正常。

① 拆下全部火花塞，并将高压线搭铁。

② 拔下所有喷油器插接器。

③ 把气缸压力表接入待测气缸的火花塞孔，如图 1-40 所示。

图 1-40　气缸压力表及其使用

④ 用起动机带动曲轴转动 3 ～ 5 s，读取压力表读数；然后按下压力表单向阀使指针回零，再进行下一次测量。

通常每缸测量三次，并与标准值对比，各缸缸压应不低于标准值的 85%，且各缸缸压差应不大于 3%（极限 10%）。

（2）用气缸压力测试仪检测缸压

可采用压力传感器式气缸压力测试仪、起动电流或起动电压降式气缸压力测试仪、电感放电式气缸压力测试仪检测气缸压力。

在发动机综合测试仪和综合试验台上，多采用起动电流或起动电压降式气缸压力测试仪来检测缸压。其检测原理是：起动机带动发动机曲轴所需的转矩是起动机电流的函数，并与气缸压力成正比。发动机起动时的阻力矩主要是由曲柄连杆机构产生的摩擦力矩和各缸压缩行程受压空气的反力矩两部分组成的，前者可认为是稳定的常数，而后者是随各缸气缸压力变化而变化的波动量。因此，起动电流的变化与气缸压力的变化存在着对应关系，通过测量起动时某缸的起动电流，即可确定该缸的气缸压力。通过测起动电源——蓄电池的电压降，也可获得气缸压力。这是因为起动机工作时，蓄电池端电压的变化取决于起动机电流的变化。当起动电流增大时，蓄电池端电压降低，即起动电流与电压降成正比，因此起动时蓄电池的电压降与气缸压力也成正比，所以通过测蓄电池电压降也可以测得气缸压力。

（3）气缸压力的检测方法

以捷达车发动机为例，测量气缸压力时，发动机润滑油温度至少为 30 ℃，具体步骤：首先，拔下点火线圈及火花塞高压线，用专用扳手拧下火花塞；然后，将加速踏板踩到底，使节气门全开，再将气缸压力表或其专用检测仪装入火花塞孔；最后，用起动机带动发动机运转，直至气缸压力表或检测仪显示的压力值不再上升，记录此值。

捷达发动机气缸压缩压力值应为 1 ～ 1.3 MPa，压力极限值为 0.75 MPa，各缸间压力差最大允许值为 0.3 MPa。

5. 冷却系统检查（冷却液凝固点）

（1）将折光棱镜对准光亮方向，调节目镜视度环，直到标线清晰为止。

（2）调整基准：测定前，首先使用标准液（纯净水）、仪器及待测液体基于同一温度。掀开盖板，然后取 2 ～ 3 滴标准液滴于折光棱镜上，并用手轻轻按压平盖板，通过目镜看到一条蓝白分界线。旋转校准螺栓使目镜视场中的蓝白分界线与基准线重合（0%）（注：光学仪器出厂时已调校好，可直接使用）。

（3）测量：用柔软绒布擦净棱镜表面及盖板，掀开盖板，取 2 ～ 3 滴被测溶液滴于折光棱镜上，盖上盖板轻轻按压，里面不要有气泡，然后通过目镜读取蓝白分界线的相对刻度，即为被测液体的测量值。

（4）测量完毕后，直接用潮湿绒布擦干净棱镜表面及盖板上的附着物，待干燥后，妥善保存起来。

（5）在测量蓄电池液时，注意不要洒在皮肤和眼睛上，以防烧伤，测试后仔细擦净仪器。

6. 润滑系统检查（润滑油压力、油面）

（1）根据发动机的故障征兆，确认润滑油压力过低为润滑系所致，首先区分是机油压力指示系统故障还是润滑系油路故障。

观察机油压力表、警告灯或报警器，如果指示信号不一致，则可能是指示系统或报警系统有故障。可检查油压表与传感器的连接状况，若正常，拆下传感器导线，打开点火开关，使导线与机体搭铁。若油压表指针急速上升，说明油压表良好；若油压表指针不动或微动，说明油压表失效。若油压表良好，应检查传感器的工作性能。

现代轿车除设有油压指示系统外，还设有油压报警系统，如捷达轿车设有两个压力开关（高、低压开关）、一个压力警告灯和一个压力报警蜂鸣器。报警系统失效，应主要检测两个报警开关。捷达车的两个报警开关位于滤清器支架上，低压开关（30 kPa）为褐色，是常闭的；高压开关（180 kPa）为白色，是常开的。检测方法如下。

① 拆下 180 kPa 白色高压开关，将其拧入测试仪 V.A.G1342，然后将测试仪装入机油滤清器支架上的油压开关处，并将测试仪的褐色导线 3 搭铁，捷达车机油压力开关的检测如图 1-41 所示。

② 用 V.A.G1594 辅助接线把二极管电笔接到蓄电池正极和 30 kPa 褐色油压开关 B 上，发光二极管必须亮。

③ 起动发动机，慢慢提高转速，压力达 14 ～ 45 kPa 时，发光二极管必须熄灭，否则应更换低压开关。

④ 将二极管电笔接到高压开关 A 上，压力达到 160～200 kPa时，发光二极管必须亮，否则更换高压开关。

⑤ 继续提高转速，达到 2 000 r/min 且润滑油温度到 80 ℃时，油压至少应达到 200 kPa。转速再进一步提高，润滑油压力不可超过 700 kPa，否则，应更换机油滤清器支架上的安全阀。

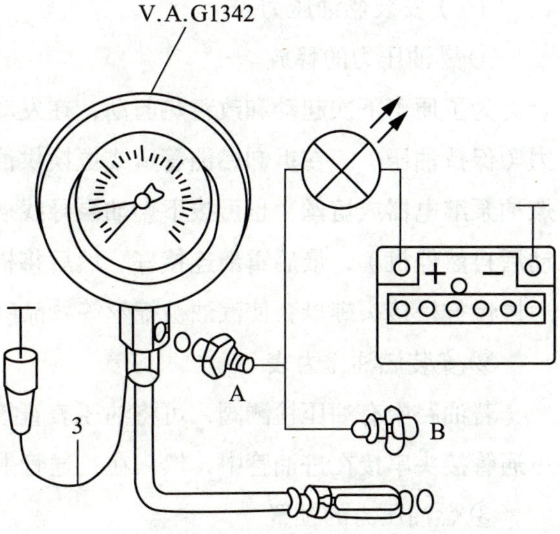

A– 高压开关；B– 油压开关。

图 1–41　捷达车机油压力开关的检测

注意

若怀疑油压指示或报警系统出现故障，也可采用换件测试法进行确诊。

（2）拔出机油尺，检查油面高度、润滑油黏度和润滑油质量

如油面过低，应检查有无泄漏部位，并按规定添加润滑油。用手指检查润滑油黏度，同时检查润滑油质量，观察是否混入汽油或水分；如果润滑油变稀（混入汽油）或成乳膏状（混入水分），应及时更换，并查明原因，排除故障。

（3）拆下机油滤清器，起动发动机，观察喷油情况

如喷油有力，说明机油泵工作正常，应检查机油滤清器的滤芯、旁通阀是否堵塞，视情更换。

（4）如喷油无力，应拆检机油泵

检查机油泵齿轮副的端面间隙、径向间隙和啮合间隙，并进行油压、泵油量等性能检测。润滑系的安全阀多安装在机油泵上，拆检机油泵时必须检查安全阀是否失效。有的安全阀安装在主油道上（外装式），此类安全阀的检查，应在拆检机油泵前进行。

（5）如润滑系正常，则需检查曲轴主轴承和连杆轴承、凸轮轴轴承等配合间隙。

因配合间隙过大造成润滑油压力过低时，通常伴随有发动机异响产生，分解发动机之前，应注意听诊。

7. 燃油供油系统检查（燃油压力、真空调节）

发动机正常工作时，燃油压力一般为 0.2 ～ 0.3 MPa，且随进气压力的增大而增大。如油压不正常，说明燃油系统有故障，通常需检测燃油压力。

（1）安装燃油压力表

① 燃油压力的释放

为了便于下次起动和改善热起动，在发动机熄火后，燃油管路在一定时间内仍保留有一定的燃油压力（保持油压）。在拆卸燃油管道或更换供油部件时，应先释放燃油管路内的油压。方法是：首先拔下燃油泵继电器或熔丝，也可拔下燃油泵导线插接器。起动发动机 2 ～ 3 次，确保完全卸压（或发动机起动后自然停机），最后重新连接好。然后将棉丝或其他吸油性物品垫在油管接头下或包住接头螺母，然后慢慢拧松接头螺母，使汽油被棉丝等物品吸附，最后将管接头重新拧紧。

② 安装燃油压力表

若油路中有油压检测阀，可将油压表直接接在油压检测阀上；没有油压检测阀的可拆下进油管，将三通管接头串接在进油管中，然后在三通管上接上油压表。

③ 燃油压力的预置

拆卸燃油管路后，为保证正常起动发动机，应按下述方法预置油压。

先接好所有燃油管道接头，拔下燃油泵继电器，短接电源端和油泵控制端，接通点火开关，人为接通燃油泵运转，以建立起油压，在“OFF”和“ON”位置反复转动点火开关，使燃油泵反复接通运转，建立起油压。

（2）测量静态油压

利用故障诊断仪接通燃油泵，或短接燃油泵检查插接器，或直接用跨接线接通燃油泵；点火开关置“ON”，燃油泵运转；油压应与规定相符，一般约为 0.3 MPa。若油压过高，应检查燃油压力调节器和回油管；若油压过低，应检查燃油量是否充足，检查燃油泵、燃油压力调节器和燃油管路是否泄漏，检查燃油泵滤网和燃油滤清器是否脏堵。

（3）测量工作油压

① 发动机怠速运转时，燃油压力约为 0.25 MPa。

② 断开油压调节器真空软管，油压应升高 50 kPa 左右，即燃油压力约为 0.3 MPa。

③ 短时夹住回油管，油压应升高 2 ～ 3 倍。若油压过低，说明燃油泵有故障，可能是燃油泵磨损或安全阀关闭不严导致漏油。

④ 增大节气门开度，油压应升高到 280 kPa 左右。

（4）测量保持油压

如宝来、捷达等车，发动机熄火（燃油泵停转）10 min 后，油压不应低于 200 kPa。若油压过低，说明燃油系统中有泄漏。目测检查燃油管路是否有泄漏；夹住回油管，若油压正常，说明燃油压力调节器泄漏；若油压仍然过低，同时夹住回油管和进油管（夹住燃油泵和油压表之间的油管），若油压正常，说明燃油泵单向阀泄漏（油压下降较快）；若油压仍然过低，说明喷油器泄漏。

注意

不同的发动机，燃油系统的压力值有所不同，检测时应符合维修手册的要求。

知识拓展

发动机分析仪简介

当需要对发动机性能进行全面的分析时，可以使用发动机分析仪。发动机分析仪集成了所有必要的检测设备。尽管“发动机分析仪”这个术语泛指任何多功能的检测仪表，一台完整的发动机分析仪，应当包括本项目提到的所有或大多数检测仪器的功能。大部分发动机分析仪是以计算机为基础，能够引导维修人员进行整个检测过程。大多数的分析仪具有以下仪表的工作性能：压缩压力表、压力表、真空表、真空泵、转速表、正时灯／正时探测器、电压表、欧姆表、电流表、示波器、计算机诊断仪、排气分析仪。

使用发动机分析仪，能够对蓄电池、点火系统、充电系统、初级和次级点火电路、电子控制系统、燃油系统、排气系统及发动机总成进行检测。分析仪通过各种接线、感应夹、探头和插头连接到这些系统中。从这些连接线中得到的数据由分析仪内部的计算机进行处理。

有些计算机控制的发动机分析仪按照一些特定车型的参数规范编程，诊断故障码也装入分析仪的存储器中，根据来自各接线和插头的输入信号，微处理器可以识别发动机所有主系统中磨损、调整不当或出现故障的部件。分析仪还可以列出可能引起故障的原因，并提示或引导维修人员按照设计好的故障诊断步骤一步步来验证和清除故障。

汽车信息可以通过类似于计算机键盘的装置输入到分析仪中去，参数规范、指令和检测结果都显示在 CRT 显示屏上。有些分析仪以图表的形式在显示屏上显示检测结果，分析仪的打印机还能够打印出屏幕上显示的信息。

四、汽车常用举升起重设备的使用

（一）常用的举升起重设备

1. 千斤顶

千斤顶是一种最常用、最简单的起重工具，按照所能顶起的质量可分为 3 t、5 t、8 t、10 t、15 t、20 t 等多种不同规格，按照其工作原理可分为液压式和机械式两类，两种千斤顶都有体积小、重量轻的优点。目前广泛使用的是液压式千斤顶。

（1）机械式千斤顶

机械式千斤顶（图 1–42）由于起重量小，操作费力，只用于一般机械维修工作。机械式千斤顶常用的有立式和桥式两种。立式千斤顶采用棘轮提升汽车，由于较为笨重，适于车间内使用，常用规格为 3 t 和 5 t。桥式千斤顶采用螺杆转动带动杆系形变的原理来举升车辆，其举升质量较小，但轻巧方便，较适合轿车的检修。

图 1–42　机械式千斤顶

（2）立式液压千斤顶

液压式千斤顶结构紧凑，工作平稳，有自锁作用，故使用广泛。其缺点是起重高度有限，起升速度慢。按照所能顶起的质量可分为3 t、5 t、10 t等多种规格，目前广泛使用的是立式液压千斤顶，如图1–43所示。

（3）卧式液压千斤顶

卧式液压千斤顶尺寸较大、不宜随车携带，但其行程较长、使用更方便，是汽车维修企业常用的设备，如图1–44所示。

图1–43　立式液压千斤顶

图1–44　卧式液压千斤顶

2. 安全支架

安全支架（图1–45）常用作地面上不同重量物件的举升。举升车辆时，千斤顶、汽车架支撑在汽车底盘部件上，如车架、桥壳等。跟千斤顶一样，安全支架也有一个额定升举能力，使用时切勿超过这个值。

3. 举升机

举升机主要有单柱式、双柱式、四柱式、龙门式等类型，一般采用电动液压操纵系统驱动，设有双保险自锁保护装置，具有升降平稳、安全可靠、使用方便等特点。

（1）单柱式

单柱式举升机属于起重机的一种传统类型，其液压缸埋在底舱，如图1–46所示。

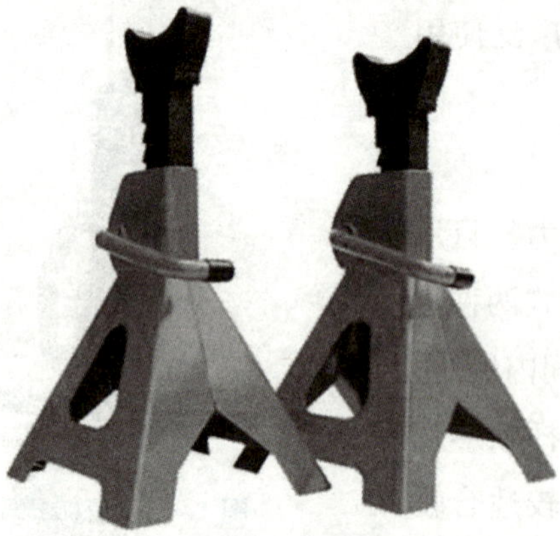

图1–45　安全支架

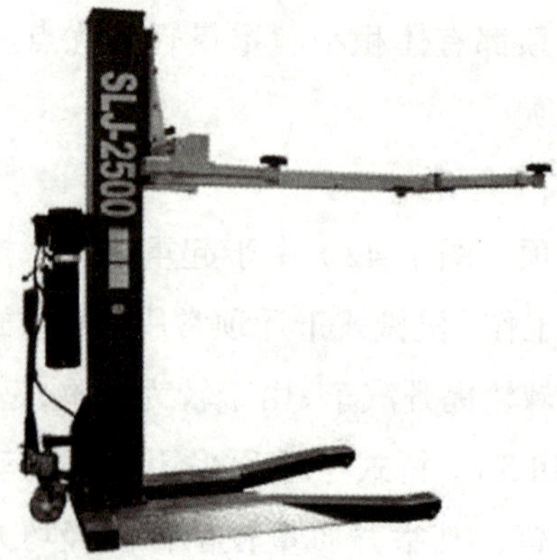

图1–46　单柱式举升机

（2）双柱式举升机

双柱式举升机（图1–47）又称地上起重机，用来抬起汽车且让工人们可以在车下进行修理工作。

许多这类起重机在顶部的两个柱之间都有交叉，为车下工作提供了宽敞的区域。

由于扁平的链条穿过滑轮且附着在每根电缆上，可确保汽车能被均匀地抬起。举升器在不同的高度都会有锁，以便汽车在几个工作的高度区能安全地被上锁。

电动液压式或电动链条牵引式举升机使用开关操纵，升降方便。立柱是固定的，适合对 3 t 以下的轿车、轻型车进行专业维修。

注意

顶举车体时，应尽可能使支臂伸出长度相近，并使车体前后保存平衡。安装支臂时，小心不要碰到制动管和燃油管。

（3）剪刀式举升机

剪刀式举升机（图 1–48）是专为制动或轮胎服务使用的，适合在车下工作且有限定性高度。剪刀式支架便于四轮定位的测量和调整。

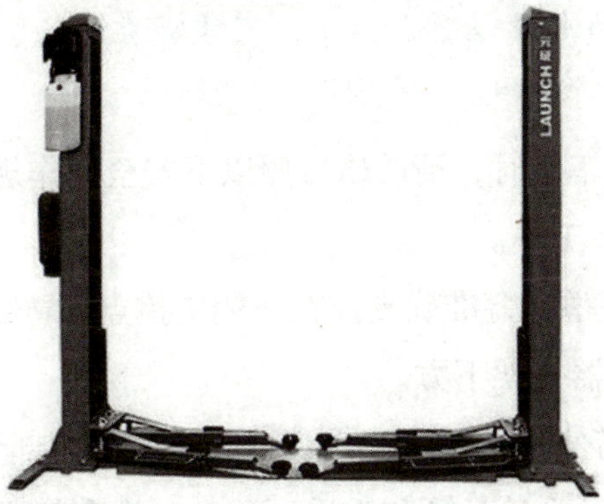

图 1–47　双柱式举升机

图 1–48　剪刀式举升机

（4）四柱式举升机

四柱式举升机提升质量可达 8 t，稳定性好，能满足载货汽车等较大车辆的维护之用。其缺点是占用场地大，适合综合性汽车修理厂使用。

4. 起重吊车

在发动机整体拆装过程中，离不开吊车。它具有移动使用方便，吊装能力强等特点，在汽车维修企业应用广泛。经常使用的吊车有门式、悬臂式、单轨式以及梁式四种类型。在汽车拆装实训中使用最多的是悬臂式吊车，分为机械式和液压式两大类。

（1）机械式悬臂吊车通过手柄转动绞盘以及棘轮，以收缩或放长铁链使重物上升或下降，可做短距离移动。

（2）液压式悬臂吊车吊起时，由于液压泵的作用，使压力油进入油缸内，推动顶杆外移，使重物吊起；打开放油阀，工作缸内的油流回油箱，压力降低，使重物下降，其外形如图 1–49 所示。

图 1–49　液压式悬臂吊车外形

（二）常用的举升设备使用方法

1. 千斤顶和汽车架安全操作规则

移动式千斤顶是一种简便的汽车局部举升器。使用时应确保千斤顶的支撑垫片正确支撑在汽车底盘支撑点上。升举前要用楔块将车轮楔住，楔块放在不举升车轮的前后部，防止车辆前后移动。操作千斤顶的驱动手柄时，液压泵随之转动，将液压压入液压缸。在液压的作用下液压缸柱塞向上移动，带动千斤顶垫片将汽车举高。在卸载液压油，降下汽车时，应缓慢转动操作手柄或卸荷操纵杆。

车辆举升后，用汽车架支撑好，同时要将千斤顶移开，决不能用千斤顶做支承。如果不移开千斤顶，而千斤顶的操作手柄又露在外面，工作时就有可能碰到手柄，将千斤顶卸荷，造成车辆突然落下的危险。

注意

支承车辆时千斤顶和汽车架要配合使用，切勿单独采用千斤顶，而且要确保汽车架支撑在车辆正确的支撑点上。同时，汽车架必须安放在平整的水泥地面上，千万不能放在脏的、凹凸不平的砾石地面上。

为了防止安全事故的发生，使用千斤顶和汽车架时，请严格按照以下安全操作规程。

（1）未将汽车架牢靠固定好前，切勿在车下工作。

（2）使用移动式千斤顶举升车辆前，要确保举升臂准确支撑在车辆支撑点。局部举升汽车前部时，为了防止损坏散热器，切勿将举升臂支撑在散热器支架下方。

（3）将汽车架支撑在车辆底盘车架、桥壳等牢固部件上，确保汽车架与支撑部件牢靠接触。

（4）为了防止车辆从移动式千斤顶移到汽车架时车辆和千斤顶移动，汽车架不能倾斜，并要支撑在底盘下面，且确保所有支撑脚都与地面接触。

2. 发动机吊装机安全操作规则

汽车维修时经常要把发动机吊离发动机舱，这时就要用到发动机吊装机（图 1–50）。发动机吊装机通过一个吊具与发动机相连。将吊具安装到发动机时，要确保连接处螺栓强度足够，并将螺栓旋紧，防止吊装时自行松开。吊装前请先查阅汽车维修说明书，说明书上一般都有介绍发动机的最佳承力点的内容。

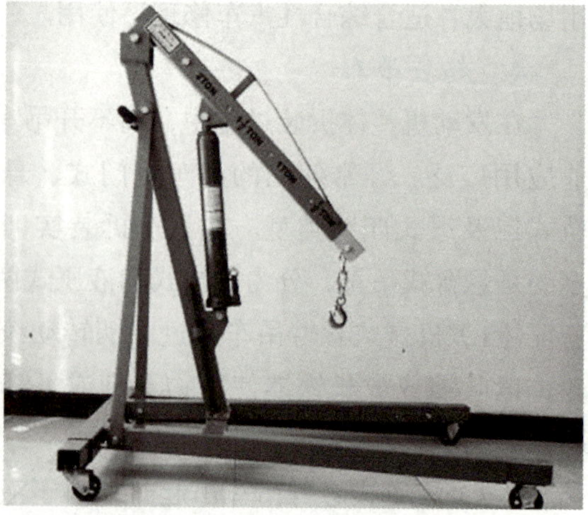

图 1–50　发动机吊装机

发动机吊装机的支腿和支撑臂一般都是可伸缩的。为了防止发动机和吊装机倾斜，吊装机支腿应尽量张开。而支撑臂伸得越长，吊装机的举升能力就越低，这一点使用时应该注意。将支腿和支撑臂调节到适当位置后，一定要插上锁止销。

在吊装发动机时一定要专心。将发动机吊离发动机舱后应立即把发动机放到地板上或装到发动机台架上，切勿单独用吊装机支承发动机。

3. 举升机的使用

（1）举升机安全操作规则

举升机用于整车的升举，以方便汽车维修技术人员在车下工作。举升汽车时，要先确定正确的举升支撑位置，一般汽车维修手册都有说明。一些举升机的动力机构是由电动机带动的液压泵，而有些举升机是直接用维修车间里的压缩空气作为动力源，这种举升机有一个控制杆和一个开关，控制杆用于控制压缩空气与举升缸的通断，开关控制液压泵的电动机。将车辆升举悬空后，一定要关上锁止阀，否则举升立柱有可能会缓慢降下。

使用举升机举升汽车时，一定要格外小心。为了防止汽车从举升机上掉下砸坏车、砸伤人，举升支撑臂必须支撑在正确的支撑位置上，否则也会损坏汽车支撑处的零件。每台汽车都设计有几处专门的支撑位置，用于全车的举升。维修时如果需要把汽车从地面举升起来，都必须先查阅汽车维修手册，找准支撑位置。开动举升机前应阅读使用说明书，学会正确使用，操作时应严格按照操作规程。

注意

使用举升机、千斤顶举升重物时，重物的重量切勿超过设计的额定升举力。如果千斤顶的额定升举力为 2 t，就不能用它举升 5 t 的物体，否则对人、对车都是很危险的。

在将车辆开到举升机上面时，要预先留出位置，切勿推翻或碰撞举升机、连接器或支承，否则有可能损坏举升机、车辆和车轮。在升起车辆的下面工作时，始终要把举升机锁定好，否则工作时举升机会下滑。切勿使用锁定机构损坏的举升机。

举升之前，要确保车辆准确定位，按规定对准车辆的举升支撑点，确保支撑器与车辆完全接触。举升汽车前，请先晃动下车辆，检查支撑是否平稳牢靠，再将车辆升到合适的位置。

举升汽车前，请先关好车门、发动机舱盖、行李舱盖。车辆内有人时切勿升举汽车。

车辆举升的高度，不能高于其安全值。在举升的汽车上拆装零部件或总成时，可能会改变车辆的质量分布。所以拆装时要注意车体的平衡与晃动，最好事先阅读相关防护手册。

降下举升机前，确保把所有工具和其他设备从车辆下面移开，尤其是确保无人站在车辆的下面。切勿在车辆下面放置氧乙炔罐。在将车辆降到地面前切勿打开锁定机构。

（2）举升机举升车辆

① 参照维修说明书，找准车辆举升支撑点。

② 确定车辆质心或平衡点，将支撑臂移到车辆质心处。

③ 将支撑垫移动到举升支撑器上，并调节支撑垫的高度，直至车辆与支撑臂安全接触。

④ 先将车辆举高 20 ～ 30 cm，检查车辆是否平稳牢固。如果车辆支撑不稳或有异响，必须降下车辆，重新调整支撑垫。

⑤ 车辆举升到适当高度后，应锁止举升机锁定机构，锁定机构未锁止前，切勿到车辆下面。

⑥ 降下车辆前，先打开锁定机构，并将控制阀掰到低挡，车辆降到地面后，将连接垫片放到车轮两侧。

知识拓展

千斤顶安全使用与维护注意事项

（1）使用千斤顶，要弄清其额定的承载能力，千斤顶的顶举能力一定要大于或等于重物的重量，否则易发生危险。

（2）汽车在起顶或下降过程中，禁止在汽车下面进行作业。

（3）下降时应缓缓拧松液压开关，使汽车缓慢下降，汽车下降速度不能过快，否则易发生事故。

（4）千斤顶要放在坚实的地面上，如果必须在松软路面上使用千斤顶顶起汽车作业，应在千斤顶底座下加垫一块有较大面积且能承受压力的材料（如木板等），防止由于汽车重压工作时，场地基础下沉或千斤顶歪斜发生危险。同时保证千斤顶与汽车接触位置正确、牢固。

（5）千斤顶把汽车顶起后，当液压开关处于拧紧状态时，若发生自动下降故障，则应立即查找原因，及时排除故障后方可继续使用。

（6）千斤顶遇到操作力过大时，应检查原因，不要强行施力，更不允许接长操纵手柄来操作，这样容易使千斤顶超载。

（7）如果顶举坚硬物体，在物体与千斤顶之间应垫防滑的垫料。

（8）要求用几台千斤顶来同时顶举一件大且重的物体时，必须核准各个千斤顶可能承受的最大载荷，同时应保证千斤顶同步起升或下降。

（9）液压千斤顶也不能做长时间支承重物，因为时间一长，会由于千斤顶泄漏而使重物坠落。需要较长时间支承重物时，应在重物下面垫以安全支架，这样，万一千斤顶有泄漏也可保证安全。

（10）如发现千斤顶缺油时，应及时补充规定油液，不能用其他油液或水代替。

（11）千斤顶必须垂直放置，以免因油液渗漏而失效。

（12）千斤顶不能用火烘热，以防皮碗、皮圈损坏。

（13）维护螺旋千斤顶应经常在螺旋纹加工面上涂以防锈油脂。液压千斤顶应根据制造厂的要求灌注合适的、足量的工作介质，根据使用情况每隔半年至一年清洗一次，滤清杂质。

（14）千斤顶存放时，应将滑塞杆或螺柱又或齿条降到最低位置，加工面涂以防锈油，并放在干燥处，以防生锈。发现千斤顶零件有裂纹时应停止使用。

思考练习

一、单选题

1. 下列不属于手动工具的是（　　）。

A. 扳手　　B. 钳子　　C. 电钻　　D. 铰刀

2. 下列属于旋具类工具的是（　　）。

A. 套筒扳手　　B. 剥线钳　　C. 锯子　　D. 铰刀

3. （　　）是一种能直接测量工件直径、宽度、长度或深度的通用量具，按照读数精度可分为 0.1 mm、0.2 mm、0.05 mm 和 0.02 mm。

A. 游标卡尺　　B. 百分表　　C. 外径千分尺　　D. 内径千分尺

4. 下列属于呆扳手用途不当的是（　　）。

A. 用于拧紧或拧松标准规格的螺栓或螺母

B. 可以从上、下或横向插入的部位

C. 用于拧紧力矩较大的螺栓或螺母

D. 只能在一个有限的空间扳动螺栓或螺母

5. 关于呆扳手的使用要点，不正确的是（　　）。

A. 呆扳手只能在一个有限空间扳动螺栓或螺母，在扳到极限位置后，再将扳手取出重复原先的过程

B. 扳动扳手的方向应朝胸前，而不应往外推，若必须向外推时，应将手掌张开去操作

C. 呆扳手的两个工作面需与螺母的两个面完全接触

D. 拧紧力矩要求的螺栓或螺母，应用呆扳手做最后拧紧

二、填空题

1. 只有根据__________制定切实可行的维护保养措施，才能使其保持完好的技术状态，这便是汽车维护与保养的意义所在。

2. 维护作业包括上述所讲的清洁、__________、__________、调整、润滑、补给、更换和检测等内容。

3. 活扳手由固定扳唇、__________、蜗轮和轴销组成。

4. 游标卡尺按其精度可分为 0.1 mm、__________、0.02 mm 三种。

5. 弹簧秤是用来测量拉力或弹力的，其外壳的正面刻有量度单位，单位为__________或__________。

项目二

汽车发动机的维护与保养

项目概述

了解汽车发动机的构造及常见故障原因，注重汽车发动机的维护与保养，可以较好防止发动机的非正常损坏，有效延长发动机的使用寿命，保护驾驶者的人身安全，保持出行者的愉悦心情。本项目介绍发动机各系统的维护与保养，包含以下六个任务。

任务一：进排气系统的维护。

任务二：燃油供给系统的维护。

任务三：点火系统的维护。

任务四：润滑系统的维护。

任务五：冷却系统的维护。

任务六：正时带的更换。

通过以上六个任务的学习，使读者能够掌握汽车发动机燃料供给系统、润滑系统和冷却系统的合理使用与正确维护，正确地对发动机各系统进行维护。

学习目标

知识目标

- 掌握汽车发动机燃料供给系统、润滑系统和冷却系统的合理使用与正确维护。
- 学会发动机各系统主要操纵部件的操作方法和使用注意事项。
- 掌握进气管的检查项目和检查方法。
- 掌握节气门的检查方法。

能力目标

- 能采取正确的方法进行发动机舱的检查与维护。
- 可以正确地对发动机进行维护与保养工作。

素质目标

◆ 培养学生的动手能力。

◆ 培养学生的探索精神、创新精神。

思政目标

◆ 通过学习，使学生学到很多书本上学不到的东西，加深了其对课本知识的了解。对本项目的学习不仅把理论和实践紧密地结合起来，而且还加深了对汽车组成、结构、部件的工作原理的了解，让学生学会了如何正确面对未来工作中的困难与挫折，对待问题也能够临危不乱，积极解决。

任务工单

任务名称	进、排气系统的维护	学时		班级	
学生姓名		学生学号		任务成绩	
实训设备	帕萨特新领驭轿车、常用工具一套	实训场地		日期	
任务载体	一辆帕萨特新领驭轿车行驶 15 000 km，需要进行整车维护，具体到进、排气系统如何检查与维护				

一、资讯

1．汽车基本信息。

车型：＿＿＿＿＿＿；发动机型号：＿＿＿＿＿＿；变速器型号：＿＿＿＿＿＿。

2．废气排放控制系统使用三元催化转化器将三种污染物＿＿＿＿＿＿、＿＿＿＿＿＿、和＿＿＿＿＿＿转化为无害物质。

3．汽油发动机的三元催化转化器分为＿＿＿＿＿＿和＿＿＿＿＿＿。

4．排气系统指收集并且排放废气的系统，包括排气歧管、＿＿＿＿＿＿、＿＿＿＿＿＿和＿＿＿＿＿＿等。

5．请给出空气供给系统的各部分结构名称。

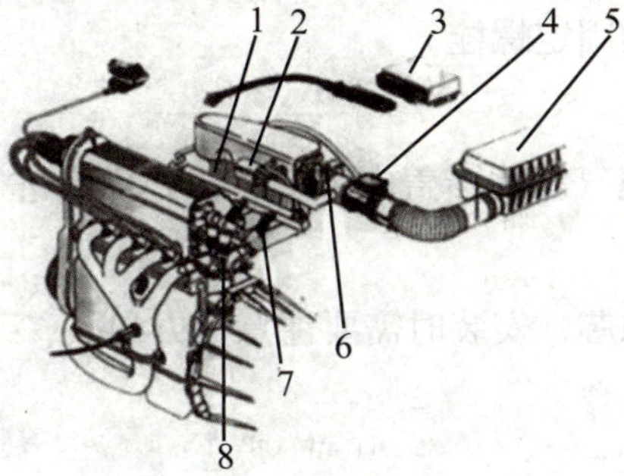

1-＿＿＿＿＿＿＿＿；2-＿＿＿＿＿＿＿＿；3-＿＿＿＿＿＿＿＿；4-＿＿＿＿＿＿＿＿；

5-＿＿＿＿＿＿＿＿；6-＿＿＿＿＿＿＿＿；7-＿＿＿＿＿＿＿＿；8-＿＿＿＿＿＿＿＿。

二、决策与计划

请根据故障现象和任务要求，确定所需要的检测仪器、工具，并对小组成员进行合理分工，制订详细的诊断和修复计划。

1．需要的检测仪器、工具和耗材：＿＿＿＿＿＿＿＿＿＿＿＿＿＿＿＿

2．小组成员分工：＿＿＿＿＿＿＿＿＿＿＿＿＿＿＿＿

3．诊断和修复计划：＿＿＿＿＿＿＿＿＿＿＿＿＿＿＿＿

三、实施

1．进气系统需要检查的项目有：＿＿＿＿＿＿＿＿＿＿＿＿＿＿＿＿

2．排气系统需要检查的项目有：＿＿＿＿＿＿＿＿＿＿＿＿＿＿＿＿

3．操作注意事项：

（1）＿＿＿＿＿＿＿＿＿＿＿＿　（3）＿＿＿＿＿＿＿＿＿＿＿＿

（2）＿＿＿＿＿＿＿＿＿＿＿＿　（4）＿＿＿＿＿＿＿＿＿＿＿＿

4. 技术标准与要求：

（1）清洗剂不可直接喷洗的部位是______________________。

（2）节气门固定螺栓拧紧力矩为______________________。

（3）节气门清洗安装后需要进行______________________。

5. 记录操作要点及实施情况：

（1）______________________ （4）______________________

（2）______________________ （5）______________________

（3）______________________

四、检查及评估

1. 请根据自己任务完成的情况，对自己的工作进行自我评估，并提出改进意见。

____

2. 教师对小组工作情况进行评估，并进行点评。

____

任务一　进/排气系统的维护

一、空气滤清器的检查

（1）拧下空气滤清器盖上部的固定螺栓。

（2）拆下空气滤清器盖夹子。

（3）用抹布或压缩空气清除空气滤清器盖内部灰尘，并确保进气壳中没有水分残留。

（4）检查或更换空气滤清器滤芯，安装时需要注意其方向。

（5）按拆卸的相反顺序安装。

空气滤清器维护保养

二、进气管的检查

1. 外观检查

检查进气管是否存在破损和变形。

2. 连接状况检查

（1）检查进气管连接卡箍是否松动，如图 2–1、图 2–2 所示。

（2）晃动进气管，检查连接是否可靠。

（3）在发动机运转状态下，检查连接处是否存在漏气现象。

图 2-1　进气管与空气滤清器连接卡箍

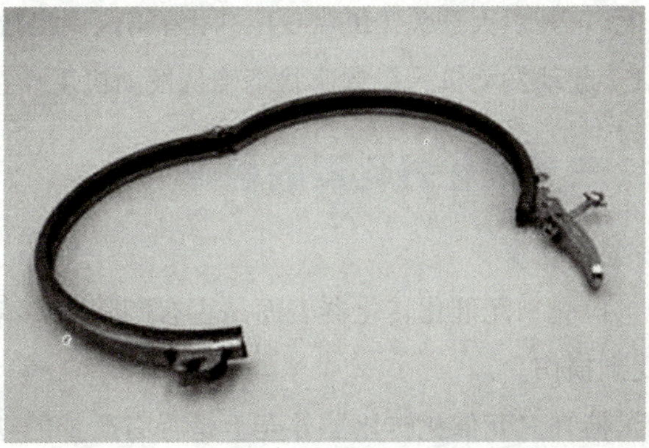

图 2-2　进气管与节气门体连接卡箍

注意

（1）应视地区及季节（空气清洁度和风沙大小情况）进行清洗和更换空气滤清器。

（2）使用不合格的空气滤清器会导致发动机过度磨损。

三、节气门体的检查

1. 节气门联动功能的检查

（1）在发动机熄火的状态下踩下加速踏板，观察节气门体是否正常动作。

（2）检查节气门拉索是否连接正常。

2. 节气门的检查

（1）拆卸节气门体与进气管的连接卡箍，并拆下进气管。

（2）用手转动节气门，观察节气门是否有卡滞或脏堵。如发现节气门存在脏堵现象，需要拆下节气门总成，再用清洗剂进行清洗。

（3）装复节气门体和进气管，将卡箍安装到位后紧固。

3. 怠速控制执行器的检查

利用解码仪检查怠速控制执行器是否处于正常的工作范围，当发现怠速控制执行器工作不良时，需拆卸检查并清洗。其清洗步骤如下。

（1）关闭点火开关，分离怠速控制执行器的线束接口。

（2）从进气歧管拆卸怠速控制执行器。

（3）向怠速控制执行器的进气口喷 2 ～ 3 次清洁剂。注意应在怠速控制执行器直立状态下喷洗清洗剂。

（4）重新连接怠速控制执行器接口。

（5）打开点火开关，过 2 ～ 3 s 后再关闭，然后重新分离怠速控制执行器接口。

（6）重复操作 3 次步骤（3）～（5）的内容。

（7）吹气后，用干净的抹布擦拭怠速控制执行器的进气口和出气口。

（8）重新安装怠速控制执行器，注意更换新的密封垫片。

（9）连接怠速控制执行器接口。

（10）打开点火开关（IG-on），用解码仪调出故障码并消除。

（11）起动发动机，在怠速状态确认发动机工作正常。

四、三元催化转化器的检查

1. 外观检查

（1）检查三元催化转化器表面是否有凹陷。如有明显的凹痕和刮擦，则说明三元催化转化器的载体可能受到损伤。

（2）检查三元催化转化器外壳上是否有严重的褪色斑点或略有呈青色或紫色的痕迹，在三元催化转化器防护罩的中央是否有非常明显的暗灰斑点。如有，则说明三元催化转化器曾处于过热工作状态，需做进一步的检查。

2. 三元催化转化器前后温度的检查

三元催化转化器在正常工作状态下会因氧化反应产生大量的反应热，因此可通过温差对比来判断催化转化器性能的好坏。

（1）起动发动机，预热至正常工作温度，将发动机转速维持在 2 500 r/min 左右。

（2）将汽车举升，用数字式温度计测量三元催化转化器进口和出口的温度。数字式温度计需尽量靠近三元催化转化器 50 mm 内；三元催化转化器出口的温度应至少高于进口温度 10% ～ 15%。

五、排气管的检查

1. 损坏和安装状况检查

（1）检查排气管是否损坏。

（2）检查消声器是否损坏。

（3）检查排气管支架上的 O 形圈是否损坏或脱离。

（4）检查垫片是否损坏。

2. 排气管渗漏检查

通过观察接头周围是否存在任何炭黑，检查排气管连接部分是否渗漏废气。

3. 松动检查（HDC1.6 L）

（1）前消声器的拧紧力矩：39.2 ～ 58.8 N·m。

（2）中央消声器的拧紧力矩：39.2 ～ 58.8 N·m。

（3）主消声器的拧紧力矩：39.2 ～ 58.8 N·m。

（4）在中间消声器和主消声器之间安装卡箍的拧紧力矩：21.1 ～ 22.1 N·m。

① 对正中间消声器和主消声器上的标记。

② 卡箍安装位置必须高于两标记实际标记的高度线（卡箍不要重复使用）。

知识拓展

1. 汽油蒸气排放控制系统的检查

（1）从节气门体上分离蒸气软管，连接真空泵与节气门体的管接头。

（2）使用真空泵抽取真空的情况下检查下列内容。

① 发动机冷机状态（发动机冷却液温度 <60 ℃），检查活性炭罐电磁阀的密封性能，见表 2–1。

表 2–1　活性炭罐电磁阀密封性能检查

发动机工作状态	应用真空	结果
怠速	50 kPa	若保持真空，说明性能良好；否则说明活性炭罐电磁阀密封性下降
3 000 r/min		

② 发动机暖机状态（发动机冷却液温度＞ 80 ℃），检查活性炭罐的工作性能，见表 2–2。

表 2–2　活性炭罐的工作性能检查

发动机工作状态	应用真空	结果
怠速	50 kPa	若保持真空，说明怠速状态下，活性炭罐电磁阀工作性能良好
3 min 内发动机以 3 000 r/min 的转速运转	施加真空	若真空释放，说明性能良好
发动机以 3 000 r/min 的转速运转 3 min 以后	50 kPa	若间歇性地保持真空，说明性能良好

2. PCV 阀的检查

（1）关闭点火开关，拔下蓄电池负极导线。

（2）拔下 PCV 阀插接器。

（3）从 PCV 阀上拔下与进气歧管相连接的蒸气软管。

（4）连接真空泵到管接头后，施加真空。

（5）通过蓄电池向 PCV 阀供电，检查 PCV 阀的工作状况，见表 2–3。

表 2–3　PCV 阀工作状况检查

蓄电池电压	气门	真空
连接	打开	释放
断开	关闭	维持

（6）测量 PCV 阀的线圈电阻（规定值为 14.0 ～ 18.0 Ω）。

（7）按拆卸的相反顺序安装，并检查管路连接处是否安装牢固、是否存在漏气现象。

3. 活性炭罐的检查

（1）拆卸后坐椅。

（2）打开维护盖。

（3）分离燃油蒸气软管和蒸气管快接插接器。分离燃油蒸气管路快接插接器后，因为它与卡扣固定在一起，所以释放卡扣。

（4）从燃油箱空气滤清器分离燃油蒸气软管后，朝汽车末端方向拉下活性炭罐。

（5）目视检查下列项目。

① 检查活性炭罐是否有裂缝或泄漏。

② 检查蒸气软管／管路的连接处是否松动、扭曲或损坏，活性炭罐连接部位如图 2–3 所示。

（6）当发现活性炭罐出现损坏或已经到了更换期限时，更换活性炭罐。

（7）按拆卸的相反顺序安装，并检查各连接部位是否可靠、是否存在漏气现象。

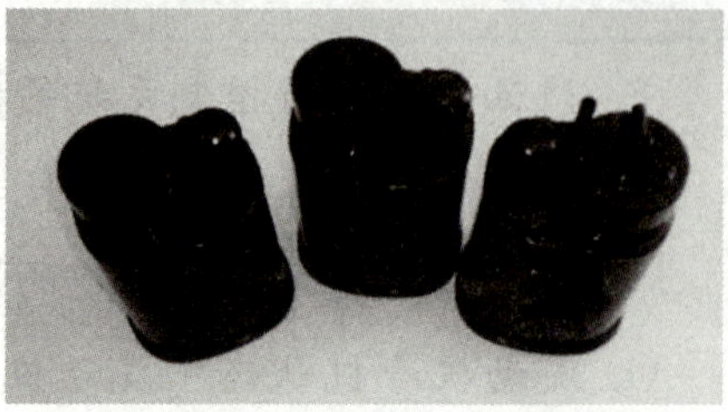

图 2–3　活性炭罐连接部位

4. 燃油箱盖的检查

（1）燃油加油口盖装配了一个棘轮拧紧装置，减少了错误安装的可能性，并密封燃油加油口。在加油口盖和加油管管颈彼此接触后，棘轮发出响亮的咔嗒声时表明密封已设定。

（2）检查燃油箱盖空气阀是否良好。

任务二　燃油供给系统的维护

一、内置式燃油滤清器的更换

1. 准备工作

（1）拆卸后坐垫。

（2）打开维护盖。

（3）分离燃油箱油泵插接器。

（4）起动发动机，直到燃油管路内的燃油耗尽。

（5）发动机熄火以后，将点火开关打到“OFF”位，拔下蓄电池负极端子。

2. 拆卸燃油泵

（1）分离燃油供油管快接插接器、燃油蒸气软管和燃油蒸气管快接插接器。

（2）拆卸燃油泵安装螺母并拆卸燃油泵总成。

3. 更换燃油滤清器

（1）分离燃油泵导线插接器和燃油传感部件导线插接器。

（2）从燃油泵上分离燃油泵导线插接器，并检查燃油泵线束插头，然后取下锁，向后下滑动燃油传感部件，以拆卸燃油传感部件。

（3）取下盖后，拆卸燃油压力调节器和软管总成。

（4）取下三个固定挂钩后，拆卸储液罐盖。

（5）取下两个固定挂钩后，从燃油滤清器上拆卸燃油供油管。

（6）拆卸燃油泵总成，然后取下两个固定挂钩，上提抽出燃油滤清器。

（7）更换燃油滤清器、滤网和密封圈。注意各个更换配件的安装位置。

（8）安装燃油滤清器及燃油泵，按照拆卸的相反顺序安装。燃油泵安装螺母拧紧力矩为 20～29 N·m。

注意

（1）安装燃油泵总成时，小心不要缠住密封环。

（2）为防止残留的汽油滴漏，将毛巾垫在旧燃油滤清器下。

（3）在更换燃油滤清器时，应使火焰或火花远离工作区域。

4. 燃油管路的检查

（1）目视检查软管、钢管、连接部分是否漏油、是否有损伤情况。

（2）目视检查连接部分、限位器是否松动。

（3）目视检查钢管、软管是否有接触车体或其他部分的情形。

5. 燃油箱的外观检查

（1）检查燃油箱是否存在变形、裂纹、锈蚀、漏油等。

（2）检查燃油箱装配螺栓和螺母。如果发现螺栓、螺母有松动，要按规定力矩拧紧。

二、外置型燃油滤清器的维护

在对外置型燃油滤清器（图 2–4）进行维护时，应该检查与燃油滤清器相连接的油管和油路，检查其外表面是否出现了因路面上的沉淀物、铁锈、润滑油和划痕等而产生的损伤。如果有必要，更换损坏的部件。现在许多新型的燃油滤清器本身附带有两条橡胶软管，橡胶软管从燃油滤清器的两侧引出与汽车上的油路连在一起。如果新买的燃油滤清器附带有这种橡胶软管，则更换燃油滤清器时，应该舍弃原来的橡胶软管，而使用新的橡胶软管。

图 2–4　外置型燃油滤清器

三、更换燃油滤清器的方法

（1）松开油路和燃油滤清器结合处的夹紧装置。

（2）将燃油滤清器从油路中拆下来，紧接着用塞子塞住油路，以防止燃油溢出。

（3）大部分安装在油路中的燃油滤清器都标有两个箭头（一个是燃油流入箭头，另一个是燃油流出箭头），用箭头来表明燃油经过燃油滤清器时的流向。安装燃油滤清器时，一定要使箭头的方向指向发动机，即油液是流向发动机的。

油路中所使用的夹紧装置是专门设计的，应在橡胶软管和燃油滤清器结合处把这两个部件紧紧地夹住，以达到密封的效果。与普通的夹紧装置相比，这种夹紧装置不会切入橡胶软管，因此也不会对橡胶软管造成伤害；同时，这种夹紧装置还能承受很高的油压。相比之下，普通的蜗杆式夹紧装置很容易损坏橡胶软管而造成燃油泄漏。还应确保橡胶软管夹紧装置安装在正确的位置。

四、电子控制系统的检查

1. 插接器的检查

检查插接器的连接状态，是否有接触不良的端子，导线安装是否牢固，是否有弯曲、破裂或锈蚀的端子，然后确认插接器是否固定牢固。检查时，沿垂直和水平方向轻轻晃动插接器和导线线束。其检查要点包括以下几点。

（1）插接器的连接状态：固定插接器。

（2）当插接器分离时：轻轻拉动线束，检查端子是否错误或芯线是否破损；目视检查是否生锈、污染、变形、弯曲。

（3）检查端子拧紧状态：将端子接好后，检查端子的拧紧状态。

（4）轻轻拉动每根导线，确认导线与端子连接牢固。

2. 导线线束的检查

（1）在分离导线线束前，检查导线线束位置和折皱情况，以便正确地进行修复。

（2）检查导线线束是否扭曲、拉开或松动。

（3）检查导线线束的温度是否异常。

（4）检查导线线束是否靠近部件的尖锐边缘，或者处在转动、移动或摆动部件的边缘。

（5）检查导线线束与其他安装部件间的连接情况。

（6）如果导线线束的覆盖层损坏，要重新固定、维修或更换线束。

五、油箱盖的养护

油箱盖是汽车上燃油蒸气排放系统中非常重要的组成部分。在 1996 年以及此后出现的与第二代随车自诊断系统（OBD-Ⅱ）相兼容的汽车上，如果油箱盖存在缺陷（松动或油箱盖丢失），都会引起车载故障指示灯（MIL）闪亮报警；同时，还会在汽车电子控制模块中储存燃油蒸气排放系统的初始诊断故障码。

汽车燃油供给系统中出现的大部分问题都是由于燃油滤清器和油路结合不当或者油箱盖密封不良引起的。拧紧油箱盖时，有时会明显地感到很费力，这可能是由于螺纹错扣引起的。正常情况下，拧紧油箱盖后会发出像棘轮机构发出的“咔嗒、咔嗒”声，听到这种声音说明油箱盖安装到位。大多数汽车制造商都建议汽车每行驶 50 000 km 就要检查一次油箱盖。检查油箱盖时，要特别地检查一下燃油注入口颈部两处的螺纹是否有损伤或螺纹错扣，并确保密封垫片或者密封圈处于正确的位置。另外，还应该注意的是油箱盖的使用是否满足汽车制造商要求的使用规范。

知识拓展

汽车维修手册的内容涵盖了车辆的各种技术标准、拆装步骤、注意事项等。维修手册一般会根据维修项目分为若干本，常见的有发动机、底盘与汽车电器等各部分的维修手册。

（1）按所要查询的项目选择合适的手册。

（2）按查询内容查阅总目录，选择相应的章节。

（3）查询相应章节的子目录。

（4）按编号找到相关页数。

（5）查阅具体内容。以维护提示器为例，介绍如何使用伊兰特轿车维护工艺手册指导这项维修作业的正确进行。操作步骤如下。

① 查询伊兰特轿车维护手册总目录。

② 翻到伊兰特轿车相关项目所在页面。

③ 翻到维护工艺手册所定页数，查得内容。

虽然不同汽车生产厂商生产的汽车的结构、型号和性能大小不同，汽车维修手册的内容也是千差万别，但所有汽车维修手册里使用的符号、汽车缩略语却是统一的。熟练记忆、理解各种缩略语的符号及其含义对汽车维修工来说非常重要。

任务三　点火系统的维护

检查火花塞

一、检查火花塞

（1）用压缩空气除去火花塞周围气缸盖上的灰尘。

（2）断开火花塞上的高压线。注意只能用力拉火花塞盖。

（3）使用火花塞套筒拆卸火花塞，如图 2-5 所示。

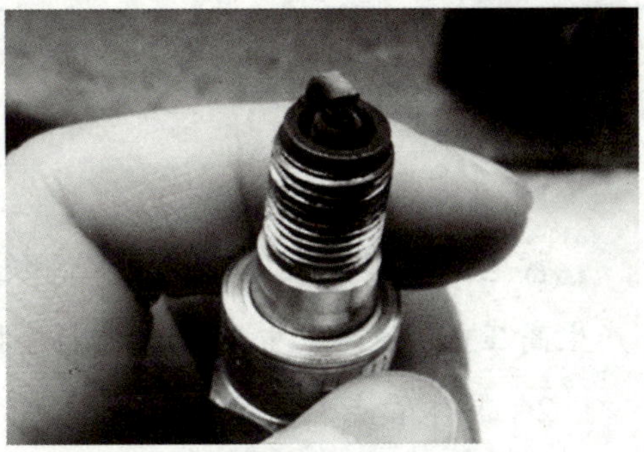

图 2-5　拆卸火花塞

注意

（1）拆装火花塞要等到发动机温度下降后再进行。

（2）不要让杂质进入火花塞孔。

（4）检测火花塞电极。电极状态说明见表 2-4。

表 2–4 电极状态说明

状态	暗色沉积物	白色沉积物
说明	（1）混合气浓； （2）进气量小	（1）混合气稀； （2）点火时间提前； （3）火花塞拧紧力矩不足

（5）检查电极间隙 *A*。标准无铅电极间隙为 1.0 ～ 1.1 mm。

（6）更换火花塞。用火花塞套筒及扭力扳手安装新火花塞，紧固力矩为 20 ～ 30 N·m。

二、点火高压线的检查

1. 目视检查

目视检查高压线是否有龟裂、损伤、接点氧化等情况，如图 2–6 所示。

2. 高压线的电阻值检测

测量高压线的电阻值，如图 2–7 所示。若电阻值超过规定值，则更换。

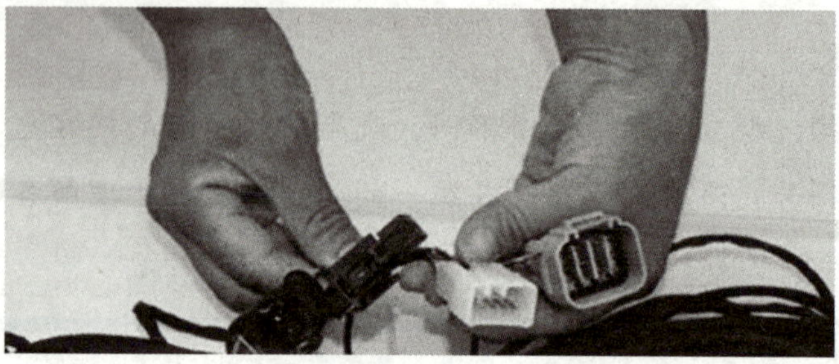

图 2–6 检查高压线

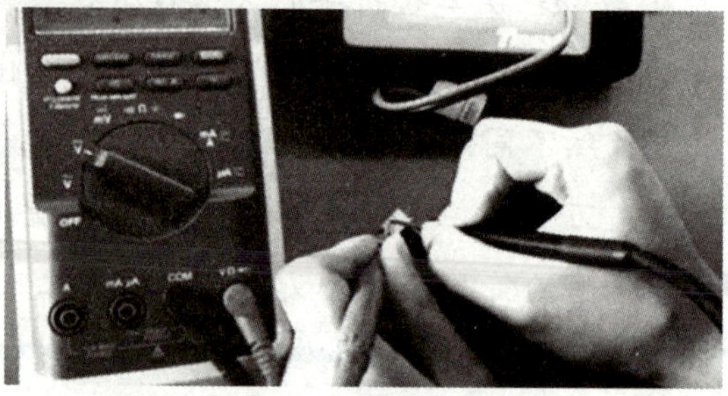

图 2–7 测量高压线的电阻值

三、点火线圈的检查

1. 初级线圈的电阻值检测

测量初级线圈的电阻值，若电阻值超过规定值，则更换。

2. 次级线圈的电阻值检测

测量次级线圈的电阻值，若电阻值超过规定值，则更换。

知识拓展

发动机点火系统的类型可以分为：蓄电池点火系统、晶体管点火系统、微机控制点火分点、磁电动机点火系统。

1. 蓄电池点火系统

蓄电池点火系统是传统点火系统，蓄电池或发电机提供低压直流电，借点火线圈和断电器产生高压电，通过配电器按工作顺序把高压电送到各缸的火花塞，产生电火花点燃可燃混合气。

2. 晶体管点火系统

晶体管点火系统也叫半导体点火系统。以蓄电池、发电机为电源，借助点火线圈和晶体管元件将低压电变成高压电。

3. 微机控制的点火系统

由点火线圈和微机控制装置产生的点火信号，将电源的低压电变成高压电。它取消了分电器，由微机系统直接进行高压电的分配，是现代最新型的无分电器点火系统。

4. 磁电动机点火系统

由磁电动机本身直接产生高压电，而不需要另设低压电源。在中、高转速时，产生的电压高，工作可靠；在低转速时，产生的电压低，不利于发动机起动，所以多用于某些高速满负荷下工作的竞赛汽车以及某些不带蓄电池的摩托车发动机上。

四、汽车点火系统维护实训

（一）汽车点火系统维护仪器设备

汽车点火系统维护作业的仪器设备主要有点火正时灯、万用表、钢丝刷、钢锯条、火花塞套筒扳手、塞尺、“一”字槽螺钉旋具、气枪等。

（二）汽车点火系统的维护项目、作业内容、操作要领及技术要求

汽车点火系统按照发动机的工作循环（进气、压缩、做功、排气）和点火顺序的要求与发动机的曲柄连杆机构、配气机构、燃油喷射系统等按一定的规律进行连续不断的同步工作，且点火系统工作性能的好坏直接影响汽车的动力性、经济性和环保性。其中，点火线圈由于其能量的不断变化（将低压电能转变成磁场能，又将磁场能转变成高压电）使初级线圈和次级线圈容易产生高温而烧坏；而火花塞由于始终在高温、高压、高腐蚀的环境下工作，久而久之易被腐蚀、烧蚀或失去绝缘而发生损坏。因此，按时检查点火系统各部件，定期维护易损部件显得尤为重要。

1. 点火线圈检测与维护的操作要领及技术要求

用万用表测量点火线圈的初级绕组和次级绕组电阻，如测量结果不符合标准值，则应更换点火线圈。

2. 高压导线检测与维护的操作要领及技术要求

（1）从火花塞上脱开高压线时应捏住橡胶护套，小心地从火花塞上拆下高压线。

（2）目视检查高压线表面有无龟裂、破损，如有则更换。不要抽拉或弯曲高压线，以避免损坏内部的导线。

（3）为了减少对外界的无线电干扰，现代汽车的高压线一般都有一定的阻尼电阻。检查时用万用表检查其电阻，并与标准值（最大电阻为 25 kΩ）比较。若符合要求，则说明高压线正常；若阻值不在正常范围之内，应更换高压线。

3. 火花塞检测与维护的操作要领及技术要求

（1）用压缩空气除去火花塞周围气缸盖上的灰尘。

（2）断开火花塞上的高压线。

注意

只能用力拉高压火帽，而不能直接拉高压线。

（3）使用专用火花塞套筒扳手，拧松火花塞并取出火花塞（图 2-8）。

（4）火花塞的清洗：将从发动机上拆下的火花塞用铜丝刷清洗或用专用清洁仪清洗，如图 2-9 所示。

（5）检查火花塞外观。着重检查以下几个地方，如图 2-10 所示。

① 绝缘体是否有裂纹、破损，中心电极、侧电极是否烧损。如有损耗应更换。

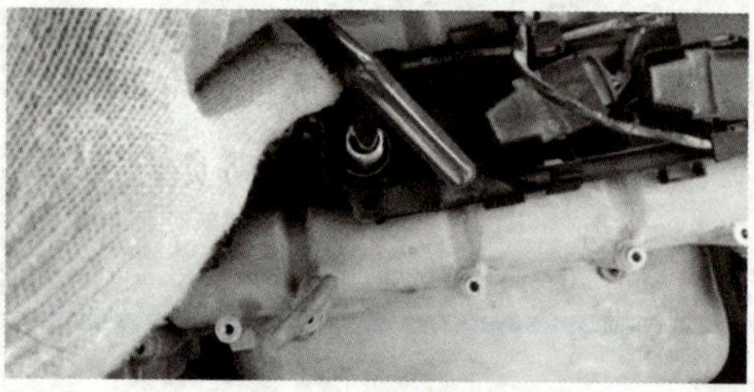

图 2-8　火花塞的拆卸

图 2-9　火花塞的清洗

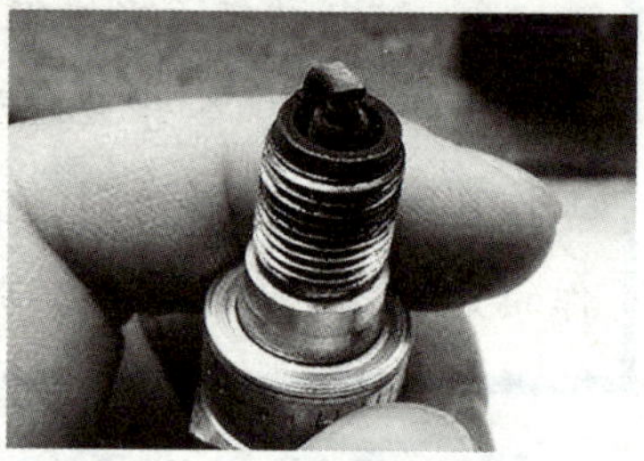

图 2-10　火花塞外观检查

② 若螺纹部分损坏超过 2 牙，则应更换。

（6）火花塞电极间的检查与电极间隙的调整

① 火花塞电极间的检查：首先用火花塞专用塞尺测量火花塞的电极间隙，其间隙 A 一般为 0.6 ～ 0.8 mm，采用电子点火的火花塞的电极间隙可达 1 ～ 1.2 mm。如果不符合要求，应调整到标准值。

② 火花塞电极间隙的调整：若间隙过大或过小应进行调整。用钢丝式专用火花塞塞尺，小心地弯曲侧电极来调整间隙，不能用敲击侧电极的方法来调整火花塞间隙。

（7）测量火花塞绝缘电阻。用绝缘电阻表测量火花塞电极间绝缘电阻值，正常应为 10 MΩ 以上。

（8）火花塞的更换。若发现火花塞电极严重烧蚀或绝缘损坏，则应更换新的火花塞。确保使用规定热特性和规格尺寸的新火花塞。接线时不能推高压线，只能推保护罩或高压火帽。

任务四　润滑系统的维护

一、发动机润滑油的检查

1. 润滑油液位的检查

（1）将汽车停放在平坦的地面上，将车轮挡块安装到位，保证汽车稳定停靠。

（2）起动发动机并让发动机达到正常工作温度。

（3）停止发动机并等待约 5 min，使润滑油流回油底壳。

（4）打开发动机舱盖，拉出油尺，擦干净后再全部插回去。润滑油标尺在发动机中的位置如图 2-11 所示。

（5）拔出润滑油标尺，检查油量。油量应在“F”与“L”之间，如图 2-12 所示。

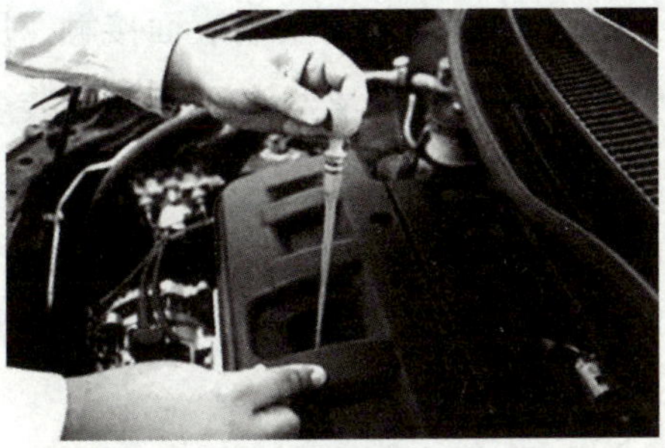
图 2-11　发动机润滑油标尺

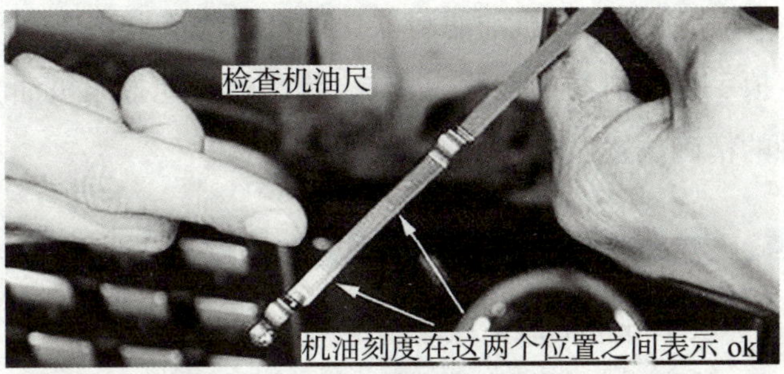

图 2-12　润滑油标尺刻度

（6）如果发现油量靠近或在“L”位置，应补充润滑油，直到油量到达“F”位置，千万不能过量。

2. 润滑油质量的检查

（1）检查发动机润滑油是否变质、进水、轻微变色。

（2）如果质量明显不良，需要更换润滑油。

二、发动机润滑油的排放

更换发动机润滑油时，需要将汽车举升到适合操作的高度，在举升之前需要打开润滑油加注口盖。为了防止异物通过润滑油加注口进入发动机，需要用干净的布将其遮盖住，然后进行下列操作。

1. 预热发动机

（1）把汽车停在平整的地面上，起动发动机，进行发动机暖机。

（2）关闭发动机，拉紧驻车制动器手柄，打开汽车发动机舱盖和润滑油加油口盖。

2. 举升汽车

（1）将汽车停靠到位，放置举升托臂。

（2）操纵举升机举升汽车。当车轮离开地面时停止举升，以一定的力量按动汽车前后部，检查车身是否稳固。

（3）在车身稳定的情况下，继续操纵举升机，将汽车举升到适合操作的最高位置。

3. 排放润滑油

（1）清洁地面，防止有水或油造成打滑，影响安全操作。

（2）拆卸润滑油放油螺塞排放润滑油，将润滑油收集到回油桶。此时，需要特别注意防止热车后的润滑油将手烫伤，还需要放置好容器位置，防止漏油。

4. 更换密封垫

放完润滑油后，更换放油螺塞密封垫，用 39.2 ～ 44.1 N·m 的规定力矩拧紧。

三、机油滤清器的更换

（1）用机油滤清器扳手拆卸机油滤清器，如图 2-13 所示。

（2）检查并清洗气缸体与机油滤清器的安装表面。

（3）检查新机油滤清器部件编号是否与旧编号相同。

（4）将机油滤清器加满润滑油，用发动机润滑油涂抹在新机油滤清器的 O 形环上。

（5）用手把新的机油滤清器拧在机油滤清器支座上，直到滤清器 O 形环与安装表面接触，用机油滤清器扳手把滤清器再拧紧 3/4 转。为了恰当地拧紧机油滤清器，注意识别滤清器 O 形环与安装表面初始接触的精确位置。

四、发动机润滑油的加注

（1）从举升机上放下汽车。

（2）从发动机润滑油加注口注入规定黏度的润滑油，直至油位达到润滑油标尺上的满油位标记（图 2–14）。润滑油加注口在气缸盖罩顶部。

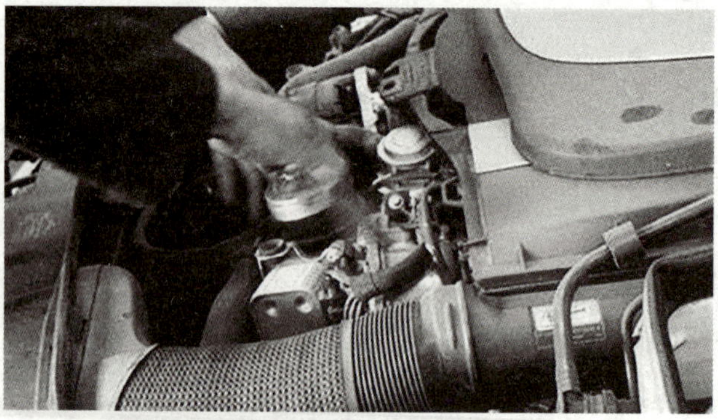

图 2–13　机油滤清器的拆卸

图 2–14　润滑油的加注

（3）盖上润滑油加注口盖，使发动机怠速空转 5 min 后停止运转；再过 3 min 后拔出润滑油标尺，检查油位是否处在正常位置。应在润滑油油量不足时加油，油位超过最高油位标记时，需放出过量润滑油。

（4）安装润滑油加注口盖。

（5）起动发动机并检查是否漏油。

（6）重新检查发动机润滑油量。

（7）检查漏油情况。发动机润滑系统漏油情况的检查主要包括发动机各种区域的接触面、油封处和放油螺塞。

注意

（1）检查完毕后，应对润滑油加注口及油底壳进行清洁。

（2）加注新润滑油时，必须注意防止润滑油外漏造成传感器、执行器的损坏。

（3）长时间及反复接触矿物油会导致皮肤的脱落，致使干燥和病变。另外，废发动机润滑油含有潜在的有害杂质，会引起皮肤癌。

（4）为了缩短接触时间及降低润滑油与皮肤接触的频率，应穿上防护服并戴上手套；用肥皂和水彻底清洗皮肤，或使用清洁剂去除润滑油（禁止使用汽油、稀释剂或溶剂清洗）。

（5）为了保护设备，只能在指定的清除位置清除废发动机润滑油和废机油滤清器。

课堂讨论

发动机润滑油的检查有哪些益处？发动机润滑油的添加有哪些注意事项？

任务五　冷却系统的维护

一、冷却液

冷却液是汽车发动机不可缺少的一部分。它在发动机冷却系统中循环流动，将发动机工作中产生的多余热能带走，使发动机能以正常工作温度运转。当冷却液不足时，将会使发动机冷却液温度过高，而导致发动机机件的损坏。车主一旦发现冷却液不足，应该及时添加。不过冷却液也不能随便添加，因为除了冷却作用外，冷却液还应具有以下功能。

1. 冬季防冻

为了防止汽车在冬季停车后，冷却液结冰而造成散热器、发动机气缸体胀裂，要求冷却液的冰点应低于该地区最低温度 10 ℃左右，以备天气突变。

2. 防腐蚀

冷却液应该具有防止金属部件腐蚀、防止橡胶件老化的作用。

3. 防水垢

冷却液在循环中应尽可能减少水垢的产生，以免堵塞循环管道，影响冷却系统的散热功能。

综上所述，在选用、添加冷却液时，应该慎重。

二、冷却系统的组成及功用

冷却系统由散热器、散热器盖、膨胀水箱、水套、水泵、节温器、冷却风扇、加热器芯等组成，如图 2-15 所示。

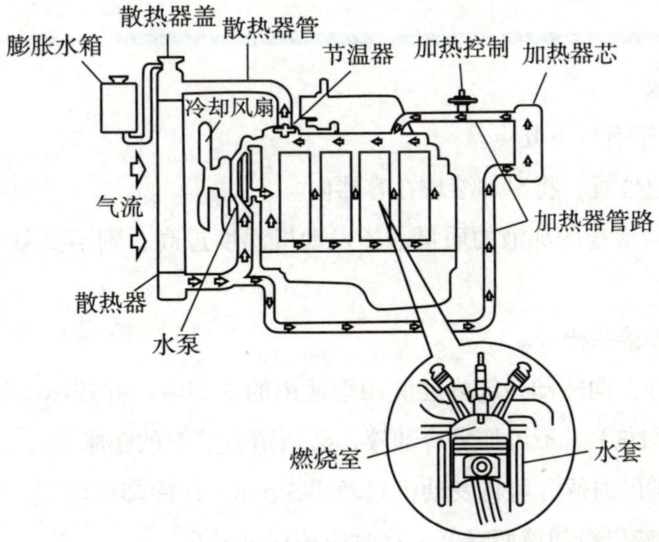

图 2-15　冷却系统组成示意图

燃烧过程产生的热量会迅速使温度升高到某一点，在这一点上发动机将会受到损伤。冷却系统的功用就是把额外的热量散发到大气中去。冷却系统还能使发动机快速升温并为发动机提供一个适当的工作温度，这对于使排放最小化以及保证发动机的工作效率是很重要的。另外，冷却系统还能为驾驶舱供热。

三、冷却系统各主要部件组成及功用

（一）冷却液的检查

1. 冷却液渗漏检查

检查冷却液是否从散热器、橡胶软管、散热器管和软管夹周围渗漏。

2. 冷却液液位检查

发动机预热后，让发动机冷却下来再拆卸散热器盖，检查冷却液液位是否合适。正常检查冷却液液位时不必拆卸散热器盖。

注意

如果想在发动机仍然发热时拆卸散热器盖，在散热器盖上放一块布并且松开45°（以便释放压力）再拆卸散热器盖。不要立即拆卸散热器盖，否则，冷却液将会溅出。

应每天检查冷却液。在发动机处于冷态时，检查补偿罐中冷却液的液位，冷却液的液位应在 min 和 max 之间，如图 2–16 所示。

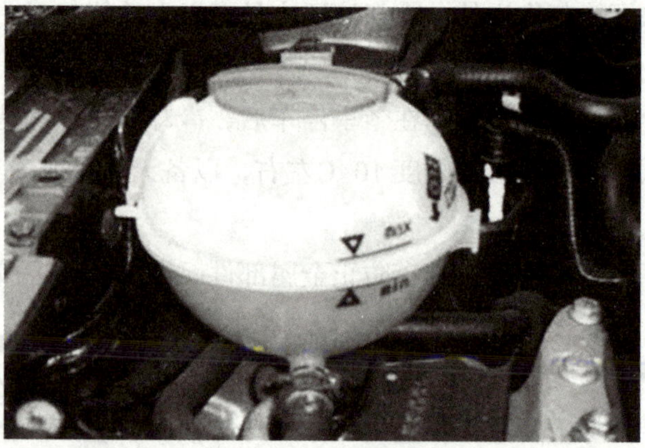

图 2–16　检查冷却液液位

知识拓展

应在散热器冷却时检查冷却液液位。因为如果散热器发热，冷却液将会是高液位。

（二）冷却液更换

冷却液更换的操作步骤有以下几点。

（1）将汽车放在平地位置，将冷却液放在容器内。

（2）拧下散热器盖，检查冷却液的质量。如发动机温度过高，则不要急于将散热器盖打开，以防热水烫伤人。

（3）将散热器放水管接头松开。

（4）将放水开关关好，向冷却系统内注满四季通用的冷却液，并按标准加至膨胀水箱 max 的标记处（约占膨胀水箱容积的 2/3）。不可加满冷却液，必须留有蒸汽的膨胀余地。

（5）在冷却液快加满的时候，可将发动机起动 2~3 min，使冷却液循环。冷却液循环时会把冷却系统内的空气排出，并使加液口冷却液面降低，这时应按标准补足。

（三）管路的检查

1. 外观检查

检查冷却系统管路是否破损和变形。

2. 连接状况检查

（1）检查冷却系统管路连接卡箍是否松动。

（2）晃动冷却系统管路，检查连接是否可靠。

（3）在发动机运转状态下，检查连接处是否存在明显的漏水现象。

3. 检查步骤

（1）等到发动机冷却后，小心地拆卸散热器盖并用发动机冷却液注满散热器。

（2）将散热器测试器安装在散热器盖上。

（3）在散热器上使用压力测试器，并加 93.16 ～ 122.58 kPa 的压力。

（4）检查发动机冷却液是否有泄漏和压力下降情况。

（5）拆卸测试器并重新安装散热器盖。

提示

检查在冷却液中是否有发动机润滑油，发动机润滑油中是否有冷却液。

（四）散热器盖的测试

（1）拆卸散热器盖，用发动机冷却液浸湿它的密封件，并将散热器盖安装在散热器测试器上。

（2）提供压力 93.16 ～ 122.58 kPa。

（3）检查压力是否下降。如果压力下降，更换散热器盖。

知识拓展

发动机冷却系统免拆清洗机原理与使用

一、发动机冷却系统免拆清洗机的结构与工作原理

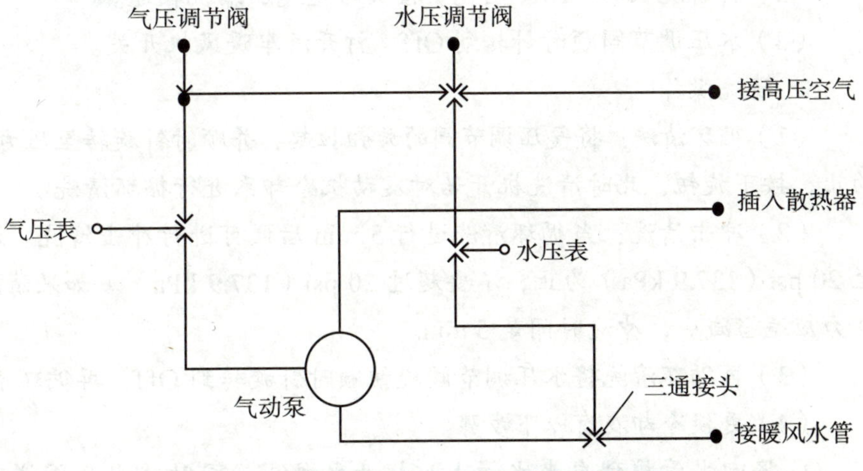

图 2–17 发动机冷却系统免拆清洗机原理图

发动机冷却系统免拆清洗机利用高压气体驱动气动泵工作，在气动泵的一端形成真空把散热器中的清洗液吸入气动泵，并经气动泵加压后从气动泵的另一端接口压入发动机机体水套内，使冷却液在具有一定压力的情况下在冷却系统中循环。在整个循环过程中利用脉动液压冲击和清洗液的化学作用，快速地把水道中的水垢清洗干净。其工作原理如图 2–17 所示。

（1）打开气压调节阀，气动泵工作，气动泵一端把散热器中的清洗液吸出，并经气动泵加压后经过气动泵的另一端进入机体的水道中，此时清洗液在冷却系统中不断循环，进行循环清洗。

（2）当同时打开气压调节阀和水压调节阀时，经气动泵加压的清洗液在进入发动机机体的水道之前，由一个三通接头引入一部分高压空气至管路中，高压清洗液和高压空气在此三通接头处汇合形成冲击清洗液，冲击清洗液在冷却系统中进行循环冲击清洗。

二、发动机冷却系统免拆清洗机的操作使用

发动机冷却系统免拆清洗机的操作面板如图 2–18 所示。

1. 连接设备

设备连接示意图如图 2–19 所示。

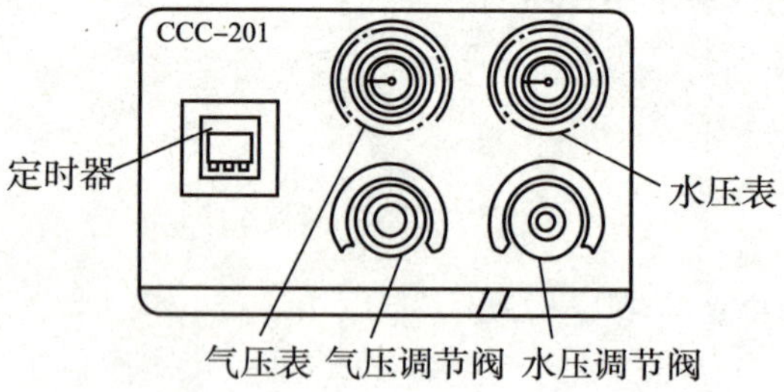

图 2–18 发动机冷却系统免拆清洗机的操作面板

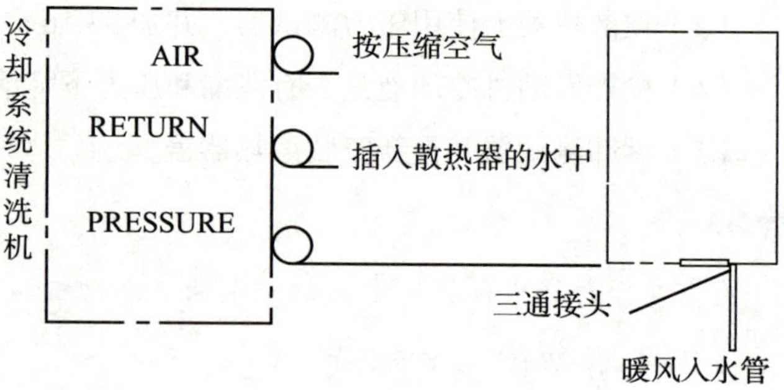

图 2–19 设备连接示意图

（1）发动机熄火后，等到冷却液温度降到不烫手时，方可进行清洗，以免操作时烫伤。

（2）打开汽车散热器盖，找出发动机连接暖风的加热水管，将水管拆下，再接上一个合适的三通接头。

（3）将发动机冷却系统免拆清洗机的出水管接在三通接头上，回水管插入散热器的水中。

2. 操作前的准备

（1）将清洗液倒入散热器中，将散热器的水加满。

（2）将清洗机的 AIR（空气）接头与空气压缩机相连。

（3）水压调节阀顺时针转到 Off，打开汽车暖风机开关。

3. 清洗操作

（1）循环清洗：将气压调节阀的旋钮拉起，并顺时针旋转至压力表指示为 20 psi（137.9 kPa）为止，按下旋钮，此时清洗机开始对发动机冷却系进行循环清洗。

（2）冲击清洗：当循环清洗进行 5 min 后便可进行冲击清洗。水压调节阀旋钮逆时针旋转至 20 psi（137.9 kPa）为止，不要超过 20 psi（137.9 kPa）。如果清洗的是比较旧的车辆，冲洗压力应适当减小，冲洗时间是 5 min。

（3）再循环清洗将水压调节阀旋钮顺时针旋转到 Off，再循环清洗 5 min 即可。

（4）更换冷却液有以下步骤。

① 将回水管接到自来水管上，打开水龙头，同时将水压阀逆时针旋转，使水压为 15 psi（103.4 kPa），直到从散热器中流出的水变清为止。

② 恢复冷却系的管路连接，然后将冷却系统加满水，让发动机运转 10 min，再将水放掉。

③ 再将冷却系统加满冷却液，更换冷却液的工作就完成了。

任务六　正时带的更换

一、正时带的拆卸

图 2–20　拆卸发动机中央盖

（1）图 2–20 为拆卸发动机中央盖。

（2）拆卸右前轮。

（3）拆卸螺栓和右侧盖。

（4）拆卸发动机固定支架。

① 把千斤顶置于发动机油底壳上。

② 拆卸螺栓、3 个螺母和发动机固定支架。

③ 拆卸发动机搭铁线束。

④ 拆卸螺栓和固定板。

（5）拧松水泵带轮螺栓。

（6）拆卸交流发电机驱动传动带，空调压缩机驱动传动带和动力转向泵驱动传动带。

（7）拆卸水泵带轮。

（8）拆卸 4 个螺栓和正时带上盖。

（9）转动曲轴带轮，对齐它的导槽和正时带盖的正时标记“T”。检查凸轮轴链轮的正时标记是否与气缸盖罩的正时标记对齐。

（10）拆卸曲轴带轮。

（11）拆卸曲轴凸缘。

（12）拧下 4 个螺栓和正时带下盖。

（13）拧松固定螺栓，按箭头方向移动张紧器带轮。暂时拧紧固定螺栓。

（14）拆卸正时带。

二、正时带的安装

（1）更换新的正时带。

（2）在缸压缩上止点处，对正凸轮轴链轮和曲轮轴链轮的正时标记。

（3）安装惰轮，按规定力矩拧紧螺栓。惰轮带轮螺栓的规定拧紧力矩为 42.2 ~ 53.9 N·m。

（4）使用平垫圈，暂时安装正时带张紧器。

（5）安装传动带，以免每个轴中央部分松弛。安装正时带时，按照下列程序进行。曲轴链轮→惰轮→凸轮轴链轮→正时带张紧器。暂时使用中央螺栓安装张紧器带轮以便在传动带上附加张力。

（6）调整正时带张力。

① 顺时针旋转曲轴（前视）角度等于曲轴链轮的两个齿角度（18°）。

② 使用六角扳手，按照顺时针方向在正时带上应用张力，以便受拉部分的传动带不松弛。拧紧张紧器螺栓，拧紧力矩为 42.2～53.9 N·m。

③ 重新检查传动带张力。应当用约 20 N 的力水平推动正时带产生张力时，正时带端隙为 4～6 mm（0.16～0.24 in）。

④ 正时带张力测量程序（通过声波张力规）为按顺时针方向转动曲轴，把第一活塞设置在上止点（TDC），按逆时针方向转动曲轴至 69°（4 个轮齿），然后利用自由振动的方法测量受拉部分跨度中央的传动带张力。

（7）按正常方向（顺时针）转动曲轴 2 圈，重新排列曲轴链轮和凸轮轴链轮正时标记。

（8）使用 5 个螺栓安装正时带下盖，拧紧力矩为 7.8～9 N·m。

（9）安装曲轴带轮，拧紧力矩为 156～166 N·m。

（10）用螺栓安装正时带上盖。

（11）安装水泵带轮。

（12）安装动力转向泵驱动传动带，安装空调压缩机驱动传动带，安装交流发电机驱动传动带。

（13）安装发动机固定支架。用螺栓安装固定板，固定板螺栓拧紧力矩为 42.2～53.9 N·m。

（14）用螺栓安装右侧盖。

（15）安装前轮。

（16）用螺栓安装发动机中心盖。

思考练习

一、单选题

1. 关于爆燃的原因，甲说：燃油辛烷值过低；乙说：发动机温度过高。对于以上说法（　　）。

A. 甲正确　　B. 乙正确　　C. 甲乙都正确　　D. 甲乙都不正确

2. 关于发动机功率不足的原因，甲说：燃油管路有阻塞或燃油有水分；乙说：汽油泵有故障。对于以上说法（　　）。

A. 甲正确　　B. 乙正确　　C. 甲乙都正确　　D. 甲乙都不正确

3. 关于发动机温度过高的主要原因，说法不正确的是（　　）。

甲认为：就是点火提前角过大或过小造成的；乙认为：可能是风扇 V 带松紧度过松造成的；丙认为：可能是节温器损坏造成的。

A. 甲和丙　　B. 乙和丙　　C. 甲和乙　　D. 均是不正确

4. 关于连杆轴承异响，甲认为：发出较大清脆的“啃啃”金属敲击声；乙认为：也随发动机转速增加，声音加大；丙认为：发动机温度升高，声音减弱或消失。看法正确的是（　　）。

A. 甲和乙　　B. 乙和丙　　C. 丙和甲　　D. 均正确

5．关于硅油风扇离合器检测，甲说：起动发动机，使其在冷状态下以中速运转 1 ～ 2 min，以便使工作腔内硅油返回储油室；乙说：在发动机停转之后，用手应能较轻松地拨动风扇叶片。对于以上说法（　　）。

A. 甲正确　　B. 乙正确　　C. 甲乙都正确　　D. 甲乙都不正确

二、填空题

1．三元催化转化器在正常工作状态下会因________产生大量的反应热，因此可通过温差对比来判断催化转化器性能的好坏。

2．由点火线圈和微机控制装置产生的点火信号，将电源的________变成________。

3．更换发动机润滑油时，需要将汽车举升到适合操作的高度，在举升之前需要打开________。

4．冷却系统由散热器、散热器盖、________、水套、________、节温器、冷却风扇、加热器芯等组成。

5．当冷却液不足时，将会使________，而导致发动机机件的损坏。

项目三 汽车电气设备与附件维护

项目概述

现在的汽车越来越智能化，汽车上的电气设备也越来越多。特别是近年来电子技术的发展，汽车上出现了大量的电子控制系统，汽车电子化程度的高低已经成为国际上衡量汽车先进水平的重要标志，电子装置的成本占整车成本的比例越来越高。本项目介绍汽车电气设备与附件的维护，包含以下四个任务。

任务一：车身检查。

任务二：车身系统。

任务三：电池检测与维护。

任务四：照明系统检查与维护。

通过以上四个任务的学习，使读者能够掌握汽车电源系统、起动系统、点火系统、照明系统的合理使用与正确维护，对电气设备的维护有进一步的认识以及可以完成对电气设备及附件的维护。

学习目标

知识目标

◆ 掌握汽车电源系统、起动系统、点火系统、照明系统的合理使用与正确维护。

◆ 学会正确选择和使用蓄电池、火花塞等常用零配件的品牌、型号、规格以及蓄电池维护补给作业所需电解液的品牌、规格等。

◆ 学会汽车电气设备各系统主要操纵部件的操作方法和使用注意事项。

◆ 会做汽车电气设备各系统典型故障案例分析。

能力目标

◆ 可以正确的选用蓄电池、火花塞等常用零配件的品牌、型号、规格。

素质目标

◆ 培养学生的独立自主能力。

◆ 培养学生的探索精神、不畏困难的品质。

思政目标

◆ 通过实训与教学相结合的方式，让学生们对电气设备及附件有更加清晰的认识，提高学生的动手能力，让学生体会到工匠精神，明确工匠精神的重要性。

任务工单

任务名称	灯光信号装置的维护	学时		班级	
学生姓名		学生学号		任务成绩	
实训设备	现代悦动轿车、 常用工具一套	实训场地		日期	
任务载体	一辆现代悦动轿车行驶 29 500 km，进行 30 000 km 维护。本任务重点介绍灯光信号装置的维护				

一、资讯

车型：________　行驶里程：________

二、决策与计划

请根据故障现象和任务要求，确定所需要的检测仪器、工具，并对小组成员进行合理分工，制订详细的诊断和修复计划。

1. 需要的检测仪器、工具：________

2. 小组成员分工：________

3. 诊断和修复计划：________

三、实施

1. 第一项内容——车内照明检查：

____

2. 第二项内容——车外灯的检查：

____

四、检查及评估

1. 请根据自己任务完成的情况，对自己的工作进行自我评估，并提出改进意见。

____

2. 教师对小组工作情况进行评估，并进行点评。

____

任务一　车 身 检 查

一、车身外观漆面检查

（一）汽车漆面作用

汽车漆面主要有以下几方面的作用，如图 3-1 所示。

图 3-1　车身漆面

① 保护作用。汽车作为户外交通工具，长期受到大气中的湿气、氧气、工业大气、二氧化碳等介质的侵蚀。汽车油漆在汽车上形成牢固附着的连续膜层，可避免其表面与周围介质发生化学

或电化学反应，阻止或延迟对汽车破坏现象的发生和发展。

② 装饰作用。汽车表面上涂上各种颜色鲜艳的涂料，显得美观大方，给人以美的感受，还彰显了车辆的个性，丰满的漆膜还可以提高汽车的档次。

③ 标志作用。汽车漆的颜色可标志该汽车的种类和作用，如邮政车为绿色，救护车为白色，消防车为红色等。

④ 其他作用。有些汽车用涂料可提高汽车的舒适性和密封性，防止振动产生的噪声。

（二）汽车车身漆面组成

车身漆面具有防止金属部件生锈、防止阳光直射、加强车身强度、美化车身外观等作用，主要由底漆、中间涂层、面涂层组成，如图 3–2 所示。不同漆面有着不同的作用，底漆防止金属底板生锈；中间涂层使底漆光滑；面涂层能美化车身外观。

图 3–2　车身漆面漆层

（三）汽车漆面需要检查的项目

1. 汽车漆面有无污垢

环绕汽车一周，仔细查看油漆颜色、全车颜色是否一致，有色差的地方要着重检查。汽车漆面有污垢的情形，如图 3–3 所示。

2. 汽车漆面有无凹坑、损坏

检查车辆是否有损坏的地方，车漆本身是否完好，有无凹坑点、凸点、污点等缺陷，汽车漆面有凹坑、损坏的情形，如图 3–4 所示。

图 3–3　汽车漆面有污垢

图 3–4　汽车漆面有凹坑、损坏的情形

（四）操作过程

1. 操作条件

① 设备：整车、工作台。

② 工具：车轮挡块、地板垫、座椅套、转向盘套、翼子板布、前格栅布、抹布若干。

2. 安全及注意事项

① 挡块正确安装。

② 车内、外防护铺设到位。

③ 对所使用的纸质维修手册、电脑、车辆或举升机要及时规整复位，并对场地进行 5S 工作。

3. 操作过程

序号	操作步骤	图片	操作方法及操作标准
1	准备工作		【操作标准】 工具要齐全，摆放要整齐
2	车辆防护		【操作方法】 （1）安装车轮挡块，安装车内防护； （2）拉起驻车制动杆，降下驾驶员侧车窗玻璃，拉发动机舱盖释放杆； （3）打开发动机舱盖，安装翼子板布和前格栅布 【操作标准】 按步骤进行安全防护
3	检查车身漆面	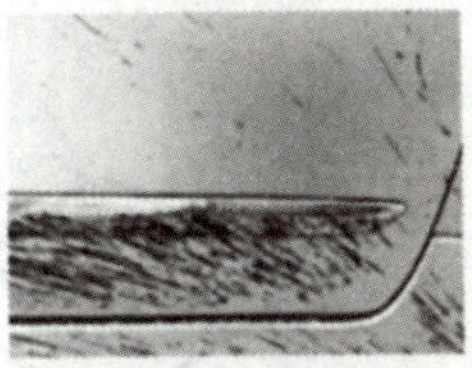	【操作方法】 检查车身漆面是否有污垢 【操作标准】 按照顺时针方向检查，有油污处及时做记录
4	检查车身变形		【操作方法】 检查车身表面是否有凹坑、损坏 【操作标准】 按照顺时针方向检查，有凹坑、损坏处及时做记录
5	车辆、工具复位		【操作方法】 清洁并整理工具 【操作标准】 在操作过程中要严格执行“5S”操作

解决汽车车身漆面常见难题的途径如下。

① 漆面氧化——研磨和抛光处理。

② 浅划痕——专业的抛光方法可以去除。

③ 龟裂——经常打蜡可减少龟裂产生。

④ 交通“膜”——可用研磨抛光处理。

⑤ 褪色——中、轻度的褪色可用研磨、抛光治理，严重时必须重喷漆。

⑥ 蚀痕——只有很轻微的可用研磨抛光解决。

⑦ 水痕纹——水痕纹属轻微时，打蜡抛光可治愈严重时需研磨或喷漆。

4. 学习结果评价

请根据表 3-1，完成学习结果的自我评价。

表 3-1 自我评价表

序号	评价内容	评价标准	评价结果（是 / 否）
1	知识与技能	能安装车辆防护	□是 □否
		能简述汽车漆面作用	□是 □否
		能准确描述汽车漆层组成	□是 □否
		能准确检查汽车车面污垢并记录	□是 □否
		能准确检查汽车车面凹坑 / 损坏并记录	□是 □否
2	安全与“5S”	能对场地进行安全检查	□是 □否
		能安全进行车辆防护	□是 □否
		能做好安全防护	□是 □否
		能遵守场地日常安全条例	□是 □否
		能使用工具、工位进行整理、复位、清扫	□是 □否
3	总评	能够满足下一步内容学习	□是 □否

二、汽车玻璃检查与维护

（一）汽车玻璃标识含义

常见汽车玻璃右下角标识如图 3-5 所示，具体含义如下。

图 3-5 汽车玻璃标识

1——汽车制造商商标。

2——玻璃制造商商标。

3——中国 3C 认证合格标志。

4——玻璃类型：LAMINATED 代表的是夹层玻璃，若是钢化玻璃则是 TEMPERED。

5——汽车玻璃制造商的安全认证代码。

6——代表通过欧共体第 43 号法规。

7——代表玻璃的生产日期；其中的数字代表年份，黑点代表月份；黑点在数字的前面则代表上半年，对应的月份则用 7 减；黑点在数字的后面，则代表下半年，对应的月份就用 13 减。图 3-5 中玻璃制造年份是与图示不符。

8——欧盟认证标志。

（二）汽车玻璃部件

汽车玻璃是车外部件的组成部分之一，整辆汽车玻璃部件包含三部分：前挡风玻璃、门窗玻璃、后窗玻璃。

（三）汽车玻璃分类

图 3-6　汽车玻璃分类

汽车玻璃的类型较多，如图 3-6 所示。一般分为夹层玻璃、钢化玻璃、防紫外线玻璃、有色玻璃、吸收太阳能玻璃。

① 夹层玻璃。将一种透明的具有防紫外线的薄膜夹在两层普通玻璃中间，并压在一起，能有效地防止物体穿透玻璃，现在这种玻璃一般用作前挡玻璃。

② 钢化玻璃。这种玻璃的强度是普通玻璃的四倍，在遭到强烈碰撞时会碎成微小的颗粒，最大限度地减少对人体的伤害，一般用在侧窗玻璃上。

③ 防紫外线玻璃。可以减少大约 90% ～ 95% 的紫外线。

④ 有色玻璃。一般是绿色或青铜色，有遮光带的玻璃用作前挡风玻璃。

⑤ 吸收太阳能玻璃，可以减少由阳光直射而导致的车内温度升高。

（四）更换汽车玻璃操作过程

汽车玻璃主要检查外观有无开裂、破损等情况，如有需在接车单上标注，当面与客户签字确认，并建议及时更换汽车玻璃。

1. 操作条件

① 设备：整车、工作台。

② 工具：车轮挡块、地板垫、座椅套、转向盘套、翼子板布、前格栅布、抹布若干。

2. 安全及注意事项

① 挡块正确安装。

② 车内、外防护铺设到位。

③ 对所使用的纸质维修手册、电脑、车辆或举升机要及时规整复位，并对场地进行“5S”工作。

3. 操作过程

序号	操作步骤	图解	操作方法及操作标准
1	准备工作		【操作标准】 工具要齐全，摆放要整齐
2	车辆防护		【操作方法】 （1）安装车轮挡块，安装车内防护； （2）拉起驻车制动杆，降下驾驶员侧车窗玻璃，拉发动机舱盖释放杆； （3）打开发动机舱盖，安装翼子板布和前格栅布 【操作标准】 按步骤进行安全防护
3	检查汽车玻璃	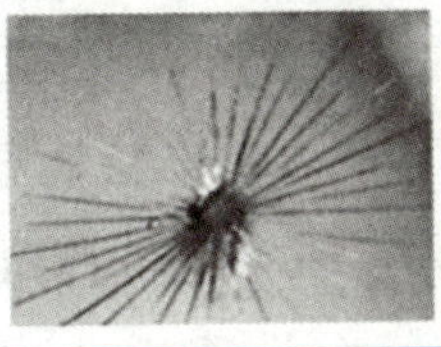	【操作方法】 检查汽车玻璃是否有裂纹、破损 【操作标准】 按照顺时针方向检查，有油污处及时做记录

续表

序号	操作步骤	图解	操作方法及操作标准
4	车辆、工具复位		【操作方法】 清洁并整理工具 【操作标准】 严格执行“5S”操作

【问题情境一】路况这么好，你正驾驶爱车欢快飞奔，结果一颗小石子砸到爱车的前挡风玻璃，如图 3–7 所示，你是继续干脆就凑合着用，还是见不得有一点小伤，马上就去更换？

【解决途径】汽车玻璃被不小心划伤也是一种比较常见的情况，具体能不能修复还得看刮伤的位置及深浅来做决定，一般车窗和后挡风玻璃是可以通过抛光来进行修复的，而对于前挡风玻璃划伤，则需要分为两种情况再来决定。

图 3–7　汽车前挡风玻璃裂纹

（1）不在主视区

可以用玻璃研磨膏及专用气动工具进行抛光处理，但如果是硬伤或深度划伤的话，是无法修复的。

（2）在主视区

一般不建议抛光，除非是特别轻微的划痕，因为抛光后玻璃的弧度及厚度发生细微变化，容易产生光畸变现象，司机开车容易出现头晕情况，影响安全。

【问题情境二】汽车前挡风玻璃和侧窗玻璃，可以使用厚度相同的玻璃吗？

【解决途径】侧窗一般用 3mm 或 4 mm 钢化玻璃，前窗一般用 5 mm 钢化玻璃或 3 + 2 夹胶玻璃。

4. 学习结果评价

请根据表 3–2，完成学习结果的自我评价。

表 3–2　自我评价表

序号	评价内容	评价标准	评价结果（是 / 否）
1	知识与技能	能安装车辆防护	□是 □否
		能读懂汽车玻璃标识含义	□是 □否
		能准确描述汽车玻璃分类	□是 □否
		能准确检查汽车玻璃并记录	□是 □否
2	安全与“5S”	能对场地进行安全检查	□是 □否
		能安全进行车辆防护	□是 □否
		能做好安全防护	□是 □否
		能遵守场地日常安全条例	□是 □否
		能使用工具、工位进行整理、复位、清扫	□是 □否
3	总评	能够满足下一步内容学习	□是 □否

三、车身附件检查与维护

（一）油箱盖

油箱盖位于车辆乘客侧的燃油加注口门后，如图 3–8 所示。要取下油箱盖，请按逆时针方向缓慢转动。加油时，将油箱盖挂在燃油加注口门的挂钩上。重新安装油箱盖时，按顺时针方向拧动油箱盖直至听到一声咔嗒声，确认加油箱盖已完全盖好。

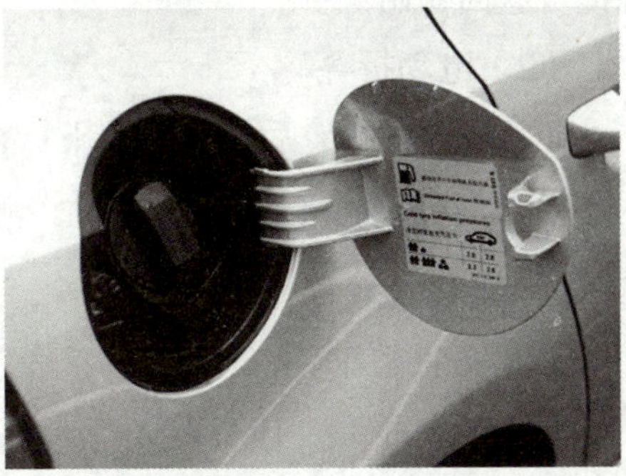

图 3-8　油箱盖认识

1. 变形或者损坏

通过检查确保油箱盖或者垫片都没有变形或者损坏，如图 3-9 所示。同时检查真空阀是否锈蚀或者粘住。

2. 附件情况

检查油箱盖时，还要特别地检查一下燃油注入口颈部两处的螺纹是否有损伤或螺纹错扣，并确保密封垫片或者密封圈处于正确的位置，最后检查油箱盖是否能够上紧。通过检查确保油箱盖能够被正确上紧，如图 3-10 所示。

（a）　　（b）

图 3-9　油箱盖检查

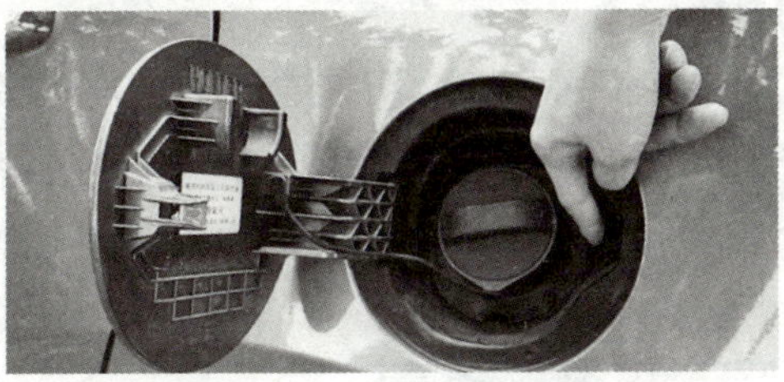

图 3-10　附件及连接状况

3. 扭矩限制器工作情况

安装油箱盖，进一步上紧油箱盖，确保油箱盖发出咔嗒声而且能够自由转动。如果密封圈良好，在盖油箱盖的时候，会听到咔嗒几声响，那是因为碰到了卡槽，此时就是盖紧的状态。

4. 连接状况

检查油箱门附件及连接状况，确保油箱门能正确关闭，有时当我们拧紧油箱盖时，会明显地感到很费力，这是由螺纹错扣引起的，要找到正确的拧盖方法。

（二）后视镜

1. 调节后视镜

① 将选择开关按下至 L（左）或 R（右）（图 3-11），选择驾驶员或乘客侧后视镜。

② 按下控制板上的箭头（图 3-12），将各后视镜移动至所需位置。

③ 使选择开关恢复至中央位置。

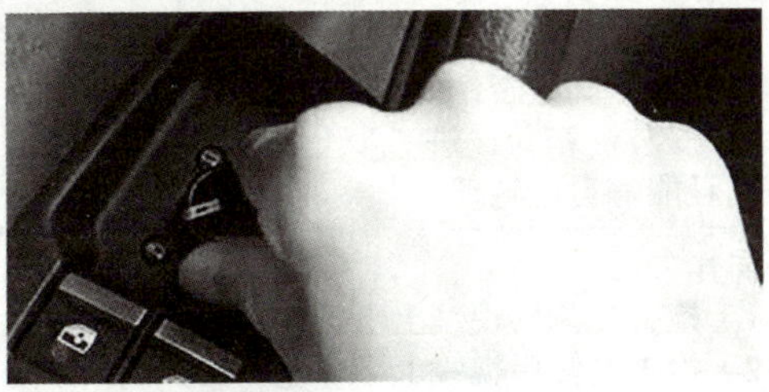

图 3-11　左右后视镜切换

图 3-12　后视镜调

2. 折叠后视镜

（1）手动折叠

如装备手动折叠后视镜，外后视镜可向内朝车身折叠，以防通过自动洗车机时将其损坏。向外推后视镜可返回初始位置。

（2）电动折叠

如装备电动折叠后视镜，按下折叠后视镜开关，收起后视镜。

（三）操作过程

1. 操作条件

① 设备：整车。

② 工具：手套、抹布。

2. 安全及注意事项

① 如果过快地打开加油口盖，燃油可能会喷出。如果燃油箱接近全满，则可能会发生这种喷出情况，天气炎热时更有可能发生。缓慢地打开加油口盖，如果听到“嘶嘶”的声音应停止并等待，然后完全拧下加油口盖。

② 在折叠后视镜时，可能会听到一声爆音。在手动折叠操作后，此声音属于正常现象。电动折叠时，此声音为后视镜意外受阻。用后视镜控制装置折叠并展开后视镜一次，以将其重新设置到正常位置。

③ 对所使用的纸质维修手册、电脑、车辆或举升机要及时规整复位，并对场地进行“5S”工作。

3. 操作过程

序号	操作步骤	图解	操作方法及操作标准
1	准备工作		【操作方法】 实操所需工具准备 【操作标准】 工具要齐全，摆放要整齐
2	车辆安全防护		【操作方法】 （1）安装车轮挡块，安装车内防护； （2）拉起驻车制动杆，降下驾驶员侧车窗玻璃，拉发动机舱盖释放杆； （3）打开发动机舱盖，安装翼子板布和前格栅布 【操作标准】 车轮挡块不能超出胎侧过多
3	油箱盖的检查	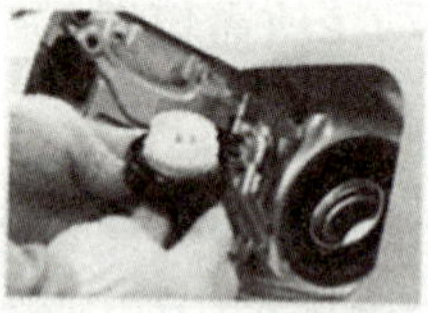	【操作方法】 （1）变形或者损坏； （2）附件连接情况； （3）扭矩限制器工作情况 【操作标准】 （1）通过检查确保油箱盖或者垫片都没有变形或者损坏，同时检查真空阀是否锈蚀或者粘住； （2）安装油箱盖，进一步上紧油箱盖，确保油箱盖发出咔嗒声而且能够自由转动
4	后视镜的调节		【操作方法】 （1）检查左侧后视镜上下、左右的方向调节是否正常； （2）检查右侧后视镜上下、左右的方向调节是否正常； （3）检查两侧后视镜折叠、伸缩是否正常，有无异音 【操作标准】 （1）左侧后视镜调整要领：把水平线置于后视镜的中线位置，然后再把车身的边缘调到占据镜面影像的 1/4； （2）右侧后视镜调整要领：把水平线置于后视镜的 2/3 位置，然后再把车身的边缘调到占据镜面影像的 1/4

续表

序号	操作步骤	图解	操作方法及操作标准
5	车辆、工具复位		【操作方法】 （1）取下车内、外防护用品； （2）车辆复位，清洁车身； （3）清洁并整理工具 【操作标准】 严格执行“5S”操作

【问题情境一】在图 3–13 中，不同汽车品牌的油箱盖怎么打开？

【解决途径】首先根据用户使用手册进行操作，每款车打开的方式有所不同。

【问题情境二】在 3–14 中，一般在什么情况下我们需要调整后视镜？

【解决途径】根据驾驶员坐在驾驶室的位置来进行调整，最大限度地减少驾驶的盲区。

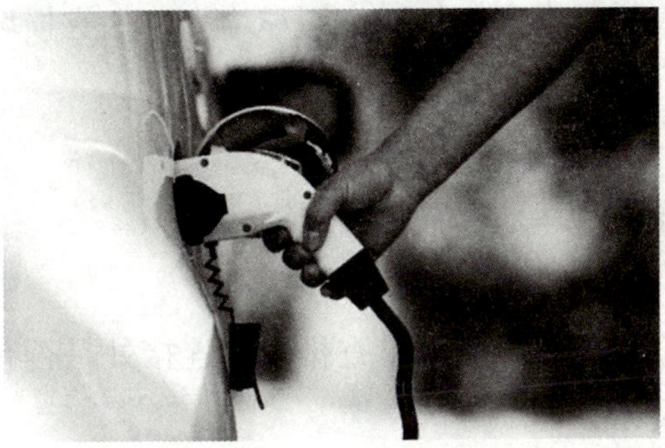

图 3–13　汽车加油

图 3–14　汽车后视镜

4. 学习结果评价

请根据表 3–3，完成学习结果的自我评价。

表 3–3　自我评价表

序号	评价内容	评价标准	评价结果（是 / 否）
1	知识与技能	能对油箱盖进行变形或者损坏检查	□是 □否
		能对油箱盖进行附件及连接状况检查	□是 □否
		能对油箱盖进行扭矩限制器工作情况检查	□是 □否
		能对左右后视镜进行切换	□是 □否
		能对后视镜进行各方位调节	□是 □否
		能对后视镜进行折叠操作	□是 □否
2	安全与“5S”	能对场地进行安全检查	□是 □否
		能安全操作举升机	□是 □否
		能做好安全防护	□是 □否
		能遵守场地日常安全条例	□是 □否
		能使用工具、工位进行整理、复位、清扫	□是 □否
3	总评	能够满足下一步内容学习	□是 □否

四、排气管和消声器检查与维护

汽车排气管和消声器主要由排气管、三元催化器和消声器等组成（图 3–15）。

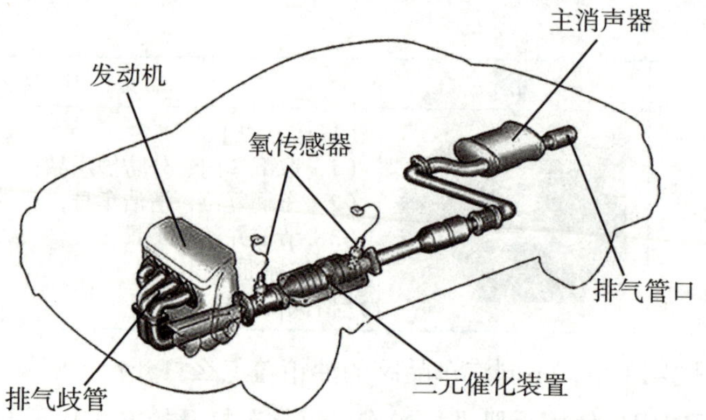

图 3-15　排气系统结构图

（一）排气管与消声器

排气管与消声器有损坏，将产生排气泄漏，加剧大气污染，排气噪声明显增大。如有损坏需及时更换相应的排气管或消声器。

1. 排气管安装状况检查

检查排气管连接处是否有损坏；检查其支架上的橡胶吊耳是否有脱落或损坏。

2. 排气管外观检查

检查排气管是否有锈蚀和损坏，通过观察接头部位是否有炭黑，检查排气管连接处是否有漏气；检查消声器是否有锈蚀和漏气；检查三元催化器是否有损坏。

可以启动发动机并适当加速，通过听排气噪声来判断排气管是否有漏气；作业时，应戴好手套，注意安全，避免烫伤。

（二）三元催化器知识

三元催化器（图 3-16）外形类似消声器，外面用双层不锈钢薄板制成筒形，在双层薄板夹层中装有绝热材料（石棉纤维毡），内部在网状隔板中间装有催化剂。

催化剂大多由铂（Pt）、钯（Pd）、铑（Rh）等稀有金属制成，价格较贵，喷涂在载体上。载体一般由三氧化二铝或陶瓷制成，其形状有球形，多棱体形和网状隔板等，从而增加催化剂与尾气的接触面积，能有更好的催化反应效果。

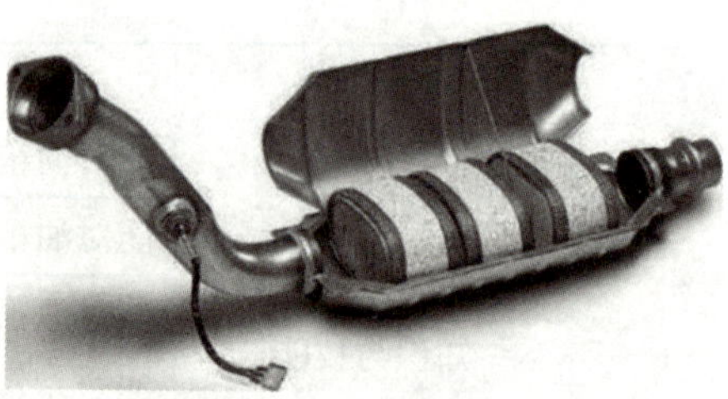

图 3-16　三元催化器结构

（三）操作过程

1. 操作条件

① 设备：整车、工作台、举升机。

② 工具：手电筒、手套、抹布。

2. 安全及注意事项

① 在检查排气管时，需按规范操作举升机，并做必要的安全防护，不能盲目举车或进入车底。

② 当进入车辆底部时，要从车辆前后进入车底，以免碰头。

③ 对所使用的纸质维修手册、电脑、车辆或举升机要及时规整复位，并对场地进行“5S”工作。

3. 操作过程

序号	操作步骤	图解	操作方法及操作标准
1	准备工作		【操作标准】 工具要齐全，摆放要整齐
2	车辆安全防护		【操作方法】 （1）安装车轮挡块，安装车内防护； （2）拉起驻车制动杆，降下驾驶员侧车窗玻璃，拉发动机舱盖释放杆； （3）打开发动机舱盖，安装翼子板布和前格栅布 【操作标准】 车轮挡块不能超出胎侧过多
3	排气管安装状况检查		【操作方法】 （1）将车辆举升至最高位； （2）带上手套，拿着手电筒； （3）检查橡胶吊耳是否有脱离、损坏； （4）检查排气管连接处垫圈是否有损坏、渗漏 【操作标准】 橡胶吊耳要求拉动检查
4	排气管外观检查		【操作方法】 （1）检查三元催化器是否损坏； （2）检查排气管是否有锈蚀、损坏、渗漏； （3）检查消声器是否有锈蚀和漏气 【操作标准】 排气管如有渗漏需更换
5	车辆、工具复位		【操作方法】 （1）降下车辆； （2）取下车内、外防护用品； （3）车辆复位，清洁车身； （4）清洁并整理工具 【操作标准】 严格执行“5S”操作

【问题情境一】在图 3–17 中，三元催化器失效后在实际使用当中，如果车辆出现油耗增加、加速无力、转速提升困难甚至启动困难等故障时，应该怎么处理?

【解决途径】通常情况经过清洗或疏通三元催化器即可恢复正常的油耗和动力。当然三元催化器失效还有其他症状，应当及时到专门的维修厂进行检修。

【问题情境二】在 3–18 中，汽车行驶中，发动机排气管冒黑烟，排气管（消声器）有异常响声是什么原因?

【解决途径】排气管冒黑烟可能是可燃混合气过浓、火花塞工作不良、点火过迟等原因造成的。排气管异响要分析是低速时还是转弯情况下。

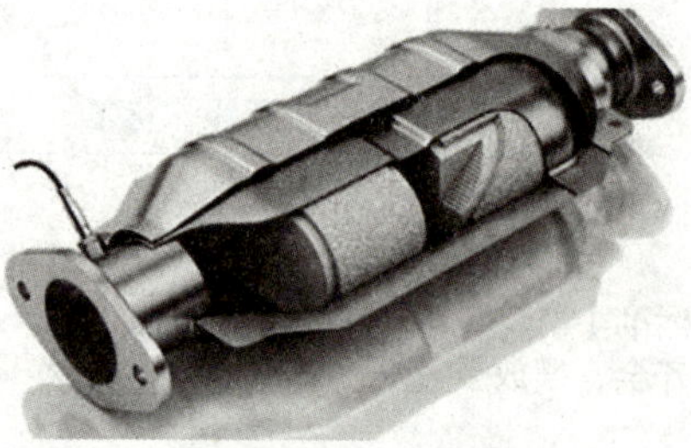

图 3–17　三元催化器

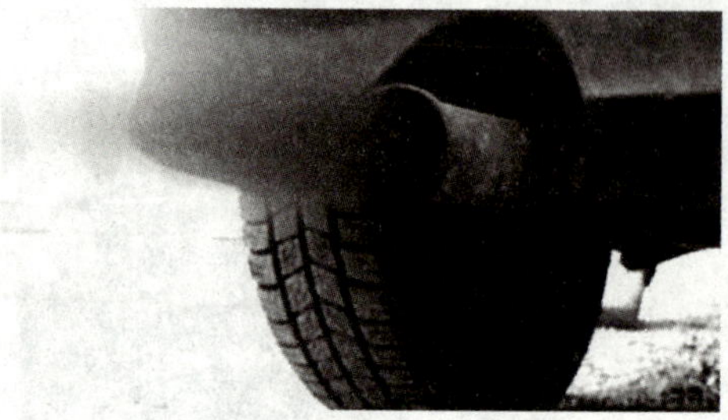

图 3–18　排气管冒黑烟

4. 学习结果评价

请根据表 3–4，完成学习结果的自我评价。

表 3–4　自我评价表

序号	评价内容	评价标准	评价结果（是 / 否）
1	知识与技能	能拉起驻车制动，降驾驶席车窗玻璃	□是 □否
		能打开发动机舱盖	□是 □否
		能检查橡胶吊耳是否有脱落、损坏	□是 □否
		能检查消声器是否有锈蚀和漏气	□是 □否
		能检查三元催化器是否有损坏	□是 □否
		能检查排气管是否有锈蚀、损坏	□是 □否
		能检查消声器是否有锈蚀和漏气	□是 □否
2	安全与“5S”	能对场地进行安全检查	□是 □否
		能安全操作举升机	□是 □否
		能做好安全防护	□是 □否
		能遵守场地日常安全条例	□是 □否
		能使用工具、工位进行整理、复位、清扫	□是 □否
3	总评	能够满足下一步内容学习	□是 □否

课堂讨论

汽车的漆面作用有哪些？ LAMINATED 代表什么意思？

任务二　车 身 系 统

一、座椅及后视镜检查与维护

（一）汽车座椅

汽车座椅为了确保舒适，同时满足不同驾驶员的操作和安全要求，轿车座椅都具有调节功能，如图 3–19（a）所示，很多轿车座椅还安装了用电机操作的座椅，如图 3–19（b）所示，以便于操作。

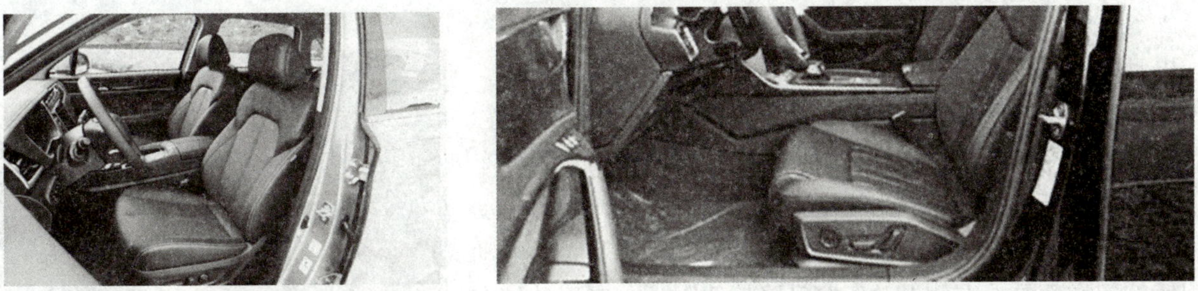

（a）手动调节座椅　　（b）自动调节座椅

图 3-19　可调节的汽车座椅

1. 操作

汽车座椅一般可以多方向调节，常见的包括：前后移动调节、座椅高度调节、座椅靠背角度调节。调节方法包括手动和自动调节两种。

（1）手动调节的方法：当需要前后移动座椅时，握住座位位置调节杆的中间，并向上拉，然后利用轻微的身体压力把座位滑动到所需要的位置，然后将杆释放即可；当需要调整座椅高度时，上下移动座位高度调节拉杆，即可进行相应调整；当需要调整靠背角度时，向前倾斜并把座位靠背角度调节杆向上拉，然后向后倾斜至所需要的角度，将杆释放即可。

（2）自动调节的方法：自动调节功能基本与手动调节功能相仿，通过对相关按钮的操作来完成对应的调节。

2. 座椅的检查

座椅检查时需注意座椅调节功能是否正常，操作时是否流畅，有无卡死或移动幅度受限等情况，停止操作时座椅位置是否牢固。

（二）后视镜

1. 功用

电动后视镜的功用是便于驾驶员坐在座椅上通过电动机就可以方便快捷地对左右后视镜的后视角度进行调节，通常由调整开关、电动机、传动和执行机构等组成。车内后视镜一般调整较为方便，所以基本为手动调整，如图 3-20 所示。

电动后视镜

（a）车外左后视镜　　（b）车内后视镜

图 3-20　汽车后视镜

2. 操作

图 3-21　电动后视镜按钮

电动后视镜通过驾驶员手侧按钮调整，如图 3-21 所示，包括左右后视镜选择、镜片上下角度调整、镜片左右角度调整。有些车型还有车辆后视镜折叠开关，用于在必要的时候（停车时）将后视镜折叠起来，减少被剐蹭的情况。不同车型的电动后视镜按钮所在位置不同，如图 3-21 所示，福特及大众电动后视镜按钮在驾驶员左侧电动车窗升降按钮附近，丰田致炫在驾驶员前方控制面板左手处灯光调节旁边。

3. 电动后视镜的检查

电动后视镜检查时需注意后视镜调节功能是否正常，按钮操作是否灵敏，操作结束后是否能保持位置不变。另外，车内后视镜一般是手动调整，也需要检查是否能正常调整位置，调整后能否保持位置不动。

（三）操作过程

1. 操作条件

① 设备：汽车。

② 工具：防护三件套、挡块。

2. 安全及注意事项

① 在操作之前必须先安装车轮挡块。

② 进入车内前必须先铺设防护三件套，并确认手刹已拉起。

③ 对所使用的纸质维修手册、车辆、工具要及时规整复位，并对场地进行 5S 工作。

3. 操作过程

序号	操作步骤	图解	操作方法及操作标准
1	准备工作	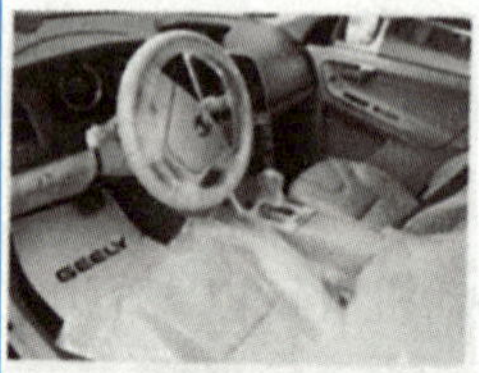	【操作方法】 （1）安装车轮挡块； （2）打开车门确认已在驻车档位； （3）铺设车内防护三件套 【操作标准】 进车之前确认驻车制动
2	检查座椅功能		【操作方法】 （1）检查座椅各调节装置功能是否正常； （2）检查座椅位置是否牢固 【操作标准】 调节座椅位置至极限值，确认功能正常；晃动座椅，确认座椅是否牢固
3	检查后视镜功能	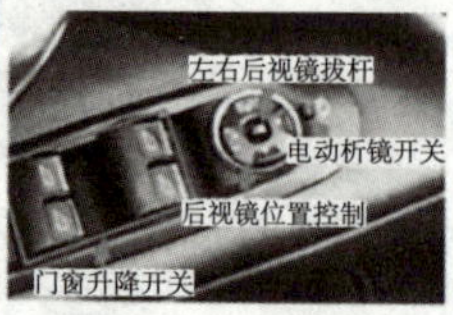	【操作方法】 检查后视镜调节功能是否正常 【操作标准】 调节后视镜各功能至极限值
4	工位复原		【操作方法】 （1）移除车内三件套； （2）移除车轮挡块； （3）工位清洁 【操作标准】 严格执行“5S”操作

【问题情境一】座椅检查后如何能保证恢复驾驶员原先设定的位置?

【解决途径】有些高级轿车的电动座椅带有记忆功能，可以自动回到驾驶员设定的位置。

【问题情境二】汽车周围有没有利用后视镜也无法观察到的地方?

【解决途径】在汽车周围放置些物品来检查汽车周围的盲区。

4. 学习结果评价

请根据表 3-5，完成学习结果的自我评价。

表 3-5　自我评价表

序号	评价内容	评价标准	评价结果（是 / 否）
1	知识与技能	能找到各种调整开关	□是 □否
		能正确调整座椅位置	□是 □否
		能正确调整后视镜位置	□是 □否
2	安全与“5S”	能对场地进行安全检查	□是 □否
		能做好工位防护	□是 □否
		能做好安全防护	□是 □否
		能遵守场地日常安全条例	□是 □否
		能使用工具、工位进行整理、复位、清扫	□是 □否
3	总评	能够满足下一步内容学习	□是 □否

二、洗涤系统检查与维护

（一）车窗清洗系统

1. 功用

车窗清洗系统的功能是在必要时向风窗表面喷洒专用清洗液或水，在电动刮水器的配合下对风窗表面的灰尘或脏污进行清洁。通常包括储水箱、水泵、输水管和喷水嘴，其中储水箱一般是 1.5 ～ 2 L 的塑料罐，水泵是一种微型电动离心泵，用于将清洗液输向喷水嘴，经 2 ～ 4 个喷水嘴的挤压作用将洗涤水分成细小的射流喷向挡风玻璃，配合雨刮器起到清洁挡风玻璃的作用。图 3-22 为车窗清洗系统喷水嘴位置。

2. 操作方式

车窗清洗系统通常通过控制杆操作，控制杆一般在转向盘的右侧，如图 3-23 所示，使用喷洗器之前点火开关应在“ON”挡位，具体操作如下。

（1）上拉一下控制杆：喷出少量清洗液，同时刮水器联动刮拭一次。

（2）长时间上拉控制杆：持续喷出清洗液，同时刮水器持续进行刮拭。

（3）松开控制杆：刮水器停止刮拭。

图 3-22　车窗清洗系统喷水嘴位置

图 3-23　雨刮器控制杆

注意

如在结冰的天气使用，应先用除霜器对挡风玻璃进行加温，可以防止清洗液冻结在挡风玻璃上。

3. 车窗清洗系统的检查

车窗清洗系统检查包括清洗液液位检查、车窗清洗系统功能检查和喷洗位置检查。

（1）清洗液液位检查。检查车窗清洗系统的储水箱清洗液液位是否正常，如图 3–24 所示，部分车型清洗液液位可直接观察是否在 1 ～ 2 L 之间，另外部分可以通过储水箱中的拉尺刻度来确定。如果清洗液不足，需补足清洗液，如图 3–25 所示。

（2）车窗清洗系统功能检查。车窗清洗系统功能检查包括：喷水嘴的喷射功能、喷射压力、刮水器联动功能的检查。

注意

检查前需启动发动机，以防止蓄电池的电量不足以保持足够的喷射力。

（3）喷洗位置检查。喷洗位置检查主要是看喷洗位置是否在刮水器的工作区域内，即大致在刮水器的刮水范围中间，如图 3–26 所示。

图 3–24　清洗液液位标志

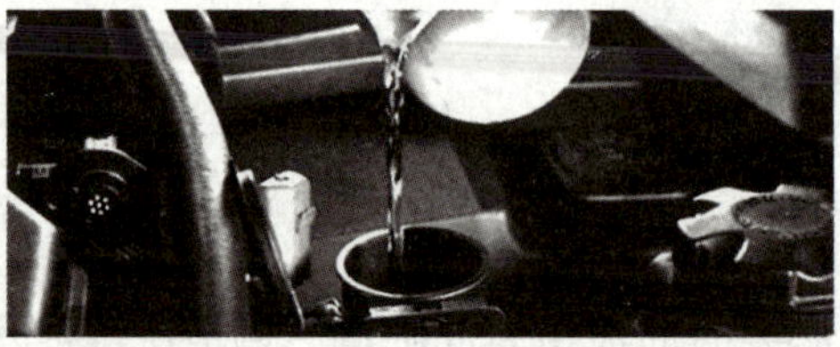

图 3–25　补足清洗液

图 3–26　喷洗区域

（二）电动刮水器

1. 功用

电动刮水器的功用是通过驱动装置带动一个或两个以上的橡胶刷，以除去挡风玻璃上的雨、雪或污物，以保证车辆行驶过程中的良好视野。

2. 操作方式

刮水器操作前需点火开关打到“ON”挡，另外为了防止划破挡风玻璃和损坏刮水器胶条，在使用刮水器前，要喷射清洗液或确保挡风玻璃表面浸湿（如雨天）。

刮水器通常有点动（1 x）、间歇（INT）、低速（LO）、高速（HI）四个挡位可供选用，如图 3–27 所示。

① 间歇挡（INT）：刮水器低速间歇式工作，对于一些型号的刮水器其间歇时间可以调节，当刮水器杆在间歇位置上时，“INS”环可用来调节刮扫的时间间隔，将环向上转动，减少刮拭间隔时间，反之则增加间隔时间。另外，部分刮水器带有雨量传感器，间隙挡“AUTO”环可以调节传感器灵敏度，将环向上转动，系统对湿度的灵敏度增大，反之则减小。

图 3–27　刮水器控制杆

② 低速挡（LO）：刮水器低速连续工作。

③ 高速挡（HI）：刮水器高速连续工作。

④ 点动挡（1 x）：把控制杆下推，松开后会回到“OFF”挡，刮水器点动工作一次。

（三）操作过程

1. 操作条件

① 设备：汽车。

② 工具：防护三件套、挡块。

2. 安全及注意事项

① 在操作之前必须先安装车轮挡块。

② 进入车内前必须先铺设防护三件套，并确认手刹已拉起。

③ 对所使用的纸质维修手册、车辆、工具要及时规整复位，并对场地进行“5S”工作。

3. 操作过程

序号	操作步骤	图解	操作方法及操作标准
1	准备工作		【操作方法】 （1）安装车轮挡块； （2）打开车门确认已在驻车档位； （3）安装排气烟道； （4）铺设车内和车外防护三件套 【操作标准】 进车之前确认安全
2	检查储水箱清洗液		【操作方法】 检查储水箱内清洗液液位 【操作标准】 确认液位位置在范围之内
3	检查喷洗器功能		【操作方法】 （1）收起车外防护三件套，关闭发动机舱盖； （2）检查喷洗器清洗液喷射功能及刮水器的联动功能； （3）检查刮水器停止情况 【操作标准】 （1）喷洗器喷射清洗液时，刮水器应联动； （2）喷洗器喷射区域应在图示范围以内，有一定喷射压力； （3）停止喷射时，刮水器应同时停止并回位
4	检查刮水器功能		【操作方法】 （1）检查刮水器在各档位下工作是否正常； （2）检查刮水器刮拭效果； （3）检查刮水器回位功能 【操作标准】 （1）刮水器各档位应能正常工作； （2）刮水器刮拭后应无条纹式水痕或刮拭不彻底现象； （3）开关停止时刮水器应回到原位
5	工位复原		【操作方法】 （1）熄火并移除车内三件套； （2）移除车轮挡块； （3）工位清洁 【操作标准】 严格执行“5S”操作

【问题情境一】喷洗器储水箱内的清洗液不够时能不能直接添加自来水？

【解决途径】风窗清洗液的功能包括清洗、防雾、防冻、抗静电、润滑。普通自来水中含有较多杂质，长时间使用会导致杂质依附在管路中，影响正常喷水，同时还有清洗不彻底、玻璃和刮水器之前摩擦增大的问题。

【问题情境二】喷洗器喷射位置不正常时应如何调整？

【解决途径】如喷射位置异常，可在喷嘴内插入一根与喷洗器喷孔相匹配的钢丝，来调整喷洒方向。

4. 学习结果评价

请根据表 3-6，完成学习结果的自我评价。

表 3-6　自我评价表

序号	评价内容	评价标准	评价结果（是 / 否）
1	知识与技能	能找到各种调整开关	□是 □否
		能正确检查喷洗器功能	□是 □否
		能正确检查刮水器功能	□是 □否
2	安全与“5S”	能对场地进行安全检查	□是 □否
		能做好工位防护	□是 □否
		能做好安全防护	□是 □否
		能遵守场地日常安全条例	□是 □否
		能使用工具、工位进行整理、复位、清扫	□是 □否
3	总评	能够满足下一步内容学习	□是 □否

三、喇叭、音响系统检查与维护

（一）汽车喇叭

喇叭是汽车的音响信号装置。在汽车的行驶过程中，驾驶员根据需要和规定发出必需的音响信号，警告行人和引起其他车辆注意，保证交通安全，同时还用于催行与传递信号。

1. 汽车喇叭结构原理

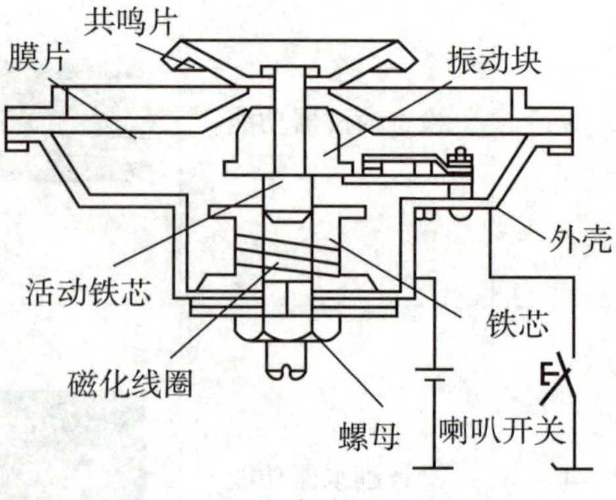

图 3-28　汽车喇叭结构原理

汽车电喇叭是靠金属膜片的振动从而发出声音。汽车电喇叭由铁芯、磁性线圈、触点、衔铁、膜片等组成。在图 3-28 中，当司机按下喇叭开关时，电流经触点通过线圈，线圈产生磁力吸下衔铁，强制膜片移动，衔铁移动使触点断开，电流中断，线圈磁力消失，膜片在自身弹性和弹簧片作用下同衔铁一起恢复原位，触点闭合电路再次接通，电流通过触点流经线圈产生磁力，重复上述动作。如此反复循环膜片不断振动，从而发出音响。共鸣板与膜片刚性连接，可使振动平顺，发出声音更加悦耳（即电磁铁原理）。

2. 汽车喇叭的检查维护

① 按下喇叭，检查其音量、音质是否正常。

② 转动转向盘，同时在任意位置按下喇叭开关，听喇叭的音量、音质是否都正常。

③ 检查音量和音调是否稳定。

（二）汽车音响系统

作为汽车的重要组成部分，汽车音响可以说是车主强有力的驾驶辅助工具，无论是每天放松、在公路上提神还是晚上听喜爱的收音机，都离不开汽车音响。

1. 汽车音响系统组成

汽车音响系统如图 3-29 所示，主要包括车窗天线线圈、扬声器、音响装置、遥控开关和高音喇叭五个部分组成。

图 3-29　汽车音响系统

① 车窗天线线圈：用于接收广播电台的发射电波，通过高频电缆向无线电调频装置传送信息。

② 扬声器：扬声器口径的大小和在车上安装的方法、位置是决定音响性能的重要因素，为欣赏立体声音响，车上至少要装 2 个扬声器。

③ 音响装置：用以调节声音（音乐）信号特性，让驾乘人员有舒适的听音效果。

④ 遥控开关：控制音响装置，方便驾驶人员控制音响及高音喇叭。

⑤ 高音喇叭：将电信号扩展为频率输出，提醒其他驾驶人或者行人注意本车通过。

2. 音响系统的维护

由于汽车的运行环境十分恶劣，包括振动、高温、噪声、电磁波等都会干扰车内电子设备的正常工作，因此汽车专用的音响设备不论从设计还是工艺制造方面都要比家用音响严格。音响故障一般分为两类，一是使用不当，另外是来自环境的原因造成的，灰尘、高温、潮湿都是音响的“大敌”。

如何保养汽车音响，减少其故障，可从以下方面入手。

① 中控大屏需要定期清理灰尘，防止屏幕卡顿，触摸屏失效。

② 扬声器除尘。扬声器作为音响系统中的重要一环，是不能被忽视的。扬声器的格栅就是一个容易沉积灰尘的地方，由于扬声器在车内的安装位置一般都是不太显眼的位置，往往更容易被忽视。这些沉积多时的灰尘会使扬声器的音量降低，所以应留意进行清洁。

③ 音量不要开太大。在音响的日常使用当中，一定要避免突然将音量调到最大，因为这样做会使音响系统中的电流瞬间加大，可能会将扬声器的线圈烧毁。而且，突然加大音量，也会严重影响功放的使用寿命。

④ 防高温和潮湿。夏、秋季节的高温和潮湿也是影响汽车音响正常工作的因素。汽车音响多安装在仪表板的上部，为了避免太阳光的照射，使用遮阳板能取得较好效果。

⑤ 及时释放静电。在冬季里使用汽车音响更需要留意，因为冬季本身气候干燥，在车内开启暖风会造成环境更加干燥，从而容易发生静电。而静电的瞬间电流足以把音响主机损坏，所以在使用 CD 播放机时，最好先摸一下车上的其他金属物件释放静电，然后再接触音响主机。在把 CD 唱盘放进主机时，尽量要轻柔地慢慢将盘推进去，而且最好不要过于频繁地换盘。

（三）操作过程

1. 操作条件

① 设备：汽车整车。

② 工具：车内三件套。

2. 安全及注意事项

① 将电池从汽车上拆卸下来时，需注意正负极拆卸顺序，先拆负极再拆正极。

② 使用高功率放电计测试电池端电压时，负载电流应按出厂规定。

③ 观察免维护蓄电池观察孔时，需要避免振动与晃动。

④ 安装蓄电池时应先连接正极，再连接负极，避免操作失误造成短路。

3. 操作过程

序号	操作步骤	图解	操作方法及操作标准
1	铺设三件套		【操作方法】 关闭点火开关，铺设车内三件套 【操作标准】 执行车辆防护
2	汽车喇叭的检查		【操作方法】 静态测试，按下喇叭开关，喇叭按钮是否能正常工作，检查其音量、音质是否正常 【操作标准】 按键反馈应良好，声音应清脆响亮
		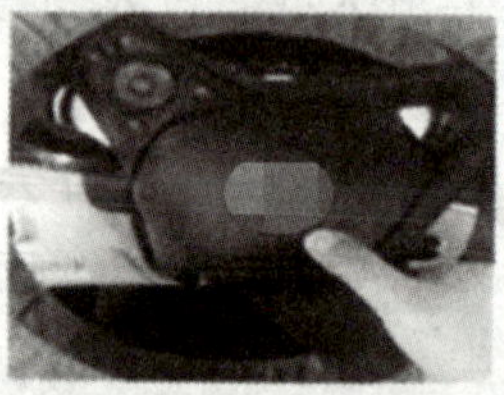	【操作方法】 转动转向盘接近一周的同时，按动喇叭按钮。检查在各不同转向盘位置上，喇叭按钮是否能正常工作，检查其音量、音质是否正常 【操作标准】 按键反馈良好，声音清脆响亮
3	汽车收音机检查		【操作方法】 打开中控屏幕选择收音机模式 【操作标准】 屏幕触控应流畅，按键反馈良好
		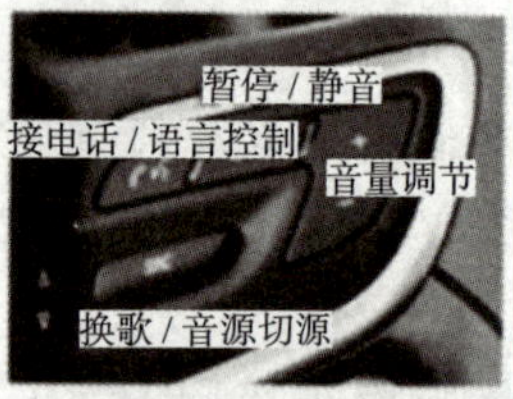	【操作方法】 选择收音调顿并调节声音大小 【操作标准】 能够收听不同频道，音量调节可靠，响度正常
4	汽车外接设备连接	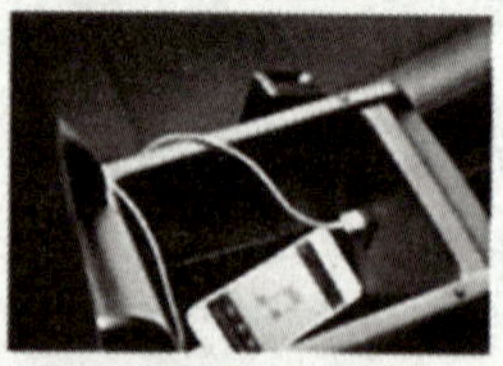	【操作方法】 通过蓝牙、AUX、USB 等设备连接汽车音响播放音频 【操作标准】 连接设备能正常播放
5	5S 管理	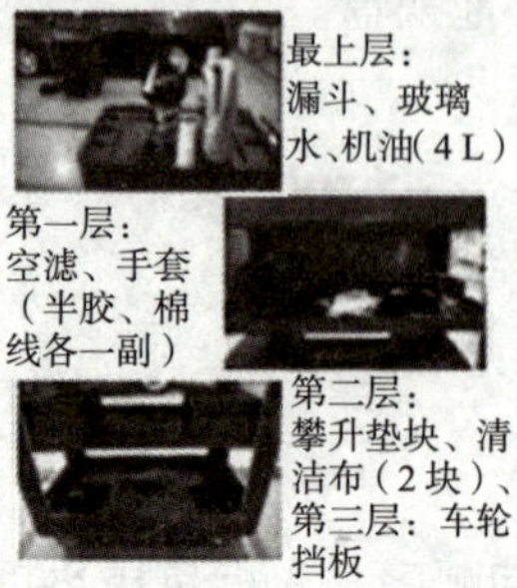	【操作方法】 拆卸三件套，整理工位 【操作标准】 场地整洁

【问题情境】当汽车喇叭声音明显异常时可能是什么原因？

【解决途径】根据喇叭的结构及工作原理进行分析。

4. 学习结果评价

请根据表 3–7，完成学习结果的自我评价。

表 3–7　自我评价表

序号	评价内容	评价标准	评价结果（是 / 否）
1	知识与技能	理解汽车喇叭的结构及工作原理	□是 □否
		能对汽车喇叭进行日常维护	□是 □否
		能理解汽车音响的组成部分及功能	□是 □否
		能对汽车音响系统进行日常维护	□是 □否
2	安全与“5S”	能对场地进行安全检查	□是 □否
		能做好车内防护工作	□是 □否
		能做好安全防护	□是 □否
		能遵守场地日常安全条例	□是 □否
		能使用工具、工位进行整理、复位、清扫	□是 □否
3	总评	能够满足下一步内容学习	□是 □否

思政链接

深刻把握社会主义建设规律，深彻洞悉人类文明进步趋势，深切回应人民群众诉求期盼，深长思考和平发展时代主题。以习近平生态文明思想为根本遵循，中华民族昂首迈向人与自然和谐共生的现代化，持续书写世所瞩目的文明史诗，也为人类社会发展贡献东方智慧。

任务三　电池检测与维护

一、免维护蓄电池检查

（一）免维护蓄电池的结构特点

免维护蓄电池是指在规定的使用条件下，使用期间不需要进行维护的蓄电池，对于车用铅蓄电池来讲，也就是使用期间不需要经常添加蒸馏水的蓄电池。免维护蓄电池结构如图 3–30 所示。

图 3–30　免维护蓄电池结构

免维护蓄电池在汽车充电系统正常情况下，不需从车上拆下进行补充充电，使用方便。目前，在汽车上已得到了广泛的使用。

从结构上来看，为了更有效地避免水分损失，在壳体上部通气孔设有安全装置收集水蒸气和硫酸蒸气的集气室，待其冷却后变成液体重新流回电解液内。通气孔中装有催化剂，可使氢气与氧气合成为水蒸气，冷却后再返回电解液内。

为了便于检查电解液密度，了解存电情况，在其内部设有温度补偿式密度计。密度计的指示器可用不同颜色指示蓄电池的存电情况和电解液液面高低，内装密度计免维护蓄电池的指示装置如图 3-31 所示。

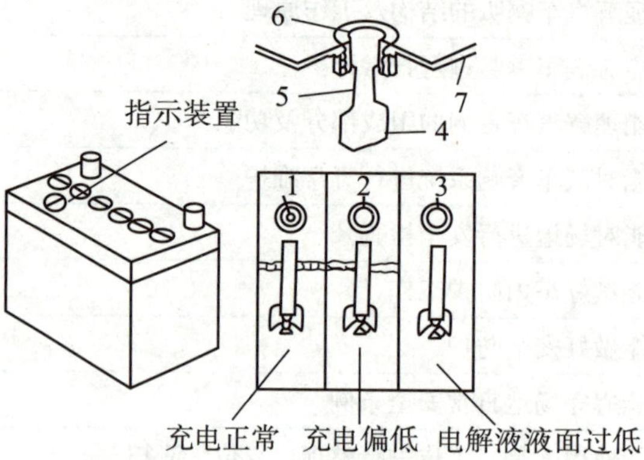

1- 绿色；2- 黑色；3- 白色；4- 绿球；5- 透明塑料棒；6- 视液窗；7- 蓄电池顶盖。

图 3-31　内装密度计免维护蓄电池的指示装置

电解液密度正常时，小绿球浮到顶端，指示器显示绿色，表示蓄电池电充足；当指示器显示黑色，表示电解液密度低于标准值，应进行补充充电；指示器显示白色，则说明蓄电池电解液不足。应查找电解液不足的原因，液面过低很可能是外壳破裂或有外漏现象。

因此，为了提高其使用性能、延长使用寿命，对于免维护蓄电池也应注意日常检查和维护。

（二）免维护蓄电池日常维护

（1）蓄电池储存超过三个月需进行一次补充电，对于使用过程中因各种原因造成的亏电蓄电池，应及时进行充电，以防止蓄电池硫酸盐化造成的性能下降。

（2）经常检查蓄电池上盖的排气孔，切勿被灰尘、冰水等堵塞，以防壳体变形、炸裂。

（3）蓄电池长时间不使用时，蓄电池应充足电再存放，否则会影响蓄电池的使用寿命。

（4）蓄电池充电结束时，请先关闭充电机电源，再去掉充电机与蓄电池连接线，谨防炸裂伤人。

（5）蓄电池端子烧损后不得再继续使用。

（6）免维护蓄电池在使用过程中无需加水，因此推荐恒压充电，尽量避免恒流充电。

（三）免维护蓄电池充放电测试

1. 测量前的准备

将蓄电池充足电，以高率放电计作为可调负载，接在蓄电池正负极之间，负载电流调至规定值，持续放电 15 s。高率放电计如图 3-32 所示。

图 3-32　高率放电计

2. 测量判断

测量蓄电池端电压，若端电压高于 9.6 V，表明蓄电池技术状况良好，可充电后继续使用；若端电压低于 9.6 V，表明蓄电池技术状况变坏，不能继续使用。

3. 必须注意的问题

测量蓄电池端电压时的负载电流应按出厂规定。

（四）免维护蓄电池的优点

（1）不需添加任何液体。

（2）对接线桩头、电线腐蚀少。

（3）抗过充电能力强。

（4）启动电流大。

（5）电量储存时间长。

（五）操作步骤

1. 操作条件

① 设备：车辆免维护蓄电池。

② 工具：高率放电计、万用表。

2. 安全及注意事项

① 将电池从汽车上拆卸下来时，需注意正负极拆卸顺序，先拆负极再拆正极。

② 使用高率放电计测试电池端电压时，负载电流应按出厂规定。

③ 观察免维护蓄电池观察孔时，需要避免振动与晃动。

④ 安装蓄电池时应先连接正极，再连接负极，避免操作失误造成短路。

3. 操作过程

序号	操作步骤	图解	操作方法及操作标准
1	拆卸电池		【操作方法】 关闭点火开关，断开蓄电池负极，再断开蓄电池正极，取下蓄电池 【操作标准】 先断负极，再断正极，避免短路
2	外观检查		【操作方法】 检查蓄电池外壳有无破损、鼓包，极柱有无有腐蚀、松动 【操作标准】 如外观有损坏严重则需要更换蓄电池
3	观察孔检查		【操作方法】 放置蓄电池，找到观察孔，观察颜色，绿色为正常、黑色为需要充电、白色需更换电池 【操作标准】 垂直观察孔内颜色
4	静态电压测试	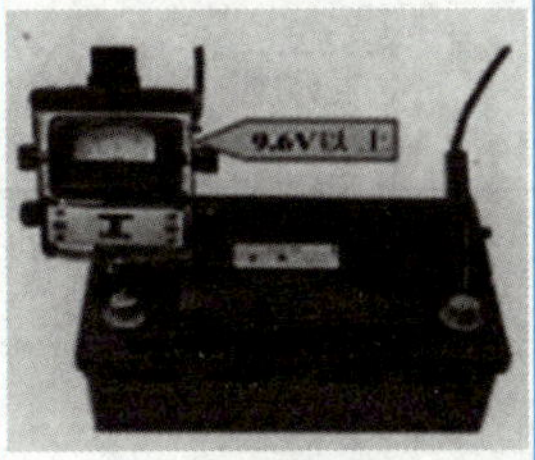	【操作方法】 （1）万用表调至 DC 挡，测量蓄电池静态电压，电压应在 12 V 左右。正确使用万用表； （2）将蓄电池两极柱分别接到放电计的卡夹上，加 300 A 的负荷电流 15 s。正确使用放电计； （3）测量蓄电池端电压，若端电压高于 9.6 V，表明蓄电池技术状况良好，可充电后继续使用；若端电压低于 9.6 V，表明蓄电池技术状况变坏，不能继续使用； （4）把试验时读出的蓄电池电压值与其要求进行比较，若低于最低标准，应更换蓄电池

续表

序号	操作步骤	图解	操作方法及操作标准
5	“5S”工作		【操作方法】 整理工位 【操作标准】 “5S”管理要求

【问题情境】汽车长时间不使用的情况下，需要对电池做哪些维护？

【解决途径】剖析汽车的常规保养项目，根据免维护蓄电池的结构特点分析。

4. 学习结果评价

请根据表 3–8，完成学习结果的自我评价。

表 3–8　自我评价表

序号	评价内容	评价标准	评价结果（是 / 否）
1	知识与技能	能理解免维护蓄电池的结构	□是 □否
		能进行观察孔颜色的读取	□是 □否
		能理解观察孔颜色的含义	□是 □否
		能对免维护蓄电池进行充放电测试	□是 □否
		能完成免维护蓄电池的日常维护	□是 □否
2	安全与“5S”	能对场地进行安全检查	□是 □否
		能安全拆装蓄电池	□是 □否
		能做好安全防护	□是 □否
		能遵守场地日常安全条例	□是 □否
		能使用工具、工位进行整理、复位、清扫	□是 □否
3	总评	能够满足下一步内容学习	□是 □否

二、可维护蓄电池检查

（一）汽车蓄电池的作用

（1）启动发动机时，蓄电池能为启动系统提供强大的启动电流（一般为 100 A 以上），并向其他相关用电设备供电，见表 3–9。

（2）当发电机电压高于蓄电池电压时，发电机向蓄电池充电，此时蓄电池将电能转换成化学能储存起来。

（3）当发电机电压低于蓄电池电压时，蓄电池向用电设备供电，并为发电机磁场线圈供电。

（4）当用电设备较多，蓄电池协助发电机向用电设备供电，如图 3–33 所示。

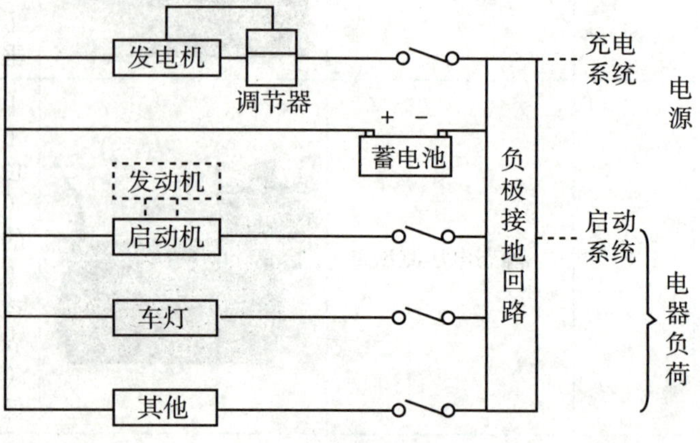

图 3–33　汽车蓄电池结构

（5）稳定汽车电气系统的电压，保护电子设备。蓄电池相当于一个大容量的电容器，它能稳定汽车电气系统的电压，以免击穿损坏电子元件。

表 3–9　汽车蓄电池的作用

车辆使用情形	功用
发动机启动时	电池向发动机和点火系统供电
发动机在低速（如怠速）运转时	电池和发电机同时向用电设备供电
发动机中，高速运转时	电池将多余的电能储存起来
发动机过载时	电池和发电机同时向用电设备供电

（二）蓄电池的基本结构

蓄电池主要由极板、隔板、外壳、电解液等组成，如图 3–34 所示。盛装有电解液，插入多个用隔板隔开的正负极组便成为单体电池。每个单体电池的标称电压为 2 V，将 6 个或 12 个单体电池串联后便成为一只 12 V 或 24 V 蓄电池总成。

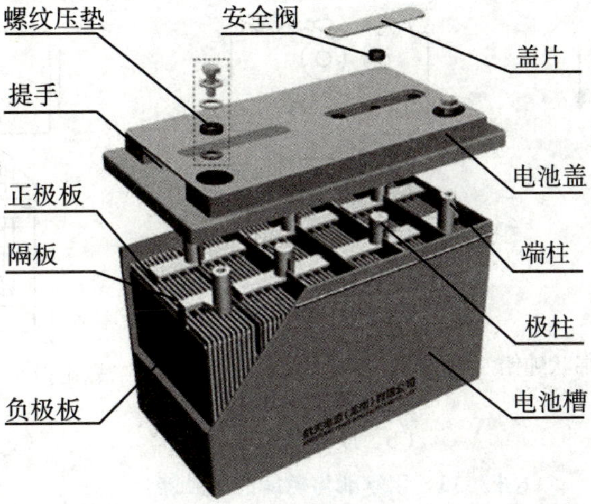

图 3–34　汽车蓄电池结构

（三）蓄电池的型号

1. 蓄电池型号的规定

我国蓄电池的型号按《铅酸蓄电池名称、型号编制及命名办法》（JB/T 2599—2012）规定，其型号的组成部分及含义见表 3–10。

Ⅰ——串联的单格电池数，用阿拉伯数字表示。

Ⅱ——蓄电池的类型和特征，用汉语拼音字母表示。一般第一个字母用 Q，表示启动型蓄电池；其他字母表示蓄电池的特征，如 A——干荷电铅蓄电池，W——免维护铅蓄电池。

Ⅲ——蓄电池的额定容量，用阿拉伯数字表示，不带单位。

表 3–10　蓄电池的型号说明

Ⅰ（第一部分）	Ⅱ（第二部分）		Ⅲ（第三部分）	
串联的单格电池数	蓄电池的类型	蓄电池的特征	蓄电池的额定容量	蓄电池的特殊性能
3：6 V 6：12 V	Q：启动用铅蓄电池 N：内燃机车用蓄电池 M：摩托车用蓄电池	A：干荷电铅蓄电池 H：湿荷电铅蓄电池 W：免维护铅蓄电池 B：薄型极板 无字母：普通铅蓄电池	20 h 放电率的额定容量，单位为 A·h，单位略去不写	G：高启动率 D：低温性能好 S：塑料槽蓄电池

2. 蓄电池型号示例

① 6–Q–90 型蓄电池，表示由 6 个单格电池组成，额定电压为 12 V，额定容量为 90 A·h 的启动型铅蓄电池。

② 6–QA–90 型蓄电池，表示由 6 个单格电池组成，额定电压为 12 V，额定容量为 90 A·h 的启动型干荷电铅蓄电池。

③ 6–QW–90 型蓄电池，表示由 6 个单格电池组成，额定电压为 12 V，额定容量为 90 A·h 的启动型免维护铅蓄电池。

（四）蓄电池的工作原理

蓄电池的充、放电过程就是化学能与电能的相互转化过程，如图 3–35 所示。

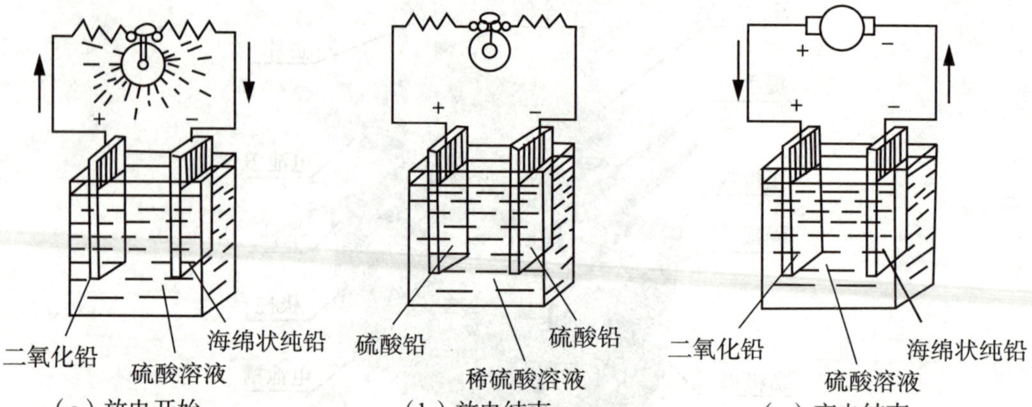

图 3–35　化学能与电能的相互转化过程

蓄电池极板上的活性物质和电解液之间发生的电化学反应是可逆的，所以蓄电池是一种可逆的电源。

1. 蓄电池放电

放电过程：当接通电路时，在电位差作用下，电流从正极流出，经过灯泡流回负极。

放电时的化学方程式：$PbO_2 + Pb + 2\,H_2SO_4 = 2PbSO_4 + 2H_2O$

在放电过程中，极板上活性物质与电解液反应生成硫酸铅和水，电解液中的 H_2SO_4（硫酸）被消耗，而 H_2O（水）增多，电解液密度逐渐下降，随着蓄电池放电，电解液密度下降，蓄电池电压降低，内阻增大，容量减小，蓄电池内部的化学能转化为电能供给汽车用电设备，如图 3–36 所示。

蓄电池放电终了的特征如下。

① 单格电压降到放电终止电压。

② 电解液密度降到最小许可值。

2. 蓄电池充电

若将直流电源正负极分别连接蓄电池的正负极，当直流电源的电压高于蓄电池电压时，在电源力的作用下，电流从蓄电池的正极流入，负极流出，蓄电池内部发生的电化学反应将电能转化成化学能储存，如图 3–37 所示。

充电时的化学方程式：$PbO_2 + Pb + 2H_2SO_4 = 2PbSO_4 + 2H_2O$

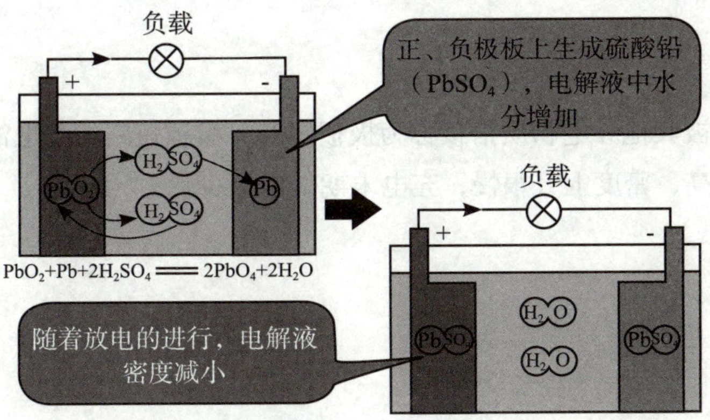

图 3-36　蓄电池放电过程

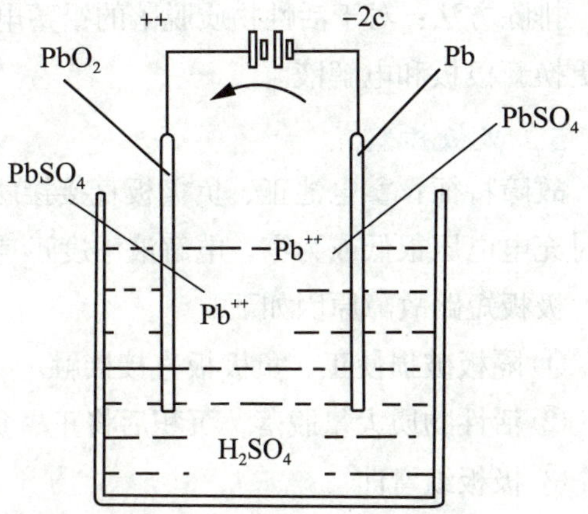

图 3-37　蓄电池充电过程

蓄电池充电终了的特征如下。

① 电解液中有大量气泡冒出，呈沸腾状态。

② 蓄电池电压和电解液的密度均上升至最大值（单格电压达到 2.7 V），且在 2～3 h 内保持不变。

（五）蓄电池的常见故障

1. 极板硫化

极板是蓄电池的核心部分，蓄电池充、放电过程中，电能和化学能的相互转换，就是依靠极板上活性物质和电解液中硫酸的化学反应来实现的。极板由栅架和活性物质组成，正极板上的活性物质是深棕色二氧化铅（PbO_2），负极板上的活性物质是青灰色海绵状纯铅（Pb）。

故障特征：蓄电池极板上生成一层白色粗晶粒的 $PbSO_4$，在正常充电时不能转化为 PbO_2 和 Pb 的现象。硫化的电池放电时，电压急剧降低，电池容量减小。蓄电池充电时单格电压上升过快，电解液温度迅速升高，但密度增加缓慢，过早产生气泡，甚至一充电就有气泡。

极板硫化故障原因如下。

① 蓄电池长期充电不足或放电后没有及时充电。

② 蓄电池电解液液面过低，使极板上部与空气接触而被氧化，在汽车行驶过程中，电解液上下波动与极板的氧化部分接触，会生成大晶粒 $PbSO_4$。硬化层，使极板上部硫化。

③ 长期过量放电或小电流深度放电，使极板深处活性物质的孔隙内生成 $PbSO_4$，平时充电不易恢复。

④ 新蓄电池初充电不彻底，活性物质未得到充分还原。

⑤ 电解液密度过高、成分不纯，外部气温变化剧烈。

排除方法：轻度硫化的蓄电池，可用小电流长时间充电的方法予以排除；硫化较严重者采用去硫化充电方法消除硫化；硫化特别严重的蓄电池应报废。

2. 活性物质脱落

故障特征：主要指正极板上的活性物质 PbO_2 的脱落。蓄电池容量减小，充电时从加液孔中可看到有褐色物质，电解液浑浊。

活性物质脱落故障原因如下。

① 蓄电池经常过充电，极板孔隙中逸出大量气体，在极板孔隙中造成压力，使活性物质脱落。

② 低温大电流放电，密度过高，会导致活性物质脱落。

③ 汽车行驶中的颠簸振动。

排除方法：对于活性物质脱落的铅蓄电池，若沉积物较少时，可清除后继续使用；若沉积物较多时，应更换新极板和电解液。

3. 极板短路

故障特征：蓄电池正、负极板直接接触或被其他导电物质搭接称为极板短路。极板短路的蓄电池充电时充电电压很低或为零，电解液浓度迅速升高，密度上升很慢，充电末期气泡很少。

极板短路故障原因如下。

① 隔板破损使正、负极板直接接触。

② 活性物质大量脱落，沉积后将正、负极板连通。

③ 极板组弯曲。

④ 导电物体落入池内。

排除方法：出现极板短路时，必须将蓄电池拆开检查。更换破损的隔板，消除沉积的活性物质，校正或更换弯曲的极板组等。

4. 自放电

故障特征：蓄电池在无负载的状态下，电量自动消失的现象称为自放电。如果充足电的蓄电池在30天之内每昼夜容量降低超过2%，称为故障性自放电。

自放电故障原因如下。

① 电解液不纯，杂质与极板之间以及沉附于极板上的不同杂质之间形成电位差，通过电解液产生局部放电。

② 蓄电池长期存放，硫酸下沉，下部密度比上部密度大，使极板上、下部产生电位差引起自放电。

③ 蓄电池溢出的电解液堆积在电池盖表面，使正、负极柱连通。

④ 极板活性物质脱落，下部沉积物过多使极板短路。

（六）操作步骤

1. 操作条件

① 设备：教学用车一辆、车外三件套。

② 工具：万用表、电解液密度检测仪、高率放电计。

2. 安全及注意事项

① 从汽车上拆卸蓄电池时，应先拆搭铁电缆，后拆正极电缆。拆卸时，若发现蓄电池接线柱锈蚀难以取出，切莫用锤子或钳子敲打，以免极柱断裂。

② 往车上安装蓄电池时，应注意区分正负极，保证负极搭铁。应先接启动电缆，再接搭铁电缆。

③ 对所使用的纸质维修手册、电脑、车辆要及时规整复位，并对场地进行“5S”工作。

3. 操作过程

序号	操作步骤	图解	操作方法及操作标准
1	准备工作		【操作方法】 （1）安装翼子板布及前栅格布； （2）安装车轮挡块 【操作标准】 翼子板布和前栅格布应居中放置，与车身接触的一侧必须无油污，车轮挡块必须紧靠车轮安装

续表

序号	操作步骤	图解	操作方法及操作标准
2	拆卸蓄电池	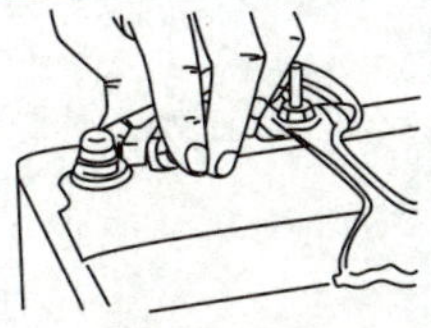 拆下蓄电池电缆 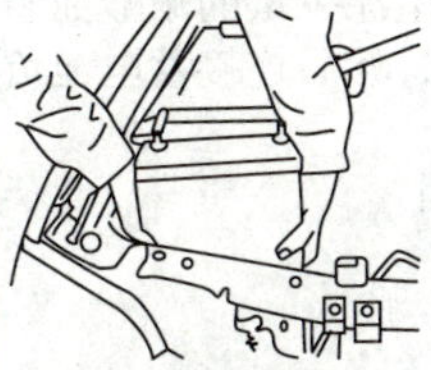 取出蓄电池	【操作方法】 （1）关闭点火开关； （2）先拆下蓄电池的负极电缆，再拆下蓄电池的正极电缆； （3）拆下蓄电池压板； （4）从支架中取出蓄电池 【操作标准】 确保电池线缆完全松开，在拆卸时注意安全
3	检查蓄电池极柱是否有腐蚀		【操作方法】 借助手电筒检查蓄电池极柱 【操作标准】 蓄电池极柱应无腐蚀，无异物，无油污
4	检查蓄电池外壳		【操作方法】 借助手电筒，佩戴棉纱手套检查蓄电池外壳 【操作标准】 蓄电池外壳应该无裂纹，无异物，无泄漏
5	用高率放电计检查蓄电池端电压	 	【操作方法】 （1）关闭点火开关； （2）拆下蓄电池电缆； （3）清洁蓄电池极柱； （4）使用高率放电计来测量蓄电池两极柱间电压，测试时间为 5 ～ 10 s； （5）装上蓄电池电缆 【操作标准】 负载电流为 110 A 时，最小电压不得低于 9.6 V。如果蓄电池电压低于规定的数值，则需对蓄电池进行补充充电，或更换蓄电池
6	检查蓄电池电解液密度	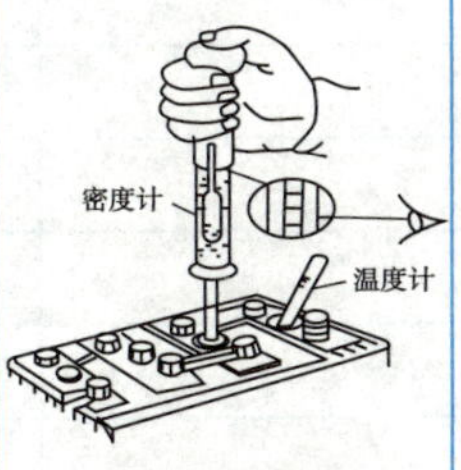 电解液密度测量	【操作方法】 （1）关闭点火开关； （2）拆下蓄电池负极电缆； （3）使用电解液密度计测量电解液密度； （4）装上蓄电池负极电缆 【操作标准】 各单格电池中电解液密度偏差不超过 0.02 g /cm^3。如果电解液密度低，需要对蓄电池进行补充充电。如果一个或两个相邻单格电池的电解液密度明显下降，则说明蓄电池有短路故障，应更换蓄电池
7	用万用表测量蓄电池的开路电压	 	【操作方法】 （1）关闭点火开关； （2）将万用表调至电压挡； （3）将红表笔接蓄电池正极，黑表笔接负极，读取指示电压值 【操作标准】 正常电压在 12 V 左右

续表

序号	操作步骤	图解	操作方法及操作标准
8	安装蓄电池	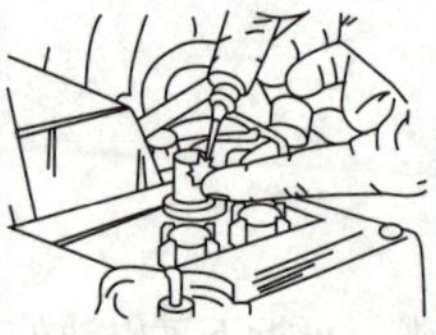 在电缆夹上涂耐酸油脂 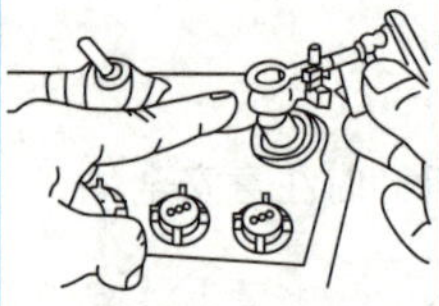 连接蓄电池电缆	【操作方法】 （1）将蓄电池放入支架内； （2）装上蓄电池压板； （3）安装电缆前，在电缆夹上涂少量的耐酸油脂； （4）先连接蓄电池正极电缆，然后连接蓄电池负极电缆 【操作标准】 确保蓄电池正负线缆连接牢固
9	“5S”工作		【操作方法】 整理、整顿、清洁、清扫、素养 【操作标准】 车身上凡是作业过程中接触的部位均应用抹布擦拭干净，所有工具物品必须归位，地面用拖把擦拭干净

【问题情境一】在拆卸蓄电池时，为什么要先拆卸负极？

【解决途径】当负极端子不再与底盘接触时，正极端子就可以轻松移除。

【问题情境二】图 3–38 的蓄电池，以 3.5 A 电流工作，可以工作 20 h，则以 7 A 电流工作，可以工作几小时？

【解决途径】根据蓄电池的特性，考虑电池内阻等原因。

图 3–38　汽车蓄电池

4. 学习结果评价

请根据表 3–11，完成学习结果的自我评价。

表 3–11　自我评价表

序号	评价内容	评价标准	评价结果（是 / 否）
1	知识与技能	能理解蓄电池的标注含义	□是 □否
		能识别蓄电池的正负极	□是 □否
		能进行蓄电池的拆装	□是 □否
		能测量蓄电池的放电电压	□是 □否
		能测量蓄电池的开路电压	□是 □否
		能检查蓄电池的外观及极柱状况	□是 □否
2	安全与“5S”	能对场地进行安全检查	□是 □否
		能安全拆装蓄电池	□是 □否
		能做好安全防护	□是 □否
		能遵守场地日常安全条例	□是 □否
		能使用工具、工位进行整理、复位、清扫	□是 □否
3	总评	能够满足下一步内容学习	□是 □否

任务四　照明系统检查与维护

一、仪表灯检查与维护

（一）汽车仪表盘图标的作用

在组合仪表上，有各类信号指示灯。在点火开关接通时各仪表指示灯点亮并按设定熄灭，用以提示驾驶人车辆的相关系统工作，汽车组合仪表盘上有许多仪表指示灯，用相应的图表符号来表示，具体作用见表 3–12。每个图表符号均代表不同的含义，作为汽车驾驶维修人员必须十分熟悉其中的含义，以确保车辆的安全行驶和正确维修。需要注意的是车型不同，组合仪表盘上的仪表指示灯的数量和布置位置有所不同，应注意区别。

表 3–12　洗车仪表盘图标的作用

图标	作用
 手刹指示灯 驻车指示灯	驻车制动手柄（即手刹）拉起时，此灯点亮；手刹被放下时，该指示灯自动熄灭。在有的车型上，刹车液不足时此灯会亮
 电瓶指示灯	显示蓄电池工作状态的指示灯。接通电门后亮起，发动机启动后熄灭。如果不亮或一直亮不灭应立即检查发电机及电路
 刹车盘指示灯	显示刹车盘片磨损情况的指示灯。正常情况下此灯熄灭，点亮时提示车主应及时更换故障或磨损过度的刹车片，修复后熄灭
 机油指示灯	显示发动机机油压力的指示灯，本灯亮起时表示润滑系统失去压力，可能有渗漏，此时需立即停车关闭发动机进行检查
 水温指示灯	显示发动机冷却液温度过高的指示灯，此灯点亮报警时，应即时停车并关闭发动机，待冷却至正常温度后再继续行驶
 安全气囊指示灯	显示安全气囊工作状态的指示灯，接通电门后点亮，约 3 ～ 4 s 后熄灭，表示系统正常，不亮或长亮表示系统存在故障
 ABS 指示灯	接通电门后点亮，约 3 ～ 4 s 后熄灭，表示系统正常。不亮或长亮则表示系统故障，此时可以继续低速行驶，但应避免急刹车
 发动机自检灯	发动机工作状态的指示灯，接通电门后点亮，约 3 ～ 4 s 后熄灭，发动机正常。不亮或长亮表示发动机故障，需及时进行检修

续表

图标	作用
 燃油指示灯	提示燃油不足的指示灯，该灯亮起时，表示燃油即将耗尽，一般从该灯亮起到燃油耗尽之前，车辆还能行驶约 50 km 左右
 车门状态指示灯	显示车门是否完全关闭的指示灯，车门打开或未能关闭时，相应的指示灯亮起，提示车主车门未关好，车门关闭后熄灭
 清洗液指示灯	显示风挡清洗液存量的指示灯，如果清洗液即将耗尽，该灯点亮，提示车主及时添加清洗液。添加清洁液后，指示灯熄灭
 电子油门指示灯	本灯多见于大众公司的车型中，车辆开始自检时，EPC 灯会点亮数秒，随后熄灭，出现故障，本灯亮起，应及时进行检修
 前后雾灯指示灯	该指示灯是用来显示前后雾灯的工作状况，前后雾灯接通时，两灯点亮，图中左侧的是前雾灯显示，右侧为后雾灯显示
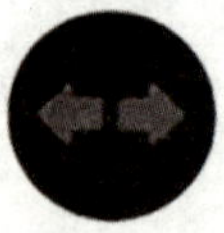 转向指示灯	转向灯亮时，相应的转向灯按一定频率闪烁。按下双闪警示灯按键时，两灯同时亮起，转向灯熄灭后，指示灯自动熄灭
 远光指示灯	显示大灯是否处于远光状态，通常的情况下该指示灯为熄灭状态。在远光灯接通和使用远光灯瞬间点亮功能时亮起
 安全带指示灯	显示安全带状态的指示灯，按照车型不同，灯会亮起数秒进行提示，或者直到系好安全带才熄灭，有的车还会有声音提示
 O/D 挡指示灯	O/D 挡指示灯用来显示自动挡的 O/D 挡（Over-Drive）超速挡的工作状态，当 O/D 挡指示灯闪亮，说明 O/D 挡已锁止
 内循环指示灯	该指示灯是用来显示车辆空调系统的工作状态，平时为熄灭状态。当打开内循环按钮，车辆关闭外循环时，该指示灯自动点亮
 示宽指示灯	示宽指示灯是用来显示车辆示宽灯的工作状态，平时为熄灭状态，当示宽灯打开时，该指示灯随即点亮

续表

图标	作用
 VSC 指示灯	该指示灯是用来显示车辆 VSC（电子车身稳定系统）的工作状态，多出现在日系车上。当该指示灯点亮时，说明 VSC 系统已被关闭
 TCS 指示灯	该指示灯是用来显示车辆 TCS（牵引力控制系统）的工作状态，多出现在日系车上。当该指示灯点亮时，说明 TCS 系统已被关闭

（二）指示灯、故障灯的具体控制信息及相关的应对方案

由于指示灯、故障灯的作用不同，在汽车运行过程中，其控制的信息和相关的应对方案也会有所区别，下面以宝马车的指示灯、故障灯为例说明指示灯、故障灯的具体控制信息及相关的应对方案，具体内容见表 3–13。

表 3–13　故障灯的具体控制信息及相关的应对方案

固定指示灯	可变指示灯	检查控制信息	需要进行处理和相关说明
		转向信号灯	
		开启：远光灯 / 灯光信号器	
		开启：前雾灯	
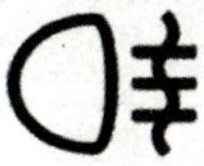		开启：后雾灯	
		安全带未系提示	系安全带
		手制动器被拉紧	松开驻车制动器
		冰面光滑的危险	控制显示屏上出现一条讯息。很有可能出现结冰现象，小心驾驶
		指示灯点亮时为：油箱中大约还有 8 L 燃油，最大行驶距离 50 km	尽快加油，否则可能会导致电子油泵损坏
		发动机不能启动	启动发动机时踩制动器或离合器
		接通了点火装置并打开驾驶员侧的车门	关闭点火装置或驾驶员侧的车门

续表

固定指示灯	可变指示灯	检查控制信息	需要进行处理和相关说明
		接通了示宽灯	
		遥控器损坏，或不匹配	确认钥匙是否损坏或检查钥匙是否匹配
		遥控器电量不足	更换遥控器电池
		红灯：驾驶员侧和 / 或副驾驶员侧安全气囊损坏 黄灯：汽车后部的安全带拉紧装置和 / 或安全气囊系统损坏	安全气囊故障，尽快进店做相关检查
 		安全带拉紧装置和 / 或安全气囊系统故障	安全带拉紧装置或安全气囊故障，尽快进店做相关检查
		主动转向装置故障	可以继续适当行驶。转向时要小心。请尽快进店做相关检查
		玻璃水液位极低	加玻璃水
		红灯：停车并关闭发动机	不能继续行驶，救援
		黄灯：发动机不可以满负荷运转	可以适当继续行驶，尽快进店做相关检查
		高负荷时发动机出现故障，增大发动机负荷会损坏催化器	可以适当继续行驶，尽快进店做相关检查
		发动机故障	尽快进店做相关检查
		指示灯为红灯：发动机过热 指示灯为黄灯：发动机过热	谨慎停车，关闭发动机，让它冷却。不要打开发动机舱盖，否则有烫伤的危险。使发动机冷却，可适当继续行驶，尽快进店做相关检查

续表

固定指示灯	可变指示灯	检查控制信息	需要进行处理和相关说明
		红灯：发电机故障，汽车蓄电池不能充电	电池无法再充电，请让最近的服务机构检查或救援
		黄灯：蓄电池剧烈放电、老化	尽快进店做相关检查
		红灯：可能发生故障有： （1）启动机故障 （2）点火装置故障 （3）信号灯设备故障	不能重新启动发动机，踩住脚制动器重新启动发动机，尽快进店做相关检查
		黄灯：可能发生故障有： （1）制动信号灯的控制器故障 （2）燃油供给系统出现故障 （3）拖车联结器故障	可以适当继续行驶，立即进店做相关检查
		红灯： （1）轮胎存在失压现象 （2）轮胎失压显示没有初始化	小心停车，立即进店做相关检查，救援或更换备胎
		黄灯： 说明轮胎失压显示功能，发生故障或失灵	进行轮胎初始化设置，尽快进店做相关检查
		红灯： 激活了带有限制档位选择的变速箱应急程序，该程序可能带有减小加速度的功能	可以适当继续行驶，换挡时必须一直踩住脚制动器。立即进店做相关检查
		黄灯： 自动换挡杆锁止，在发动机运行或接通点火装置和踩脚制动器的情况下，换挡杆被锁在 P 位置	解除选挡杆锁，换挡时必须一直踩住脚制动器。离开车辆之前将换挡杆置于 P 位置并关闭发动机
		红灯： 变速器过热	停车并将换挡杆置于 P 档，让变速器冷却。可以适当继续行驶，下次进店做相关检查
		黄灯： 变速器较热	避免发动机高负荷运行，可以适当继续行驶
		换挡杆不可以设置 P 位置。不能保证汽车能够防止自行移动	尽快进店做相关检查
		换挡杆不可以设置在 P 位置。不可以关闭点火装置	如果需要关闭点火装置，将换挡杆设置在 P 位置
		红灯： 电子转向盘锁止装置出现故障	不能再启动发动机，在一定情况下也不能关闭发动机

续表

固定指示灯	可变指示灯	检查控制信息	需要进行处理和相关说明
		黄灯： 电子转向盘锁止装置锁止	在启动发动机之前转动转向盘
		车窗开启装置的防夹功能出现故障	提醒顾客注意使用，需进店做相关检查
		电控天窗的防夹功能出现故障	提醒顾客注意使用，需进店做相关检查
		微尘滤清器故障	可以继续适当行驶，保养时进行相关处理
		PDC 失效 驻车距离报警系统故障	该功能已失效，泊车时注意安全
		外部照明灯泡损坏	尽快进店做相关检查
		近光灯或雾灯故障	尽快进店做相关检查
		远光灯故障	尽快进店做相关检查
		后雾灯失效	尽快进店做相关检查
		冷却液液位极低	需尽快进店加注冷却液，并做相关检查
		发动机机油压力极低	停止驾驶，进行机油系统检修
	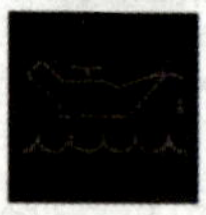	发动机机油液位极低	尽快加注发动机油，约定服务时间，检查保养需求
		红灯： 超出服务期限 黄灯： 服务无效	约定服务时间，检查保养需求
		服务有效	
		发动机转速太低	如果行驶状态允许，则选择较低的档位

续表

固定指示灯	可变指示灯	检查控制信息	需要进行处理和相关说明
	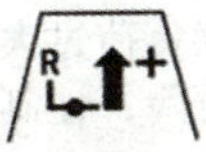	发动机转速太高	如果行驶状态允许，则选择较高的档位
		自适应弯道灯故障	
		超出设置的速度极限	
		时间和日期不再确定	时间和日期的调整
		闪烁：正常 DSC 调节驱动力和制动力	
		DSC 已停用	已关闭 DSC 功能，加速和转弯时的行驶稳定性受到限制
		DTC 已启用，DSC 受限	DTC 已启用，动态牵引力控制系统 DTC 可提高松软路面上的驱动力，但会降低行驶稳定性
		DSC 失灵，小心驾驶	DBC 失灵，紧急制动时无法通过 DBC 提供附加制动支持，小心驾驶，尽快进店做相关检查
		DSC/DTC/DBC 失灵	稳定控制功能和制动力放大功能不再起作用。车辆保持常规方式行驶，请尽快检查该系统
		行驶稳定性控制系统包括 ABS 失效	制动和行驶稳定性降低，尽量避免紧急制动，请立即进店进行相关检查作业
		制动和行驶控制系统失灵	小心驾驶，尽量避免紧急制动，请立即进店进行相关检查作业
		制动摩擦片，更换报警	制动摩擦片磨损，请立即进店进行相关检查作业
		电子系统故障 小心停车	中央车辆电子系统失灵，不能继续行驶，道路救援或立即进店进行相关检查作业
		制动液液位过低 小心停车	制动液液位过低，制动效果减弱，小心停车，请立即进店进行相关检查作业

续表

固定指示灯	可变指示灯	检查控制信息	需要进行处理和相关说明
		制动器过热 进行冷却	制动器过热，因连续负荷过大达到临界温度。 有降低制动效果的危险，让制动器冷却下来。 必要时请停车
		4×4 系统和 DSC 失灵	4×4 系统和 DSC 失灵。行驶稳定性受到限制，小心驾驶，尽快进店做相关检查。
		4×4 系统损坏 小心驾驶	4×4 系统损坏行驶稳定性受到限制，小心驾驶，尽快到售后服务站进行检查
		4×4 系统、DSC 和 ABS 失灵	4×4 系统、DSC 和 ABS 失灵，行驶稳定性受到限制，小心驾驶，尽快进店做相关检查
		4×4 系统、DSC、ABS 和紧急 EBV 失灵	4×4 系统、DSC、ABS 和紧急 EBV 失灵，行驶稳定性受到限制，小心驾驶。立即进店做相关检查

（三）操作步骤

1. 操作条件

① 设备：丰田卡罗拉教学用车、车外三件套、车内三件套。

② 工具：万用表、套筒组件。

2. 安全及注意事项

① 在观察车辆动力电池时，需按规范操作举升机，并做必要的安全防护，不能盲目举车或进入车底。

② 对所使用的纸质维修手册、电脑、车辆或举升机要及时规整复位，并对场地进行 5S 工作。

3. 操作过程

序号	操作步骤	图解	操作方法及操作标准
1	准备车辆		【操作方法】 （1）安装翼子板布及前栅格布； （2）安装车轮挡块； （3）安装车内三件套 【操作标准】 翼子板布和前栅格布应居中放置，与车身接触的一侧必须无油污，车轮挡块必须紧靠车轮安装
2	检查蓄电池电压		【操作方法】 选择万用表直流电压档，红表笔接蓄电池正极，黑表笔接蓄电池负极 【操作标准】 万用表显示电压 12 V 左右为正常

续表

序号	操作步骤	图解	操作方法及操作标准
3	检查仪表灯光		【操作方法】 将换挡杆置于 P 档位置； 点火开关置于“ON”位置 【操作标准】 务必确保换挡杆在 P 位置，然后将点火开关置于“ON”档
4	检查 SRS 警告灯		【操作方法】 将点火开关置于“ON”档 【操作标准】 如系统无故障，SRS 警告灯在亮起几秒后就自动熄灭。如果 SRS 警告灯在点火开关至“ON”档时或启动发动机时不亮，或者亮起后不熄灭，则说明系统有故障
5	检查安全带警告灯		【操作方法】 将点火开关置于“ON”档 【操作标准】 没有佩戴驾驶席安全带，或者副驾驶席安全带，安全带警告灯根据车速来描述亮或闪烁，直到配好安全带。没有佩戴安全带时，当低于 6 km/h 的速度，灯亮；当高于 9 km/h 的速度，警告灯闪烁；当高于 20 km/h 的速度，警告灯闪烁，并且蜂鸣器响
6	检查车门未关闭警告灯		【操作方法】 无论点火开关在何位置，车门没有完全关闭时，警告灯亮
7	检查发动机机油压力警告灯		【操作方法】 将点火开关置于“ON”档 【操作标准】 检查该警告灯是否常亮，如常亮说明机油压力过低，应及时加机油。如果不缺少机油，该警告灯会自行熄灭
8	检查发动机故障警告灯		【操作方法】 将点火开关置于“ON”档 【操作标准】 如果点火开关置于“ON”时警告灯不亮或者在行驶过程中警告灯亮，说明系统存在故障
9	检查 ABS 警告灯		【操作方法】 将点火开关置于“ON”挡 【操作标准】 该警告灯在点火开关置于“ON”档时亮，如果系统正常，3 s 后熄灭，如果警告灯持续亮、在行驶中亮或在将点火开关转至“ON”档不亮，表明 ABS 有故障

续表

序号	操作步骤	图解	操作方法及操作标准
10	检查蓄电池警告灯		【操作方法】 将点火开关置于“ON”挡 【操作标准】 当点火开关在“ON”挡时，充电警告灯亮，当启动发动机以后，系统无故障时警告灯熄灭。如果充电系统在某处存在故障时，警告灯变亮
11	检查驻车制动警告灯		【操作方法】 点火开关在“ON”挡 【操作标准】 在拉上手刹后，制动警示灯就会亮。如果在没拉手刹的情况下，该灯亮起来了，则可能是制动液液位低于最小量位置，在故障解决前最好不要行驶
12	检查发动机温度警告灯		【操作方法】 车辆启动或运行 【操作标准】 车辆发车后，该仪表应从 60 ℃上升至 90～105 ℃，如发现温度达到 120 ℃或超过时，应立即检查并维修
13	检查燃油油位过低警告灯		【操作方法】 车辆启动或运行 【操作标准】 如果燃油箱内燃油量接近空时，该警告灯亮起，应尽快添加燃油

【问题情境一】小明家的车辆，每次在跑高速的时候都会出现故障并且显示发动机温度过高，请问下面哪个是该故障信号灯呢？仪表板指示灯如图 3–39 所示。

图 3–39　仪表板指示灯

【解决途径】首先要知道仪表板指示灯的含义，其次要知道信号灯亮起时所表示的意义。

【问题情境二】小明家的车存在漏机油现象，仪表指示灯突然亮起，请问亮起的信号灯是哪个，当此信号灯亮起时，我们应该怎么做？

【解决途径】首先要知道仪表板指示灯的含义，其次要知道信号灯亮起时所表示的意义以及相关解决方案。

4. 学习结果评价

请根据表 3-13，完成学习结果的自我评价。

表 3-13　自我评价表

序号	评价内容	评价标准	评价结果（是 / 否）
1	知识与技能	能区分仪表板信号灯	□是 □否
		能掌握仪表板信号灯所表达含义	□是 □否
		能进行仪表板信号灯的检查	□是 □否
		能掌握仪表板信号灯亮起时的解决方案	□是 □否
		能根据所学内容解决车辆相关故障	□是 □否
2	安全与“5S”	能对场地进行安全检查	□是 □否
		能安全启动车辆	□是 □否
		能做好安全防护	□是 □否
		能遵守场地日常安全条例	□是 □否
		能使用工具、工位进行整理、复位、清扫	□是 □否
3	总评	能够满足下一步内容学习	□是 □否

二、照明灯检查与维护

（一）照明系统的分类

（1）车内照明灯：为了在夜间上下车方便安全及行驶时看地图等，在室内各部位安装了照明灯。车内照明灯主要有阅读灯、车厢灯、后备箱灯，有些车辆还有手套箱灯、烟灰缸灯等。

（2）车外照明灯主要有前大灯、前后雾灯、倒车灯、牌照灯等。

（二）车内照明灯的功用与检查

1. 车厢灯

（1）车厢灯功用

车厢灯位于前排或车厢中部的厢顶部，用于提高车内明亮度，方便乘员或驾驶员。需要使用车厢灯时，可将开关滑移。

车厢灯开关具有以下位置，如图 3-40 所示。

“ON”——全时间内，保持车厢灯在点亮状态。

“OFF”——将车厢灯熄掉。

“DOOR”——任何一扇车门打开时，车厢灯发亮。

所有的车门都关闭后，车厢灯熄灭，灯在熄灭之前都将点亮并保持约 30 s。

（2）车厢灯检查

主要检查各按钮控制功能是否正常以及灯泡是否正常点亮。对于门控灯的检查可把开关打到“DOOR”位置，点火开关打到“ON”位置，打开车门时车厢灯应点亮；关闭所有车门时车厢灯应熄灭。

2. 阅读灯

（1）阅读灯功用

阅读灯位于前排或后排乘员或驾驶员席上方，主要是提高车内明亮度，来方便乘员或驾驶员。按下相应的按键可打开或关闭阅读灯，如图 3-41 所示。

图 3-40　车厢灯开关

图 3-41　阅读灯开关

（2）阅读灯检查

主要检查各按钮控制功能是否正常，灯泡是否正常点亮。

3. 行李箱灯

（1）行李箱灯功用

行李箱灯位于后备箱内部的一侧，主要是提高行李箱的明亮度，方便驾驶员在晚间或光线不足的情况下存取物品。

（2）行李箱灯检查

打开行李箱时，此灯应点亮。通过按压按钮进行检查行李箱灯，如图 3-42 所示，按下时，行李箱灯应熄灭；不按时，应点亮。

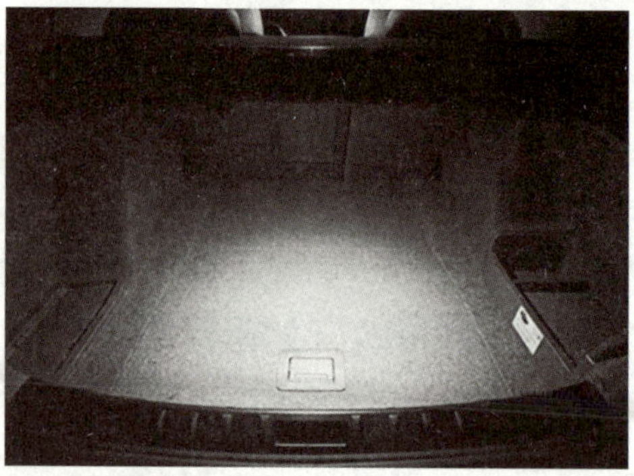

图 3-42　行李箱灯开关

（三）车外照明灯功用与检查

1. 灯光组合开关

将灯光组合开关向上旋动“1”挡，如图 3-43 所示，示宽灯、仪表照明灯、尾灯、牌照灯应亮起，向上旋动“2”挡，前大灯和上述所有灯光都打开。

在能见度低的情况下，打开这些灯将起到警示作用，同时还能方便驾驶员看清仪表盘。

图 3-43　灯光组合开关

2. 前大灯

（1）前大灯功用

前大灯在夜间行车提高能见度，远近光切换可起到提示或警示的作用。对于前大灯的使用，有严格的要求，驾驶员应按照交通法规规范操作，以避免事故，如夜间遇车时，应切换成近光等。

（2）前大灯检查

① 功能检查：将点火开关旋至“ON”位置，检查各种灯的工作情况及仪表板各指示灯是否正常，如异常，可对熔丝、插头、开关等进行检查。

将灯光组合开关向上旋动两档，如图 3-44 所示，近光灯及其指示灯应亮起；按位置“1”所示下压灯光组合开关，远光灯及其指示灯应亮起。如果在近光灯打开的情况下，按位置“3”所示上拉灯光组合开关，前大灯变光器应工作正常（远近光切换），仪表板上指示灯也应点亮。

② 外观检查：在图 3–45 中，检查前大灯总成安装有无松动、壳体有无开裂、油污、内部起雾等现象。

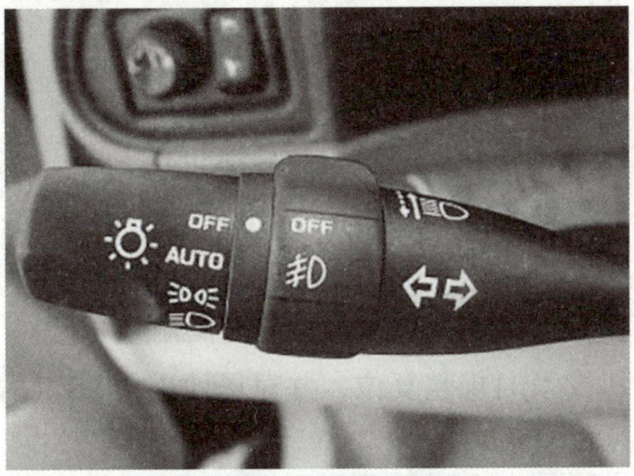

图 3–44 远近光调节开关

图 3–45 前大灯总成

3. 前后雾灯大灯

（1）前后雾灯功用

在雨雾天气，打开前后雾灯，起到提高能见度和警示的作用。

（2）前后雾灯检查

① 功能检查：将点火开关旋至“ON”位置，检查各种灯的工作情况及仪表板各指示灯是否正常，如果异常，可对熔丝、插头、开关等进行检查。

在小灯打开的情况下，将灯光组合开关内侧的雾灯旋钮向前旋一挡，如图 3–46 所示，则前雾灯及仪表板上前雾灯指示灯亮起；在前雾灯亮起的前提下，将灯光组合开关内侧的雾灯旋钮向前再旋一挡后放松，则后雾灯及仪表板上后雾灯指示灯亮起。

图 3–46 雾灯组合开关

② 外观检查：检查前大灯总成和尾灯总成安装有无松动、壳体有无开裂、油污、内部起雾等现象。

4. 倒车灯

（1）倒车灯功用

在倒车时，倒车灯能提高车后的能见度，并对车后的行人或车辆起到警示作用。

（2）倒车灯检查

① 功能检查：将点火开关旋至“ON”位置，检查各种灯的工作情况及仪表板各指示灯是否正常，如异常，可对熔丝、插头、开关等进行检查。

将手动变速器置于倒挡或自动变速器置于“R”挡，倒车灯应亮起，如图 3–47 所示。

② 外观检查：检查尾灯总成安装有无松动、壳体有无开裂、油污、内部起雾等现象。

图 3–47 倒车灯

（四）操作步骤

1. 操作条件

①设备：整车、工作台、废气抽排装置。

②工具：车轮挡块、地板垫、座椅套、转向盘套、翼子板布、前格栅布，抹布若干。

2. 安全及注意事项

①需按规范操作举升机，并做必要的安全防护，不能盲目举车或进入车底。

②当打开车辆前舱盖或进入车辆底部时，不要盲目碰触高压导线及设备，避免触电危险。

③对所使用的纸质维修手册、电脑、车辆或举升机要及时规整复位，并对场地进行 5S 工作。

3. 操作过程

序号	操作步骤	图解	操作方法及操作标准
1	准备车辆		【操作标准】 工具要齐全，摆放要整齐
2	车辆安全防护		【操作方法】 （1）安装车轮挡块； （2）安装排气烟道 【操作标准】 按操作步骤进行车辆防护
3	安装车内防护	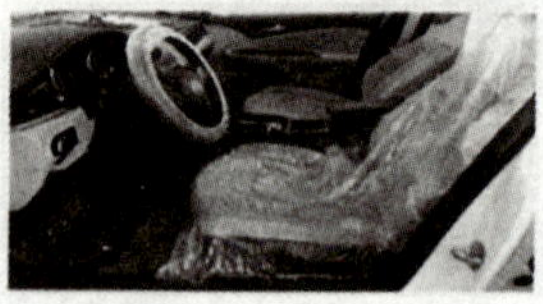	【操作方法】 （1）安装座椅套； （2）安装转向盘套； （3）铺地板垫 【操作标准】 按操作步骤进行车内防护
4	安装车外防护		【操作方法】 （1）安装车轮挡块，安装车内防护； （2）拉起驻车制动杆，降下驾驶员侧车窗玻璃，拉发动机舱盖释放杆； （3）打开发动机舱盖，安装翼子板布和前格栅布 【操作标准】 按步骤进行安全防护
5	车辆预检		【操作方法】 （1）检查机油、冷却液、制动液、喷洗液各液位是否在规定范围； （2）取下车外防护，关闭发动机舱盖 【操作标准】 按规范操作
6	检查阅读灯		【操作标准】 分别按下两个阅读灯开关，阅读灯都应能点亮

续表

序号	操作步骤	图解	操作方法及操作标准
7	检查车厢灯		【操作方法】 （1）将开关拨至“ON”位，车厢灯能点亮； （2）关闭所有车门，将开关拨至“DOOR”位，车厢灯不亮； （3）逐一打开各扇车门，车厢灯能点亮，关闭车门后，能延时熄灭
8	检查行李箱灯		【操作标准】 拉后备厢盖释放杆，打开行李箱，行李箱灯应能点亮
9	检查前大灯		【操作方法】 （1）启动发动机，灯光组合开光向上旋到“2”档； （2）检查近光灯及指示灯是否点亮； （3）检查远光灯及指示灯是否点亮； （4）检查前大灯变光器是否正常； （5）检查前大灯总成安装有无松动； （6）检查前大灯壳体有无开裂、油污、内部起雾等现象
10	检查前后雾灯		【操作方法】 （1）检查前雾灯及指示灯是否点亮； （2）检查后雾灯及指示灯是否点亮 【操作标准】 必须先将灯光组合开关向上旋到“1”档，再开雾灯
11	检查倒车灯		【操作方法】 检查倒车灯是否点亮 【操作标准】 挂倒挡时，必须踩下制动踏板或离合器踏板，注意安全
12	车辆复位		【操作方法】 （1）取下车内、外防护用品； （2）取下车轮挡块； （3）清洁车身
13	工具复位		【操作方法】 清洁并整理工具 【操作标准】 严格执行5S操作

【问题情境一】当按规范操作打开前照灯时，发现左边前照灯不亮，一定是线路出问题吗？

【解决途径】前照灯不亮，原因是多种多样的，可能是灯泡损坏、熔丝断开、车灯开光损坏、前照灯继电器损坏、线路短路或断路等。

4. 学习结果评价

请根据表3-14，完成学习结果的自我评价。

表 3-14　自我评价表

序号	评价内容	评价标准	评价结果（是 / 否）
1	知识与技能	能掌握照明灯的分类	□是 □否
		能理解车内、车外照明灯功用	□是 □否
		能进行车内照明灯检查	□是 □否
		能进行车外照明灯检查	□是 □否
		能区分车辆中光源类型	□是 □否
2	安全与“5S”	能对场地进行安全检查	□是 □否
		能安全操作举升机	□是 □否
		能做好安全防护	□是 □否
		能遵守场地日常安全条例	□是 □否
		能使用工具、工位进行整理、复位、清扫	□是 □否
3	总评	能够满足下一步内容学习	□是 □否

三、信号灯检查与维护

（一）信号灯的分类

（1）车内信号灯即前面任务的仪表灯检查与维护，已做详细阐述。

（2）车外信号灯主要有示宽灯（小灯）、尾灯、转向灯、危险警告灯、制动灯等。

（二）车外信号灯功用与检查

1. 示宽灯与尾灯

（1）示宽灯与尾灯功：用在能见度低的情况下，打开这些灯将起到警示作用。

（2）示宽灯与尾灯检查

① 功能检查。将灯光组合开关向上旋动“1”挡，如图 3-48 所示，示宽灯、仪表照明灯、尾灯、牌照灯应亮起，向上旋动“2”挡，前大灯和上述所有灯光都打开。

② 外观检查。检查前大灯与尾灯总成安装有无松动、壳体有无开裂、油污、内部起雾等现象。

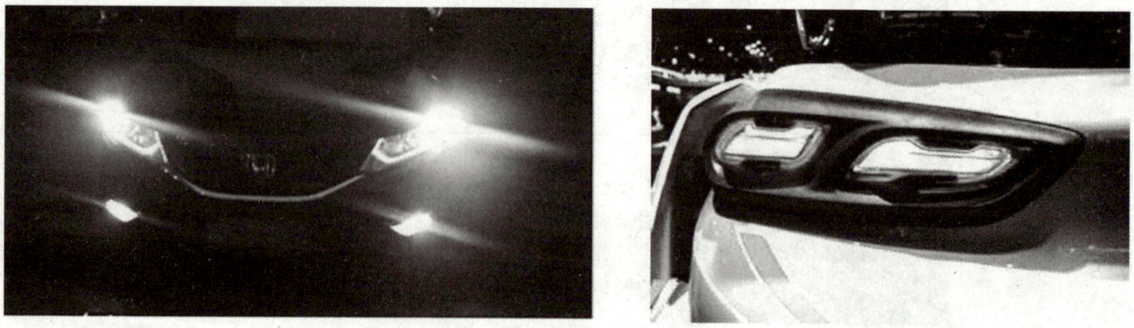

图 3-48　示宽灯与尾灯

2. 转向灯

（1）转向灯功用：在转向前打开转向灯，主要起向行人或过往车辆提示驾驶员转向意图作用。

（2）转向灯检查

① 功能检查。将灯光组合开关向上或向下拨至位置“1”，如图 3-49 所示，则左右转向灯及仪表

板上左右转向灯指示灯亮起；发出变换车道信号时，把杆向上或向下移动至位置“2”。

② 外观检查。检查转向灯，安装有无松动、壳体有无开裂、油污、内部起雾等现象。

图 3–49　转向灯

3. 危险警告灯大灯

（1）危险警告灯作用：打开危险警告灯，主要起向行人或过往车辆提示有危险或紧急情况的作用。

（2）危险警告灯检查

① 功能检查。将仪表板中央的危险警告灯按钮（红色三角形）按下，如图 3–50 所示，则危险警告灯亮起（即所有转向灯同时亮起），转向灯仪表板指示灯也应点亮。

② 外观检查。检查大灯总成安装有无松动、壳体有无开裂、油污、内部起雾等现象。

4. 制动灯

（1）制动灯作用：在进行车辆制动时，制动灯点亮，将对车后的车辆或行人起到警示的作用，避免追尾事故的发生。

（2）制动灯检查

① 功能检查。踩踏制动踏板时，制动灯及高位制动灯应亮起，如图 3–51 所示。

② 外观检查。检查大灯总成安装有无松动、壳体有无开裂、油污、内部起雾等现象。

图 3–50　危险警告灯

图 3–51　制动灯

（四）操作步骤

1. 操作条件

① 设备：整车、工作台、废气抽排装置。

② 工具：车轮挡块、地板垫、座椅套、转向盘套、翼子板布、前格栅布，抹布若干。

2. 安全及注意事项

①需按规范操作举升机，并做必要的安全防护，不能盲目举车或进入车底。

②当打开车辆前舱盖或进入车辆底部时，不要盲目碰触高压导线及设备，避免触电危险。

③对所使用的纸质维修手册、电脑、车辆或举升机要及时规整复位，并对场地进行 5S 工作。

3. 操作过程

序号	操作步骤	图解	操作方法及操作标准
1	准备车辆		【操作标准】 工具要齐全，摆放要整齐
2	车辆安全防护		【操作方法】 （1）安装车轮挡块； （2）安装排气烟道 【操作标准】 按操作步骤进行车辆防护
3	安装车内防护	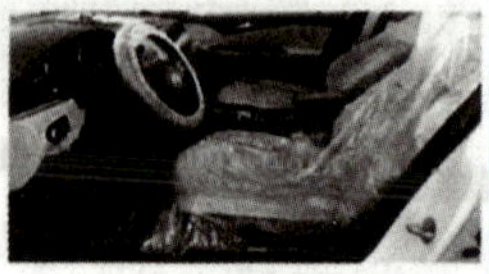	【操作方法】 （1）安装座椅套； （2）安装转向盘套； （3）铺地板垫 【操作标准】 按操作步骤进行车内防护
4	安装车外防护		【操作方法】 （1）安装车轮挡块，安装车内防护； （2）拉起驻车制动杆，降下驾驶员侧车窗玻璃，拉发动机舱盖释放杆； （3）打开发动机舱盖，安装翼子板布和前格栅布 【操作标准】 按步骤进行安全防护
5	车辆预检		【操作方法】 （1）检查机油、冷却液、制动液、喷洗液各液位是否在规定范围； （2）取下车外防护，关闭发动机舱盖 【操作标准】 按规范操作
6	检查示宽灯		【操作方法】 （1）启动发动机，灯光组合开关向上旋到“1”档； （2）检查仪表照明灯是否点亮； （3）检查示宽灯是否点亮； （4）检查牌照灯是否点亮； （5）检查尾灯是否点亮； （6）检查前大灯、尾灯总成安装有无松动； （7）检查前大灯、尾灯壳体有无开裂、油污、内部起雾等现象
7	检查转向灯及危险警告灯		【操作方法】 （1）检查左转向灯及指示灯是否点亮； （2）检查右转向灯及指示灯是否点亮； （3）检查危险警告灯及指示灯是否点亮

续表

序号	操作步骤	图解	操作方法及操作标准
8	检查制动灯		【操作方法】 检查制动灯及高位制动灯是否点亮
9	车辆工具复位		【操作方法】 清洁并整理工具 【操作标准】 严格执行 5S 操作

【问题情境一】行驶在高速路中，突然下起了暴雨，下意识的你想打开危险警告灯，这是合理的操作吗？

【解决途径】行驶中突遇暴雨，最好不要开启危险报警闪光灯，要开启示宽灯和前后雾灯，缓慢行驶，不要超车，找到最近的道口下高速。

【问题情境二】在路上正常行驶，突遇紧急情况，你紧急按下了危险警告灯开关，但是车外的双闪没有正常亮起。

【解决途径】① 危险警告灯保险断路，导致危险警告灯电路无电源；② 危险警告灯电源供电开关故障，导致危险警告灯电路无法供电；③ 危险警告灯负载开关故障，无法接通左右转向灯电路，导致危险警告。

4. 学习结果评价

请根据表 3-15，完成学习结果的自我评价。

表 3-15 自我评价表

序号	评价内容	评价标准	评价结果（是 / 否）
1	知识与技能	理解车外信号灯功用	□是 □否
		能正确进行车外信号灯检查	□是 □否
2	安全与“5S”	能对场地进行安全检查	□是 □否
		能安全操作举升机	□是 □否
		能做好安全防护	□是 □否
		能遵守场地日常安全条例	□是 □否
		能使用工具、工位进行整理、复位、清扫	□是 □否
3	总评	能够满足下一步内容学习	□是 □否

思考练习

一、选择题

1.（　　）导致前排乘员电动座椅不能动。

A. 熔断器故障　　B. 主控开关搭铁不良

C. 主控开关搭铁线新路　　D. 乘员侧开关故障

2.（　　）导致所有车门锁都不能工作。

A. 电源导线断路　　B. 左侧电动车门锁电路断路

C. 右侧电动车门锁故障　　D. 左侧后电动车门锁故障

3.（　　）不能导致驾驶员侧电动车门锁不能开启。

A. 熔断器故障　　B. 开关故障

C. 遥控器故障　　D. 点火开关故障

4.（　　）导致不能用驾驶员侧车门锁按钮锁定一扇车门。

A. 熔断器故障　　B. 驾使员侧开关故障

C. 导线断路　　D. 车门锁启动器故障

5. 对蓄电池安全操作正确的是（　　）。

A. 配制电解液时应将硫酸倒入水中

B. 配制电解液时应将水倒入硫酸中

C. 观看检查电解液用的容器时应远离电解液注口

D. 蓄电池壳上可以放置较轻的物体

二、填空题

1. 防紫外线玻璃可以减少大约________的紫外线。

2. 汽车排气管和消声器主要由________、________和消声器等组成。

3. 车窗清洗系统元件有储水箱、________、________和喷水嘴。

4. 测量蓄电池端电压，若端电压高于________，表明蓄电池技术状况良好。

5. 为了便于检查电解液密度，了解存电情况，在其内部设有________。

项目四

汽车空调系统维护与保养

项目概述

汽车空调：一年四季对车内空气的温度、湿度、流速等参数进行调节，将车内空气控制在舒适的标准范围之内的汽车电气设备，具有换气、加热、冷却、除湿和净化空气的作用。本项目介绍汽车空调以及过滤系统的维护与保养，包含以下两个任务。

任务一：空调系统维护。

任务二：过滤系统检查与维护。

通过以上两个任务的学习，使读者能够掌握汽车空调系统的使用方法，能够正确使用工程材料及施工技术，区分各种工程材料及了解其用途。

学习目标

知识目标

- 掌握汽车空调系统的使用方法。
- 能进行汽车空调制冷剂量的检查操作。
- 掌握汽车空调过滤器的作用。
- 掌握汽车空调滤清器的检查与更换的方法。

能力目标

- 能够进行汽车空调出风口风速、湿度和温度的检查操作。

素质目标

- 培养学生分析事物的能力。
- 培养的探究思索以及动手能力。

思政目标

◆ 通过学习，培养学生积极性，让学生对汽车空调维护更加了解，提高动手能力，让学生体会到工匠精神，明确工匠精神的重要性。

任务工单

任务名称	空调系统的维护	学时		班级	
学生姓名		学生学号		任务成绩	
实训设备	现代悦动轿车、常用工具一套	实训场地		日期	
任务载体	一辆现代悦动轿车行驶 29 500 km，进行 30 000 km 维护。本任务重点介绍空调系统的维护				

一、资讯

1. 汽车基本信息

车型：____________ 行驶里程：____________

2. 请你向客户解释更换空调滤清器滤芯的重要性。

____

____

3. 指出空调滤清器安装位置。

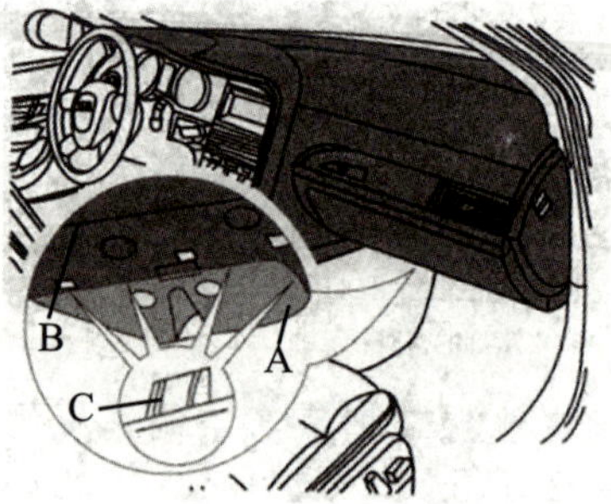

A.__________ B.__________ C.__________

4. 空调系统是用来调节什么的，车辆上为何要加装空调系统？

____

5. 现代车辆空调系统采用的制冷剂是什么？有何特性？

____

6. 空调滤清器滤芯上的箭头所指的是什么方向？如何进行安装？

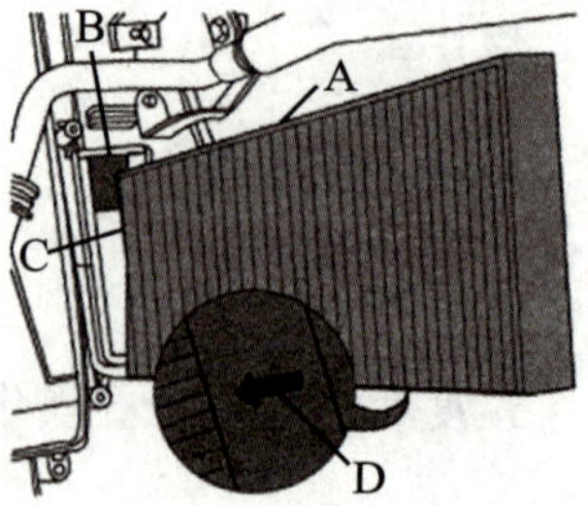

A.__________ B.__________ C.__________ D.__________

二、决策与计划

请根据故障现象和任务要求，确定所需要的检测仪器、工具，并对小组成员进行合理分工，制订详细的诊断和修复计划。

1. 需要的检测仪器、工具：______________________________
2. 小组成员分工：______________________________
3. 诊断和修复计划：______________________________

三、实施

1. 操作注意事项。

（1）＿＿＿＿＿＿＿＿＿＿　（3）＿＿＿＿＿＿＿＿＿＿

（2）＿＿＿＿＿＿＿＿＿＿　（4）＿＿＿＿＿＿＿＿＿＿

2. 技术标准与要求。

（1）空调滤清器滤芯的更换里程为＿＿＿＿＿＿＿＿。

（2）空调滤清器底部盖板的固定卡件个数为＿＿＿＿＿＿＿＿。

（3）空调滤清器滤芯安装时箭头方向要与＿＿＿＿＿＿＿＿一致。

3. 记录操作要点及实施情况。

（1）＿＿＿＿＿＿＿＿＿＿　（3）＿＿＿＿＿＿＿＿＿＿

（2）＿＿＿＿＿＿＿＿＿＿

四、检查及评估

1. 请根据任务完成的情况，对自己的工作进行自我评估，并提出改进意见。

＿＿＿＿＿＿＿＿＿＿＿＿＿＿＿＿＿＿＿＿＿＿＿＿＿＿＿＿＿＿

2. 教师对小组工作情况进行评估，并进行点评。

＿＿＿＿＿＿＿＿＿＿＿＿＿＿＿＿＿＿＿＿＿＿＿＿＿＿＿＿＿＿

3. 学生本次任务成绩：

序号	考核内容	配分	评分标准	考核记录	扣分	得分
1	空调滤清器底部盖板的拆卸	10	操作不正确扣 5 ～ 10 分			
2	空调滤清器滤芯的拆卸	20	操作不正确扣 10 分			
			准备不充分扣 10 分			
3	空调滤清器滤芯的更换	30	操作不正确扣 10 分			
4	遵守安全操作规程、正确使用工量具、操作现场清洁	10	每一项扣 2 分，扣完为止			
	安全用电、防火、无人身设备事故		因违反操作发生重大事故者计 0 分			
5	你对此工作任务的总结（30 分）					
6	分数总计	100				

任务一　空调系统维护

一辆 2010 款桑塔纳 3 000 Gsi 轿车，在炎热夏季打开空调制冷系统运行很长时间，但仍然感觉车内很热。用手摸管路检查发现，压缩机低压吸气管凉而不冻、高压排气管热而不烫，车主认为空调制冷不足，如图 4–1 所示。

合理使用汽车空调系统，不仅节约能源、减少故障，而且能够保证汽车空调系统具有良好的技术状况，从而发挥最大效率，并延长使用寿命。

现代轿车基本上都装用非独立式汽车空调系统，其操作使用比较方便。但如果使用不当，则对空调的使用性能及寿命、发动机的工作稳定性及功耗、乘员的舒适性都将产生很大影响。为此，应注意合理使用汽车空调系统。

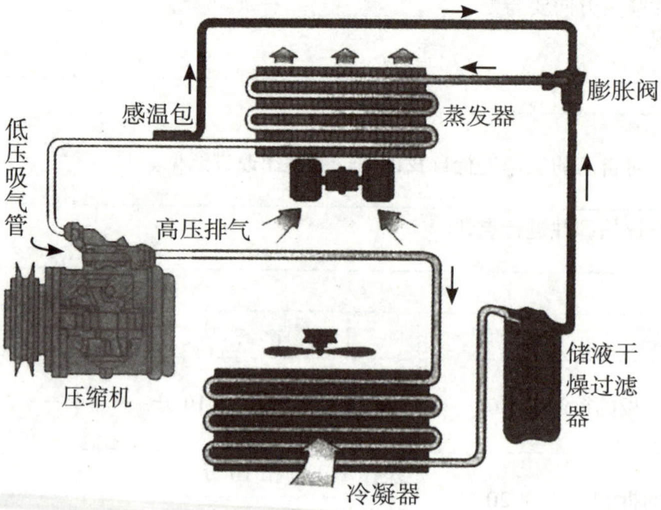

图 4-1　汽车空调制冷系统组成

一、汽车制冷剂品牌认识及其选用

我国于 1992 年发文规定：各汽车厂从 1996 年起在汽车空调中逐步用新制冷剂 R134a 替代 R12，在 2000 年生产的新车上不准再用 R12。因此，汽车使用和维修人员必须了解和熟悉新制冷剂 R134a 的特点，以便能够熟练、正确地使用制冷剂（图 4-2）。

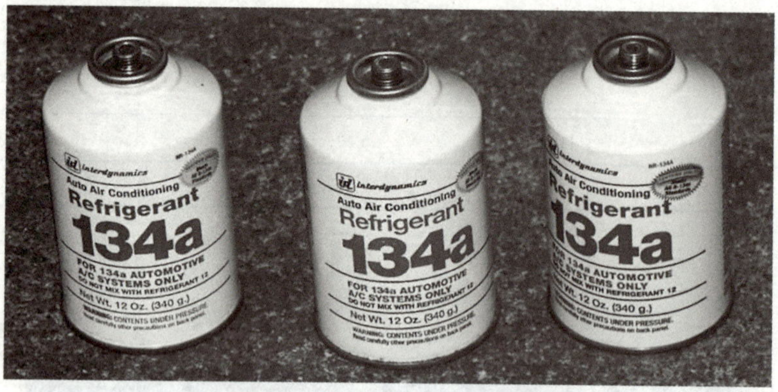

图 4-2　汽车制冷剂识别练习

1. 制冷剂 R134a 的主要特点

（1）R134a 不含氯原子，不破坏大气臭氧层。

（2）R134a 有良好的安全性能（不易燃、不易爆，无毒，无刺激性、无腐蚀性）。

（3）R134a 的传热性能好，因此制冷剂的用量可大大减少。

2. 制冷剂的使用注意事项

（1）检修制冷系统时应做好安全防护，避免手和眼睛等处皮肤接触液态制冷剂，以免被冻伤。

（2）由于 PAG 油与 R134a 在高温区和低温区会产生“两者分离”现象，因此在加注 R134a 时需要将它放在盛热水的容器里进行加热，但温度不要超过 40 ℃。绝对禁止用喷灯一类的加热装置加热，要尽量防止出现“两者分离”现象，以免给压缩机的排气压力和制冷带来不良影响。

（3）R134a 系统必须使用专用密封圈与密封垫，否则会起泡失效，从而导致制冷剂泄漏。

（4）在加注 R134a 时，应使盛 R134a 的容器保持在直立状态，确保 R134a 以气态方式进入系统，否则，R134a 可能会以液态方式进入压缩机，使压缩机损坏。另外，加注作业必须在空气流通的地方进行，以防操作人员因缺氧而窒息。

（5）储液干燥器（或气液分离器）必须密封保存，其安装要迅速，否则，空气进入储液干燥器后会使干燥剂吸湿能力减弱，甚至失效。

空调系统

二、汽车空调系统的合理使用

1. 汽车空调系统的合理使用

汽车空调制冷系统的结构组成如图 4–3 所示。

（1）使用空调前应先起动发动机，待发动机暖机稳定运转后，再打开鼓风机至某一档位，然后再按下空调开关（A/C，制冷强制开关，手、自动空调均设有此开关，如图 4–4 所示。AUTO；自动空调开关，如图 4–5 所示）以起动空调压缩机，调整送风温度和选择送风口，空调即可正常工作。

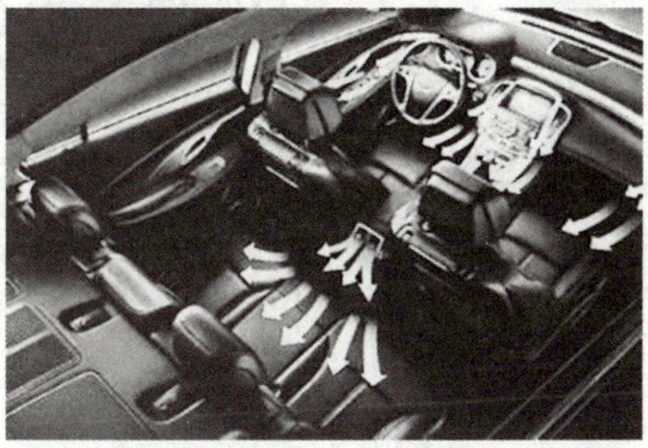

图 4–3　汽车空调制冷系统的结构组成及使用练习

注意

当温度调节推杆处于最大制冷位置时，应尽量使用鼓风机的高速档，以免蒸发器因过冷而结冰。

图 4–4　手动空调控制面板

图 4–5　自动空调控制面板

（2）在空调系统运行时，若听到空调装置（如压缩机、鼓风机等）有异常响声或发生其他异常情况，应立即关闭空调，并及时查明原因并排除故障。

（3）若汽车空调系统无超速自动停转装置，在爬长坡或超车时应暂时断开压缩机的运行（即关闭空调强制 A/C 开关），以免发动机动力不足或发动机超负荷运行而过热。

（4）在夜间行驶时，由于整车耗电量较大，不应长时间使用空调以免引起蓄电池亏电。

（5）汽车停驶时不要长时间使用空调制冷装置，以免耗尽蓄电池的电能和防止废气被吸入车内，造成发动机再次起动困难和乘员中毒，还可避免因冷凝器和发动机散热不良而影响空调的性能和发动机的寿命。

（6）当制冷量突然减少时，应断开空调强制开关 A/C，待排除空调系统故障后再继续使用。

（7）当发动机过热时，应停止使用空调，待发动机工作温度正常后再使用。

（8）使用空调时，若鼓风机置于低速档，冷气温控开关不宜调得过低。否则不仅达不到使车内温度进一步降低的目的（蒸发器容易结霜，产生风阻），而且容易出现压缩机液击现象。

（9）在图 4-6 中，部分汽车空调空气入口的控制有外循环（FRESH，也称新鲜空气循环模式）和内循环（RECIRC，也称空气再循环模式）两个控制位置。若汽车在尘土飞扬的道路上行驶，应将空气入口控制在内循环位置，以防车外灰尘进入车内。

（10）对于装有独立式空调（用专用辅助发动机带动压缩机的空调装置）的汽车，应严格按使用说明书的规定起动和运行空调器。

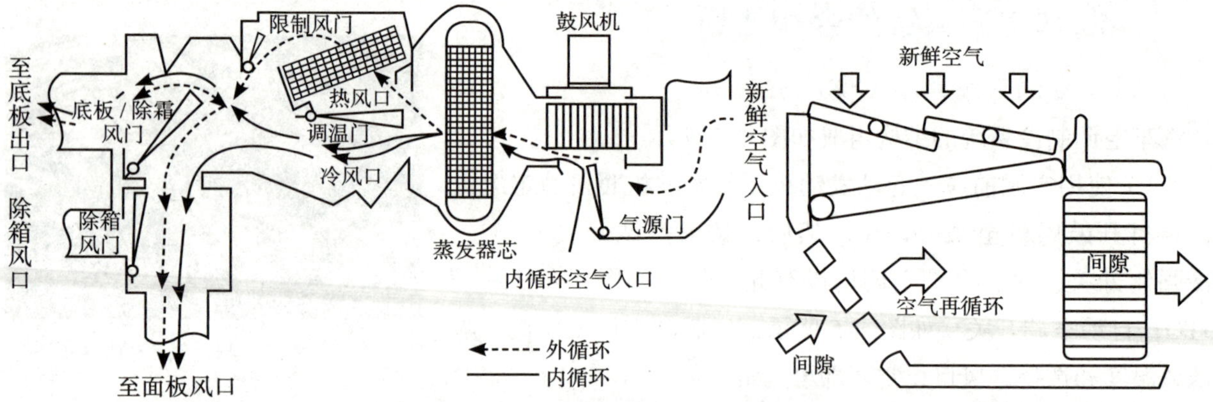

图 4-6　空调制冷系统的进气内循环示意图

独立式空调装置，控制辅助发动机的起动和运行要比非独立式空调复杂；为延长辅助发动机的寿命，尽量做到低速起动，低速关机。有条件时，加设卸载起动装置的同时，应保证发动机吸气的清洁度。

2. 汽车空调系统主要部件的使用注意事项

为了确保汽车空调能够长时间良好运行，在使用过程中，除了规范操作、合理使用外，应掌握主要部件的使用注意事项。图 4-7 为汽车空调系统中使用最为频繁的制冷系统主要部件的布置位置。

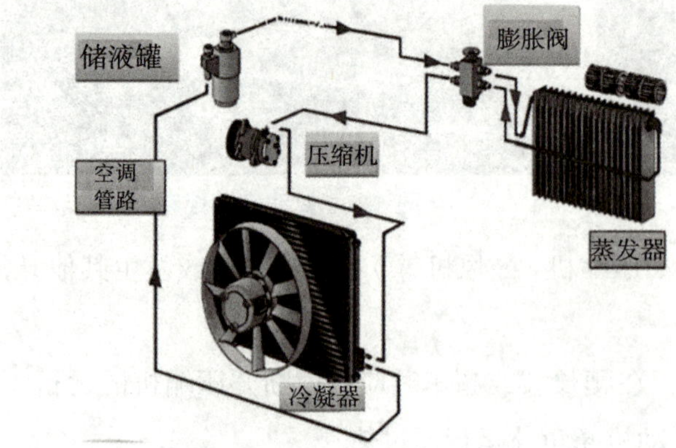

（a）

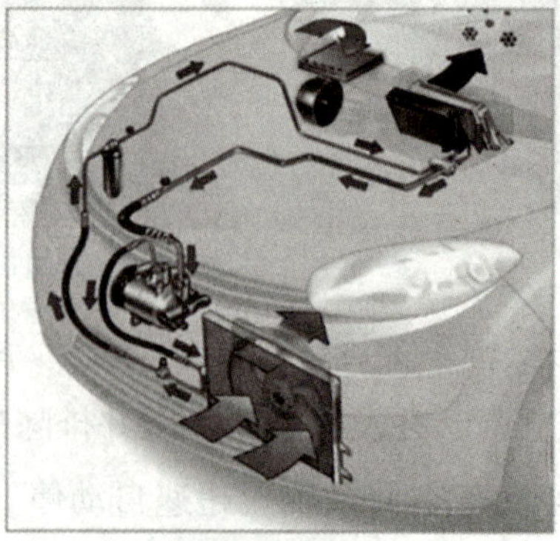

（b）

图 4-7　汽车空调制冷系统主要部件的布置位置

（1）压缩机

压缩机在空调制冷系统回路中起压缩、驱动制冷剂的作用，使用时应注意以下事项。

① 压缩机的安装支架不得松动。

② 在车辆低速运行或停驶状态下，尽量不要使用空调压缩机。

③ 在行车中遇到交通堵塞时，千万不要为了提高制冷效果而使发动机高速运转，否则会影响发动机和压缩机的使用寿命。

④ 在空调停用季节，应每隔一周左右时间就应运转压缩机几分钟，以免压缩机油封老化而漏油。

⑤ 空调压缩机传动带松紧度要合适（为 376 N ± 50 N）。传动带太紧，易造成压缩机带轮轴承过早磨损，会导致压缩机噪声大，易造成离合器过早损坏；传动带太松，易导致传动带打滑，使压缩机转速下降，制冷效果变差。

（2）冷凝器

冷凝器在空调制冷系统中起到把从压缩机出来的高压、高温的制冷剂，冷却成高压、低温液体的作用。使用时应注意以下事项。

① 应保持冷凝器表面的洁净。为防止油污、灰土或其他杂物附在冷凝器上，应该经常对冷凝器进行清洗。

② 应经常对冷凝器和散热器之间的缝隙进行清理。如果两者缝隙被杂物堵塞，易造成发动机冷却液温度过高，使制冷效果下降。

（3）蒸发器

蒸发器在空调制冷系统中起到使经过膨胀阀减低了压力的制冷剂，在蒸发器中吸收车室内的热量而蒸发为气体（使其周围空气温度降低而制冷），进而再进入压缩机进行循环的作用。使用时应注意以下事项。

① 应定期清洗蒸发器进风口处的空气滤网，防止车内的灰尘、杂物吸附在空气滤网上而阻碍空气流通，造成冷气不足，影响制冷效果。

② 应保证排水道畅通，否则易造成排水道堵塞，严重时会造成蒸发器的损坏。

三、空调压缩机检查与维护

（一）空调压缩机的工作过程

压缩机的动力来源于曲轴，通过磁性离合器及皮带与发动机曲轴相连，如图 4–8 所示。

空调系统蒸发器的出风口安装有感温传感器，当出风口温度不够低时，ECU 会使压缩机的磁性离合器闭合，使压缩机随发动机运转，实现制冷；而当出风温度低于设定的温度，ECU 则控制磁性离合器切离，这样压缩机就不再工作。如果这一控制失灵，那么压缩机将不断工作，使蒸发器结冰造成管道压力超标，最终导致系统不工作，甚至造成损坏。

图 4–8　压缩机离合器

（二）空调压缩机的常见类型

空调压缩机常见的类型包括叶片式压缩机、涡轮式压缩机和斜盘式压缩机。

（1）叶片式压缩机

叶片式压缩机由一个圆形导流管组成，内部有一个转子，转子有四个槽，安装有四个叶片。叶片组成压缩机中的室，随转子旋转，这些室的容积随之变化，使制冷剂在压力作用下被吸入或压出。

（2）涡轮式压缩机

涡轮式压缩机的腔室包含一个固定的蜗卷和一个在空处的驱动蜗卷，驱动蜗卷偏心旋转。在工作过程中，两个蜗卷之间的容积增加时，制冷剂被吸入，容积减小时，制冷剂压力增加。高压管路和固定蜗卷的中心连接，制冷剂在高压下通过高压管路离开压缩机。

（3）斜盘式压缩机

斜盘式压缩机使用活塞压缩，斜盘将滑轮的旋转运动转成活塞的往复式运动，通过活塞的上下移动，制冷剂被吸入或者压出。缸体顶部有阀门保证制冷剂按正确方向流动，如图 4–9 所示。

图 4–9　斜盘式压缩机结构

（三）空调压缩机的检查

1. 压缩机外观检查

压缩机外观检查包括安装支架检查和传动皮带松紧度检查。

（1）安装支架检查

安装支架不能松动以防压缩机工作时损坏。

（2）传动皮带松紧度检查

传动皮带松紧度需适宜，过松会打滑，导致压缩机转速下降，制冷量不足；过紧则加剧皮带磨损，使曲轴轴承过早损伤。

2. 压缩机工作情况检查

压缩机工作情况检查包括压缩机离合器工作情况、工作异响和高低压管路温度检查。

（1）离合器工作情况检查

压缩机离合器在打开空调制冷时，应听见吸合声。

（2）压缩机工作异响检查

压缩机运转情况下，应无异常响声，如有，说明压缩机的轴承、阀片、活塞环或其他部件有可能损伤或冷冻润滑油过少。

（3）高低压管路温度检查

正常情况下用手摸压缩机附近高低压管路，低压管路呈低温状态，高压管路呈高温状态。

3. 制冷剂检查

正常情况下制冷剂消耗极少，所以压缩机制冷剂应在规定范围内，若从压缩机的视液镜看不到制冷剂，说明空调系统存在泄露现象，应及时检修。通过压缩机上安装的视液窗，可观察压缩机制冷剂情况。

检查制冷剂的数量应在工作时检查，如图 4–10 所示，A：几乎没有气泡，说明制冷剂量正常；B：有连续的气泡，说明制冷剂量不足；C：看不到气泡，说明制冷剂储藏罐是空的或制冷剂过量。

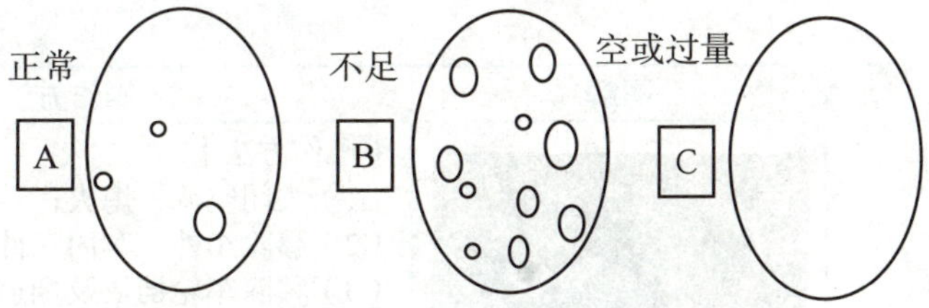

图 4-10　制冷剂剂量检查

（四）操作步骤

1. 操作条件

① 设备：汽车。

② 工具：车内防护三件套、车外防护三件套、挡块、烟道。

2. 安全及注意事项

① 在操作之前必须先安装车轮挡块。

② 进入车内前必须先铺设防护三件套，并确认手刹已拉起。

③ 对所使用的纸质维修手册、车辆、工具要及时规整复位，并对场地进行 5S 工作。

3. 操作过程

序号	操作步骤	图解	操作方法及操作标准
1	准备工作		【操作方法】 （1）安装车轮挡块，接排气烟道； （2）打开车门铺设车内防护三件套； （3）确认已在驻车挡位，降下驾驶员侧车窗，拉开发动机舱盖释放杆； （4）铺前格栅布和翼子板布； （5）进行车辆预检 【操作标准】 进车之前确认驻车制动，并确认预检正常
2	检查压缩机安装支架及三角皮带		【操作方法】 检查压缩机三角皮带松紧度是否正常 【操作标准】 用手按压压缩机三角皮带，检查松紧度
3	检查压缩机润滑油液位	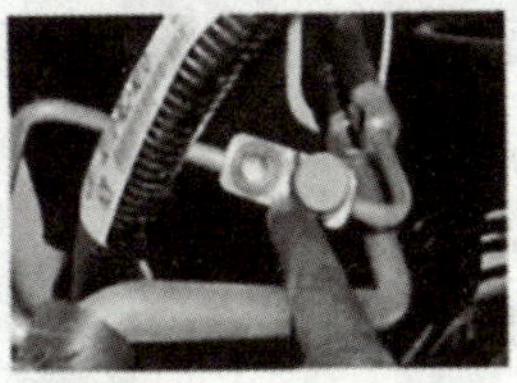	【操作方法】 （1）打开所有车门； （2）将空调开到最大制冷； （3）将发动机加速到 1 500 r/min； （4）检查压缩机制冷剂量是否正常 【操作标准】 需两人配合完成
4	检查压缩机是否有异响、工作是否正常		【操作方法】 （1）检查离合器工作是否正常； （2）检查压缩机安装支架是否松动； （3）检查压缩机是否有异响； （4）用手摸压缩机附近高低压管路是否有温差 【操作标准】 （1）听压缩机附近是否有杂音，如无说明压缩机安装牢靠； （2）低压管路应为低温，高压管路应为高温； （3）检查温度时需戴手套

续表

序号	操作步骤	图解	操作方法及操作标准
5	工位复原		【操作方法】 （1）关闭空调，熄火； （2）移除车外、车内三件套； （3）移除车轮挡块及烟道； （4）车身及工位清洁 【操作标准】 严格执行“5S”操作

【问题情境】空调打开时听不到离合器吸合的声音是不是说明空调系统一定有故障?

【解决途径】列举出离合器不吸合的原因。

4. 学习结果评价

请根据表 4–2，完成学习结果的自我评价。

表 4–2　自我评价表

序号	评价内容	评价标准	评价结果（是 / 否）
1	知识与技能	能找到压缩机所在位置	□是 □否
		能正确检查压缩机	□是 □否
		能正确确认压缩机工作状况	□是 □否
2	安全与“5S”	能对场地进行安全检查	□是 □否
		能安全工位防护	□是 □否
		能做好安全防护	□是 □否
		能遵守场地日常安全条例	□是 □否
		能使用工具、工位进行整理、复位、清扫	□是 □否
3	总评	能够满足下一步内容学习	□是 □否

四、空调冷凝器检查与维护

（一）冷凝器

冷凝器是在一排弯绕的管道上布满散热用的金属薄片，如图 4–11 所示。以此实现外界空气与管道内物质的热交换的装置。

其冷凝原理是让外界流动的空气强制通过冷凝器的散热片，将高温制冷剂蒸气的热量带走排至大气中，使高温制冷剂从气态冷却为液态。

冷凝器进口在上方，出口在下方，经常被安装在车辆前部，在发动机冷却液散热器的后面，共同被来自车辆前方的空气冷却。

图 4–11　冷凝器

（二）冷凝器常见类型

冷凝器均采用风冷式结构，常见有管带式和平流式两种，如图 4–12 所示。

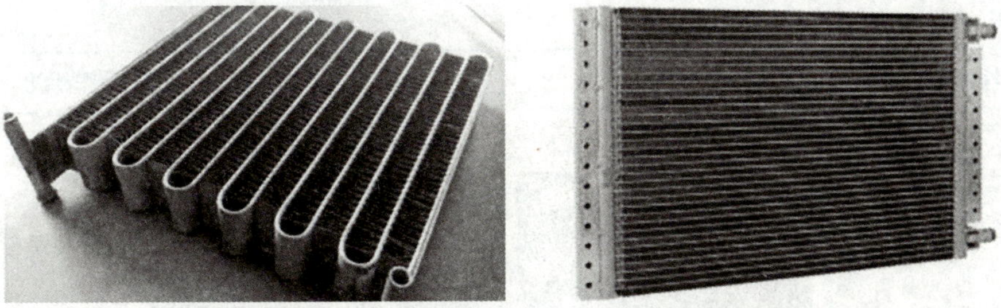

（a）管带式　　　　（b）平流式

图 4–12　冷凝器常见类型

1. 管带式

管带式冷凝器主要由一根连续回绕的管道构成，管道直接安装有散热片，用以增大冷却面积，其热交换速度较平流式缓慢。

2. 平流式

平流式冷凝器中多条管道并行安装，每一条管道有多个小的开口。工作时制冷剂被分流成多条平行的细流，热交换速度更高。

（三）冷凝器的检查

冷凝器

1. 检查目的

冷凝器检查的目的是保证能通过最大的通气量。

2. 检查项目

冷凝器的检查包括冷凝器的清洁状况和工作情况。

3. 冷凝器检查步骤

（1）外观检查

检查冷凝器表面有无油污、泥土或其他杂物附着在上。

（2）工作情况

手摸冷凝器进口和出口处，前者应较后者热。

（四）操作步骤

1. 操作条件

① 设备：汽车。

② 工具：车内防护三件套、车外防护三件套、挡块、烟道。

2. 安全及注意事项

① 在操作之前必须先安装车轮挡块。

② 进入车内前必须先铺设防护三件套，并确认手刹已拉起。

③ 对所使用的纸质维修手册、车辆、工具要及时规整复位，并对场地进行“5S”工作。

3. 操作过程

序号	操作步骤	图解	操作方法及操作标准
1	准备工作		【操作方法】 （1）安装车轮挡块，接排气烟道； （2）打开车门铺设车内防护三件套； （3）确认已在驻车档位，降下驾驶员侧车窗，拉开发动机舱盖释放杆； （4）铺前格栅布和翼子板布； （5）进行车辆预检 【操作标准】 进车之前确认驻车制动
2	检查冷凝器外观		【操作方法】 （1）检查冷凝器上是否有脏污； （2）检查冷凝器上是否有其他杂物 【操作标准】 确认冷凝器清洁状况
3	检查冷凝器工作情况	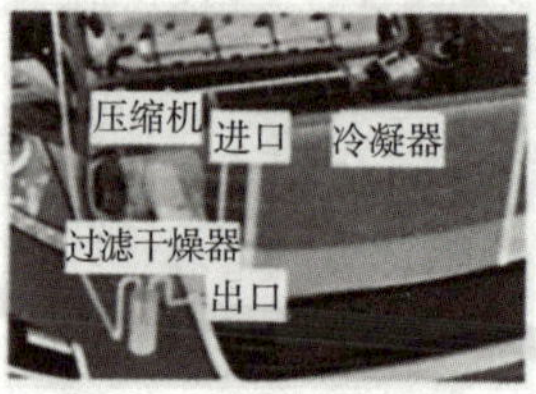	【操作方法】 （1）打开所有车门； （2）将空调开到最大制冷； （3）将发动机加速到 1 500 r/min； （4）检查冷凝器进出口温度 【操作标准】 进口温度应高于出口温度
4	工位复原		【操作方法】 （1）关闭空调，熄火； （2）移除车外、车内三件套； （3）移除车轮挡块及烟道； （4）车身及工位清洁 【操作标准】 严格执行“5S”操作

【问题情境】冷凝器上如果有脏污会出现什么问题？

【解决途径】从冷凝器的散热途径来思考这个问题。

4. 学习结果评价

请根据表 4–2，完成学习结果的自我评价。

表 4–2　自我评价表

序号	评价内容	评价标准	评价结果（是 / 否）
1	知识与技能	能找到空调冷凝器	□是 □否
		能对冷凝器外观进行检查	□是 □否
		能确认冷凝器工作情况	□是 □否
2	安全与“5S”	能对场地进行安全检查	□是 □否
		能安全工位防护	□是 □否
		能做好安全防护	□是 □否
		能遵守场地日常安全条例	□是 □否
		能使用工具、工位进行整理、复位、清扫	□是 □否
3	总评	能够满足下一步内容学习	□是 □否

五、空调蒸发器检查与维护

（一）蒸发器的工作原理

蒸发器的作用原理与冷凝器正好相反，从膨胀阀或节流孔管流出、直接进入蒸发器的制冷剂由于体积突然膨胀而变成低温低压雾状物（微粒液体），这种状态的制冷剂很容易汽化，汽化时将吸收周围大量的热量，空调风机强制使进入车内的空气从蒸发器表面流过，通过管片将热量传给蒸发器内的制冷剂，通过吸收热量使液态的制冷剂汽化，如图 4–13 所示。

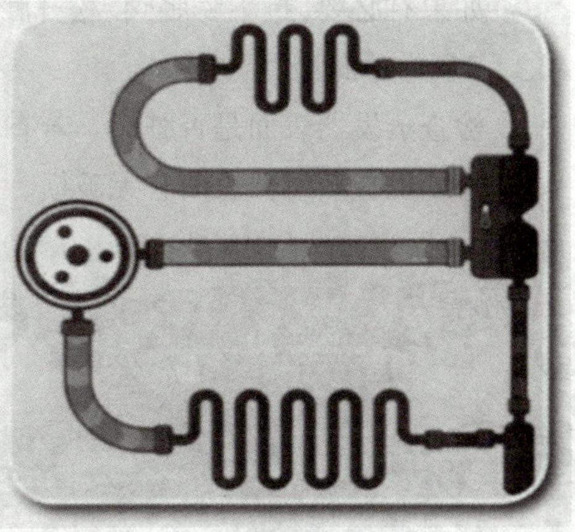

图 4–13　蒸发器的工作原理

（二）蒸发器的类型

蒸发器的目的是从空气中吸取大量的热量，根据结构尺寸可以分为管带式蒸发器和平行流式蒸发器。

① 管带式蒸发器：蒸发器中只有一根长管回绕布置的蒸发器称为管带式蒸发器。这种蒸发器的管道是圆的而且只有一个开口，管段之间的散热片增加了热交换面积。

② 平行流式蒸发器：平行流式蒸发器是指蒸发器中大量的管道平行布置的蒸发器。这种蒸发器的管道是扁平的且有大量的细小开口，平行流式蒸发器在管道间装有散热器。

（三）蒸发器的制作要求

蒸发器安装在汽车仪表板内部，由于空调位置有限，因此对蒸发器要求较苛刻，蒸发器要具备制冷效率高、尺寸小、质量轻等特点。所以在设计时考虑以下几点。

① 管件的大小和长度。

② 蒸发器片的数量和尺寸。

③ 回转头的数量。

④ 穿过和通过蒸发器片的空气流量。

（四）空调蒸发器常见故障的检查与拆卸维修

1. 蒸发器的常见故障

蒸发器出现传热性能差、泄漏或阻塞故障时，会使空调制冷系统制冷不足或不制冷，如图 4–14 所示。

蒸发器的常见故障有以下两点。

① 蒸发器脏污、堵塞、变形或破损。

② 蒸发器管路连接处有破损、泄漏等。

2. 蒸发器的拆卸步骤

① 排放出制冷剂。

② 将蒸发器的吸入管路和排出管路断开。断开管路后应立刻塞住或盖住管口，以避免湿气和灰尘污染系统。

③ 拆卸副驾驶座位侧仪表板处的护罩、护板罩架、杂物箱等。

④ 断开蒸发器温度传感器插头，卸下有关的自攻螺钉、紧固螺栓和螺母后，卸下蒸发器壳体总成。

⑤ 从蒸发器散热片上拉出蒸发器温度传感器。

⑥ 拆下自攻螺钉，小心地分开蒸发器壳体，然后拆下蒸发器。

⑦ 如果有必要，拆下膨胀阀。松开膨胀阀螺母时，要用另一个扳手固定住膨胀阀或蒸发器，以免损坏。

3. 蒸发器的检查与修理

① 检查蒸发器表面是否脏污。若有，用软毛刷刷洗。

② 仔细检查蒸发器表面有无破损、裂纹和变形等。若有，予以修理或更换，如图 4–15 所示。

图 4–14　蒸发器的安装位置

图 4–15　汽车空调蒸发器

4. 蒸发器的安装

蒸发器的安装顺序有如下几点。

① 安装膨胀阀毛细管，要将毛细管安装到原位，并用绝热胶带将其包好。

② 要将蒸发器温度传感器重新装到原来的位置。

③ 确认无漏气之处。

④ 若更换新的蒸发器，则要添加制冷剂。

⑤ 安装后要确认无泄漏，抽真空，并加注制冷剂和检测空调系统的性能。

（五）操作步骤

1. 操作条件

① 设备：教学整车、车内三件套、车外三件套。

② 工具：歧管压力表组件、冷媒回收与充注机、博世专用工具。

2. 安全及注意事项

① 在检查空调蒸发器时，需按规范操作，并做必要的安全防护，不能盲目拆卸蒸发器。

② 当打开车辆前舱盖或进入车辆底部时，不要盲目碰触高压导线及设备，避免触电危险。

③ 对所使用的纸质维修手册、电脑、车辆或举升机要及时规整复位，并对场地进行“5S”工作。

3. 操作过程

序号	操作步骤	图解	操作方法及操作标准
1	准备车辆		【操作方法】 （1）安装翼子板布及前栅格布； （2）安装车轮挡块； （3）安装车内三件套 【操作标准】 翼子板布和前栅格布应居中放置，与车身接触的一侧必须无油污，车轮挡块必须紧靠车轮安装

续表

序号	操作步骤	图解	操作方法及操作标准
2	拆下塑料护板		【操作方法】 打开塑料护板，找到蒸发器 【操作标准】 在打开塑料护板时，一定要小心拆解，以免破坏塑料护板
3	拆除空调滤清器外壳 4 颗螺钉		【操作方法】 用专用工具拆除空调的滤清器外壳的四颗螺钉 【操作标准】 一定使用相应大小的工具，以免拧坏螺钉
4	拆下空调滤芯并检查蒸发器		【操作方法】 检查蒸发器的使用情况，如果蒸发器有脏污则清洗
5	清洁空调蒸发器		【操作方法】 工作流程：开窗→开空调 5 min→关闭空调→喷空调清洗剂→开空调 1 min（外循环），风机将泡沫吹过（吸进）蒸发器，进入通风管（填充其空间）→关闭空调→静置 10 ～ 15 min→再喷至喷完→连续开空调 10 ～ 15 min，污垢从排水管排出→封口（无须水洗） 【操作标准】 做好隔绝电气设备措施，防止泡沫外溢；在蒸发器下装有音响设备或电脑板的车型，需在电气设备表面用干厚毛巾隔挡（凌志、风度等），防止泡沫外溢，而使其受潮短路
6	安装空调蒸发器	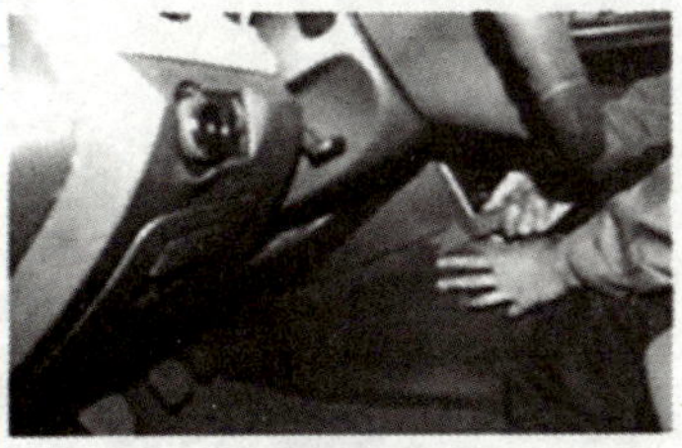	【操作标准】 在安装时按照安装顺序操作，以免损坏蒸发器

【问题情境】小明家的雪佛兰轿车在空调工作时总是有异味存在，在咨询了维修师傅后知道需要清洁空调蒸发器，由于小明不知道蒸发器的位置在哪里，所以，小明无法清洗蒸发器，请根据所学结合车辆使用说明，帮小明找到蒸发器的位置在哪，并设计清洗蒸发器的步骤。

【解决途径】查阅相关使用手册进行查找，根据教学内容设计清洗步骤。

4. 学习结果评价

请根据表 4–3，完成学习结果的自我评价。

表 4–3 自我评价表

序号	评价内容	评价标准	评价结果（是/否）
1	知识与技能	能掌握蒸发器的工作原理	□是 □否
		能掌握蒸发器的结构组成	□是 □否
		能找到蒸发器的安装位置	□是 □否
		能掌握蒸发器的拆装步骤	□是 □否
		能检查并清洗蒸发器	□是 □否
2	安全与“5S”	能对场地进行安全检查	□是 □否
		能安全进行拆装	□是 □否
		能做好安全防护	□是 □否
		能遵守场地日常安全条例	□是 □否
		能使用工具、工位进行整理、复位、清扫	□是 □否
3	总评	能够满足下一步内容学习	□是 □否

课堂讨论

空调压缩机的作用有哪些？常见的冷凝器有哪些？

任务二　过滤系统检查与维护

一、空调滤清器检查与维护

（一）汽车空调滤清器的分类

空调滤清器一般分两类，普通型空调滤清器和活性炭系列空调滤清器。普通型空调滤清器，一般是由一种特定的环保过滤材料经过加工折叠后做成，多为白色单层，如图 4–16 所示。活性炭系列空调滤清器，是由两面非制造布（无纺布）复合中间夹有微小的颗粒活性炭做成的活性炭滤布，再深加工制作成空调滤清器。

图 4–16　普通型空调滤清器

普通型的空调滤清器就只能起到抑制灰尘和颗粒物进入的作用，活性炭系列空调滤清器，就能在空气经过阻流的很短时间段里利用颗粒活性炭本身的物理性能，吸附空气中其他的微小物和更多的有害物质。因此，活性炭系列空调滤清器的效果要比普通的滤清器好很多。

（二）空调滤清器与空调系统的关系

根据空调滤清器和空调系统之间的关系，当发现空调系统有异常应综合考虑的因素包括以下几方面。

（1）空调的挡位已经开到了够大，但是制冷或制热的出风量很小，若空调系统正常，原因可能为使用的空调滤清器通风效果差，或是空调滤清器使用时间过长，需及时更换，图 4–17 是空调出风口的位置。

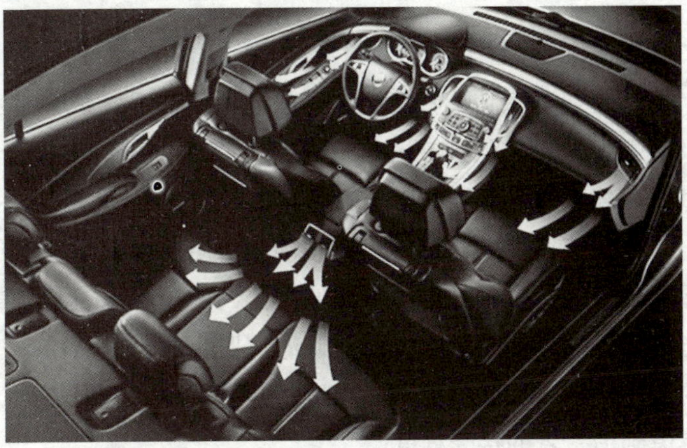

图 4–17　空调出风口的位置

（2）空调工作时吹出的风有异味，原因可能是空调系统已很久未使用，内部系统和空调滤清器因受潮发霉，建议清洗空调系统，更换空调滤清器。

（3）即使刚更换了空调滤清器，开内循环也无法去除来自外界和内部的空气异味，原因可能使用的是普通型空调滤清器，建议用活性炭系列的空调滤清器。

（三）空调滤清器检查与维护的必要性

汽车空调系统在使用过程中，空气会在鼓风机、制冷系统蒸发箱、暖风系统的小水箱以及风道中流动。只要打开空调系统鼓风机或将进气模式选择在室内循环，不管是否使用制冷装置，空气都将进入空调系统，这些空气在循环过程中就会在上述装置的表面积累许多尘埃、水分、细菌及其他污垢物。日久天长，滋生出霉菌等细菌，发出异味，并会对人体呼吸系统及皮肤造成损害和过敏反应，直接影响健康，并且空调系统本身还会出现制冷效果差及出风量小等故障。在空调系统使用的过程中，灰尘和细菌会在空调滤清器上逐渐积累，当到达一定程度之后空调系统还将出现上述一系列故障，需要定期保养，才能保持良好的空气调节质量。

（四）空调滤清器的清洁方法

如果滤清器很脏，则使用压缩空气自下而上进行清洁，使气枪与滤清器保持 5 cm，并以 500 kP 吹大约 2 min，如达不到清洁效果，则请汽车经销商进行清洁，如图 4–18 所示。

图 4–18　空调滤清器的清洁

（五）检查的时间间隔

按照保养计划检查并更换空调滤清器。在多尘或交通拥挤的地区，可能需要提前更换，如果通风口的气流明显减弱，滤清器可能堵塞。检查滤清器，如有必要则进行更换。为防止损坏系统，确保安装了滤清器，使用空调系统时如果不带滤清器可能会损坏系统，不要用水清洁滤清器。清洁或更换空调滤清器时，必须先关闭空调系统。汽车行业对空调滤清器的更换周期没有形成一致的说法，在空调滤芯保养手册上是这样提示的：每更换 2 次机油，建议换一次空调滤芯（根据所在地区的空气质量酌情更换），或者根据行车电脑 CBS 的提示更换，如图 4–19 所示。

（六）如何选择好的空调滤清器

好的空调滤芯，就像给车子戴上一个口罩保护乘客的呼吸健康。空调滤芯还有另外的名字——微尘滤。它的使命是：过滤从外界进入车厢的空气，提高空气的洁净度。

现在市场上的空调滤清器类型和材质，都是取决于汽车配套出厂时所配置的原厂空调滤清器，说简单点就是哪款车出厂时里面装的是什么样的空调滤清器，那么售后市场配置的数量比较多的就是那种和出厂一样的空调滤清器，因为要考虑到消费者的接受程度。

产品型号： XT–004

产品规格： 300 mm × 250 mm × 30 mm

产品结构： 高效HEPA复合过纳米矿晶滤网

滤材等级： F7 / F8 / H10 / H11 / H12 / H13 / H14

活性炭： 煤质炭、椰壳炭、改性炭、纳米矿晶等（选配）

胶线间距： 50.8 mm

适用范围： 可根据客户提出的不同规格，不同材质，定做出各种空气过滤网，适用于各类空气净化器、汽车空调滤清器等。

图 4–19 空调滤清器的说明手册

（七）操作步骤

1. 操作条件

① 设备：教学用车、车外三件套、车内三件套。

② 工具：一字起子、空调滤芯。

2. 安全及注意事项

① 在进行操作时，需按规范安装车轮挡块，并做必要的安全防护，关闭点火开关，不能盲目进入车辆进行相关操作。

② 当打开车辆前舱盖时，不要盲目碰触高压导线及设备，避免触电危险。

③ 对所使用的纸质维修手册、电脑、车辆或车辆挡块、三件套要及时规整复位，并对场地进行“5S”工作。

3. 操作过程

序号	操作步骤	图解	操作方法及操作标准
1	准备车辆		【操作方法】 （1）安装翼子板布及前栅格布； （2）安装车轮挡块； （3）安装车内三件套 【操作标准】 翼子板布和前栅格布应居中放置，与车身接触的一侧必须无油污，车轮挡块必须紧靠车轮安装
2	拆卸空调滤清器盖总成	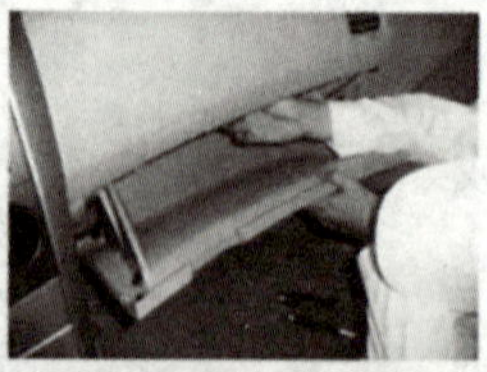 	【操作方法】 （1）关闭点火开关，让发动机熄火； （2）将副驾驶室的杂物箱拆下，露出空调滤清器盖总成； （3）拆下杂物箱，露出空调滤清器盖总成 【操作标准】 点火开关置于 OFF 位置，小心拆卸杂物箱，以免储物箱卡口折断

续表

序号	操作步骤	图解	操作方法及操作标准
3	拆下滤清器盖罩	 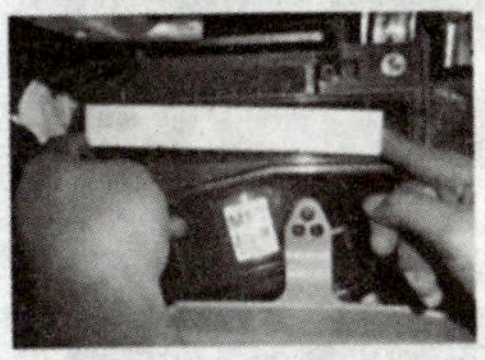	【操作方法】 拆下空调滤清器盖罩，取出空调滤清器滤芯 【操作标准】 在取下滤芯的过程中要双手均匀用力，以免拉坏滤芯
4	清洁滤芯	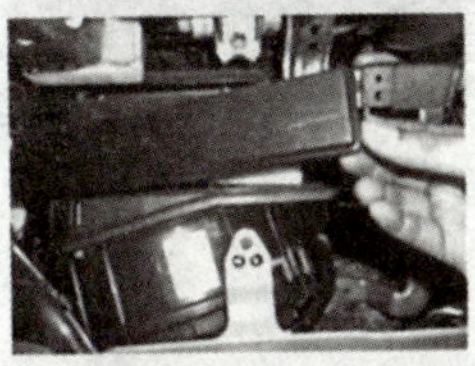 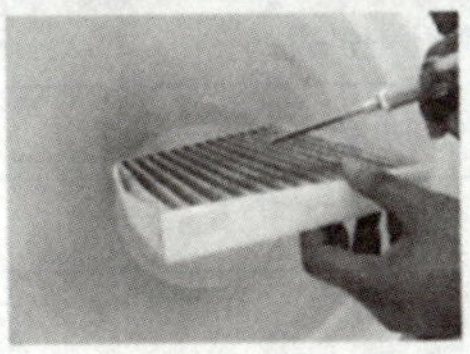	【操作方法】 （1）用干净的抹布擦拭滤清器盖内、外部，同时检查滤清器壳体是否存在裂纹、变形或破损； （2）检查滤芯污染程度并进行清洁； （3）擦拭空调滤清器盖，清洁滤芯 【操作标准】 清洁并检查滤清器的状况，如果滤清器在清洁后还能使用则进行清洁，否则更换滤清器
5	安装滤清器	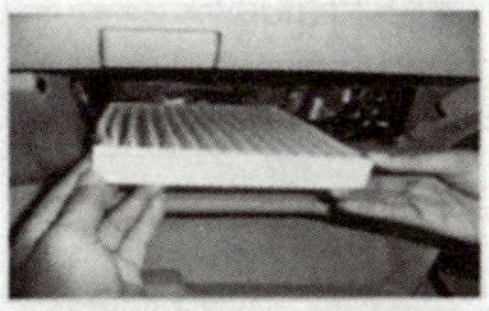   	【操作方法】 （1）滤芯清洁完毕后，按与拆卸时相反的顺序将各部件安装好，检查滤清器盖罩松紧。必须将滤芯安装可靠，安装时保持干净，要避免油污造成滤芯的污染； （2）把滤芯放回空调滤清器盖内，注意滤芯安装方向； （3）检查滤清器盖罩松紧； （4）安装杂物箱 【操作标准】 （1）确保空调滤清器安装到位； （2）安装时注意滤清器的安装方向； （3）确保杂物箱安装牢固
6	检查空调排风量是否正常		【操作方法】 （1）打开空调开关； （2）调节空调风速开关 【操作标准】 选用一个小的电风扇，观察电风扇的速度

【问题情境一】客户反映车辆空调工作时有异味，并且空调的出风量也不是很大，请根据所学知识与客户反映的情况写出造成此问题的可能原因，（尽可能全面列出可能存在的原因）如图 4-20 所示。

【解决途径】根据空调滤清器的功用列出可能存在的问题。

【问题情境二】小明家的丰田卡罗拉汽车已经行驶了 50 000 公里，现在需要做保养，请根据所学来帮助小明选择合适的空调滤清器，使汽车空调发挥它的净化效果，如图 4–21 所示。

【解决途径】明确车型，查阅相关的维修手册。

图 4–20　汽车空调出风口

图 4–21　汽车空调的净化效果

4. 学习结果评价

请根据表 4–4，完成学习结果的自我评价。

表 4–4　自我评价表

序号	评价内容	评价标准	评价结果（是 / 否）
1	知识与技能	能掌握空调滤清器的作用	□是 □否
		能掌握空调滤清器的分类	□是 □否
		能进行空调滤清器的检查、清洁与更换	□是 □否
		能掌握空调滤清器的拆卸与安装的步骤和注意事项	□是 □否
		能根据所学内容解决车辆相关故障	□是 □否
2	安全与“5S”	能对场地进行安全检查	□是 □否
		能安全启动车辆	□是 □否
		能做好安全防护	□是 □否
		能遵守场地日常安全条例	□是 □否
		能使用工具、工位进行整理、复位、清扫	□是 □否
3	总评	能够满足下一步内容学习	□是 □否

思政链接

在汽车工业快速发展的进程中，对于汽车维修市场人才的综合素质也提出了更高的要求，不仅需要掌握基础知识和维修技能，还应培养具有创新意识与成长意识的现代化高素质维修人才，具备良好的职业道德素养和职业认同感，才能进一步促进学生在就业后能够获得更长远的发展。

二、空调管路检查与维护

（一）空调管路

空调管路主要有两根，分别是高压管路和低压管路。低压管路是从蒸发器到压缩机；高压管路是从压缩机到冷凝器，再从冷凝器到蒸发器。还可以根据粗细来区分：粗的是低压管路；细的是高压管路，如图 4–22 所示。一般加注口上有标示，L 是低压，H 是高压。如果将汽车发动，打开空调，然后用手摸空调管路，凉的是低压管路，热的是高压管路。

（二）空调压力表的使用

用空调压力表能够测量制冷循环系统中的高压压力和低压压力。蓝色软管是低压侧，红色软管是高压侧，如图 4–23 所示。高压手动阀（HI）和低压手动阀（LO）同时关闭，可对高、低压侧压力进行检测。

高压侧和低压侧都过低则表示制冷剂量不足、制冷剂泄漏。

（三）电子检漏仪的使用

电子检漏仪（图 4–24）用闪烁灯和蜂鸣器检查制冷剂的泄漏，探头吸收任何漏出的制冷剂，如发现制冷剂时，检漏仪即发出声响报警或发出闪烁光。越靠近泄漏区域，闪烁和蜂鸣的间隔越短，提高灵敏度将能检测到轻微的泄漏。

电子检漏仪的使用方法。

① 将电源开关调至“ON”位置。

② 预热约 5 min 后使用。

③ 探测可疑部位，如有泄漏就会发出报警。

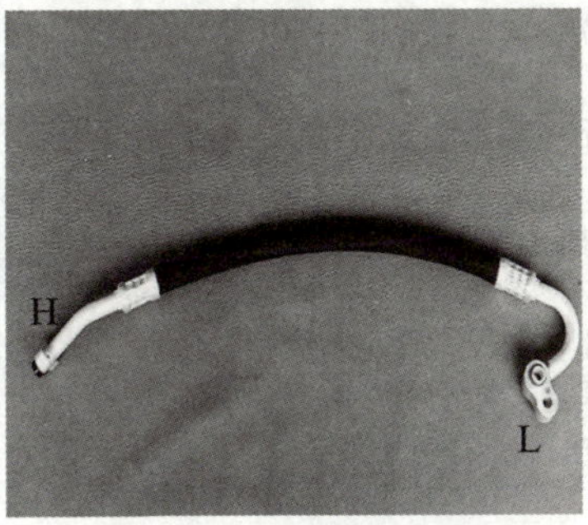

图 4–22　空调管路

图 4–23　空调压力表

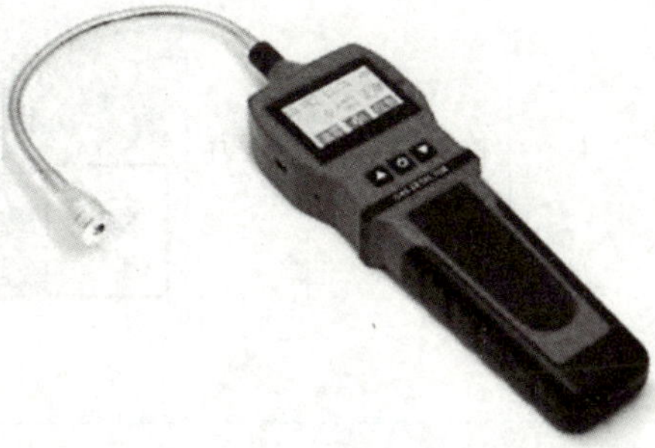
图 4–24　电子检漏仪

（四）操作步骤

1. 操作条件

① 设备：整车、工作台、检漏仪、空调压力表。

② 工具：地板垫、座椅套、转向盘套、翼子板布、前格栅布、车轮挡块、抹布若干、护目镜、橡胶手套。

2. 安全及注意事项

① 当打开车辆前舱盖或进入车辆底部时，不要盲目碰触高压导线及设备，避免触电危险。

② 不要用压缩空气吹气的方法来清洁管子。

③ 在检漏和测量管路压力时要戴好护目镜和防护手套，防止工作时制冷剂接触到眼睛或皮肤。

④ 对所使用的纸质维修手册、电脑、车辆或举升机要及时规整复位，并对场地进行“5S”工作。

3. 操作过程

序号	操作步骤	图解	操作方法及操作标准
1	准备工作		【操作标准】 工具要齐全，摆放要整齐
2	车辆安全防护		【操作方法】 （1）安装车轮挡块，安装车内防护； （2）拉起驻车制动杆，降下驾驶员侧车窗玻璃，拉发动机舱盖释放杆； （3）打开发动机舱盖，安装翼子板布和前格栅布 【操作标准】 防护到位
3	空调管路外观检查		【操作方法】 （1）检查管路接头处有无松动； （2）检查管路有无凹陷、弯曲变形、损伤； （3）检查管路是否脏污 【操作标准】 检查时可轻微晃动管路
4	检查空调管路压力	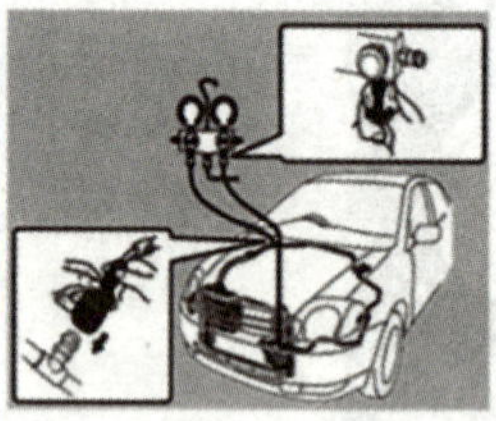	【操作方法】 （1）完全关闭空调压力表低压侧和高压侧的阀门； （2）把快速接头接到汽车上的空调管路阀门上并滑动，直到听到“咔嗒”声； （3）发动发动机，在空调运行时检查空调压力表上所显示的压力； （4）读出的高压侧和低压侧的压力值 【操作标准】 （1）压力表不要放置在发动机上； （2）连接软管时不要装反，不要弄弯管道； （3）不要把任何东西连接到歧管仪表的中部
5	检查空调管路泄漏	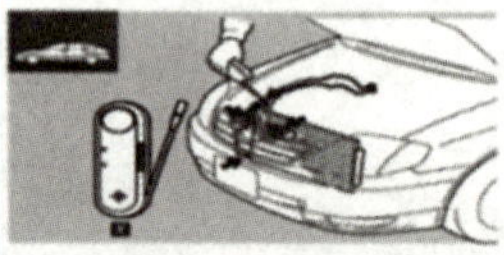	【操作方法】 （1）将点火开关关闭后，使用电子检漏仪检查制冷剂是否渗漏； （2）把检测仪器置于高低压管路连接部位 【操作标准】 把检测仪器置于管道较低一侧，并随管道进行移动
6	车辆、工具复原		【操作方法】 （1）取下空调压力表； （2）取下车内防护用品； （3）车辆复位，清洁车身； （4）清洁并整理工具 【操作标准】 先拆快速接头，严格执行“5S”操作

【问题情境】在日常维护保养中，检测到制冷剂不足，制冷剂不足会有什么影响？

【解决途径】根据制冷剂的作用来分析问题。

4. 学习结果评价

请根据表 4–5，完成学习结果的自我评价。

表 4-5　自我评价表

序号	评价内容	评价标准	评价结果（是 / 否）
1	知识与技能	能找到汽车上高低压管路	□是 □否
		能进行管路的外观检查	□是 □否
		能正确进行空调压力表的连接	□是 □否
		能正确读出空调压力表的读数	□是 □否
		能通过管路压力值判断是否泄漏	□是 □否
		能正确操作电子检漏仪	□是 □否
2	安全与“5S”	能对场地进行安全检查	□是 □否
		能安全操作汽车	□是 □否
		能做好安全防护	□是 □否
		能遵守场地日常安全条例	□是 □否
		能使用工具、工位进行整理、复位、清扫	□是 □否
3	总评	能够满足下一步内容学习	□是 □否

思考练习

一、单选题

1. 汽车空调检测合格出风口温度范围应为（　　）℃。

A.0 ～ 4　　B.4 ～ 10　　C.10 ～ 15　　D.15 ～ 20

2. 膨胀阀的功能是。（　　）

A. 将高压制冷剂气体节流减压

B. 将高压制冷剂液体节流减压

C. 将低压制冷剂气体节流减压

D. 将低压制冷剂液体节流减压

3. 下述何项不是提供输入信号给自动空调控制系统的传感器。（　　）

A. 阳光传感器　　B. 车外温度传感器

C. 氧传感器　　D. 车内温度传感器

4. 一般汽车空调工作时，压缩机电磁离合器能按照车厢内温度的高低，自动分离和吸合，是受（　　）控制。

A. 低压保护开关　　B. 高压保护开关　　C.A/C 开关　　D. 温控开关

5. 引起制冷系统发生异响的原因主要发生在（　　）。

A. 压缩机　　B. 冷凝器　　C. 低压开关　　D. 蒸发器

二、填空题

1. 控制离合器工作的恒温器主要有机械式、________、________三种形式。

2. 泄压阀的作用是防止__________，以免损坏压缩机和冷凝器。

3. 真空控制系统主要有单向阀、__________、__________、真空电磁阀组成。

4. 储液干燥器的作用过滤杂质、__________、__________、储存高压液体，随时供给膨胀阀。

5. 制冷基本方法有__________和__________两种。

项目五 汽车底盘维护与保养

项目概述

汽车底盘作用是支承、安装汽车发动机及其各部件、总成，形成汽车的整体造型，并接受发动机的动力，使汽车产生运动，保证正常行驶。汽车底盘由传动系、行驶系、转向系和制动系四部分组成。

本项目介绍汽车底盘各部件的维护与保养，包含以下八个任务。

任务一：离合器自由间隙的测量和调整。

任务二：手动变速器的保养更换。

任务三：自动变速器的免解体维护。

任务四：四轮定位的检测与调整。

任务五：轮胎的检测与维护。

任务六：行驶系统的检查与维护。

任务七：转向系统的检查与维护。

任务八：制动系统的检查与维护。

通过以上八个任务的学习，使读者能够掌握汽车底盘各系统的合理使用与正确维护，学会正确选择和使用汽车底盘各系统相关润滑补给作业所需运行材料的品牌规格等。

学习目标

知识目标

- ◆ 学会汽车底盘各系统主要操纵部件的操作方法和使用注意事项。
- ◆ 掌握汽车底盘各系统的合理使用与正确维护。
- ◆ 学会正确选择和使用汽车底盘各系统相关润滑补给作业所需运行材料的品牌规格等。
- ◆ 会做汽车底盘各系统典型故障案例分析。

能力目标

◆ 可以正确选用底盘各系统运行材料。

素质目标

◆ 培养学生的动手能力。

◆ 培养学生的探索精神和求知欲。

思政目标

◆ 通过学习，培养学生的动手能力，让学生对汽车底盘有更加清晰的认识，体会到工匠精神，明确工匠精神的重要性。

任务工单

任务名称	离合器自由间隙的测量和调整	学时		班级	
学生姓名		学生学号		任务成绩	
实训设备	帕萨特新领驭轿车、常用工具一套	实训场地		日期	
任务载体	一辆帕萨特新领驭轿车行驶 50 000 km，车主介绍离合器踏板比原来低了一些，检查发现离合器踏板自由行程变大，调后踏板恢复正常				

一、资讯

车型：________ 发动机型号：________ 行驶里程：________

二、决策与计划

请根据故障现象和任务要求，确定所需要的检测仪器、工具，并对小组成员进行合理分工，制订详细的诊断和修复计划。

1．需要的检测仪器、工具：________

2．小组成员分工：________

3．诊断和修复计划：________

三、实施

1．离合器的检查维护。

____

2．离合器踏板高度及自由行程的调整。

____

3．液压式离合器操纵机构的排空气法。

____

四、检查及评估

1．请根据任务完成的情况，对自己的工作进行自我评估，并提出改进意见。

____

2．教师对小组工作情况进行评估，并进行点评。

____

任务一　离合器自由间隙的测量和调整

一、离合器的检查维护

离合器

1. 总泵液体渗漏检查

（1）检查储液罐中液面的高度，应位于 min 和 max 刻度线之间位置。

（2）检查离合器总泵，以便确保液体不渗漏到总泵室中。

（3）检查总泵端口处、储液罐、离合器软管、分泵进油口等部位是否存在漏油现象。

注意

多数轿车的离合器储液罐和制动液储液罐共用。

2. 离合器踏板外观的检查

检查离合器踏板是否弯曲或扭曲；检查踏板垫是否有损坏或磨损。

3. 离合器踏板状况的检查

起动发动机，连续踩下离合器踏板时，检查离合器踏板的工作状况。离合器踏板不应有回弹无力的情况；踩踏时应无异常噪声、无过度松动的情况；每次踩踏踏板时，不应有踏板沉重感。

4. 离合器踏板高度的检查

用测量标尺检查离合器踏板高度是否处于标准范围内。如果超出范围，应调整踏板的高度，如图 5-1 所示。离合器踏板高度（未配备地毯）标准值为 180.5 mm。

应测量从地面到离合器踏板上表面的距离。如果必须要从地毯表面开始测量，则从标准值中扣除地毯的厚度。

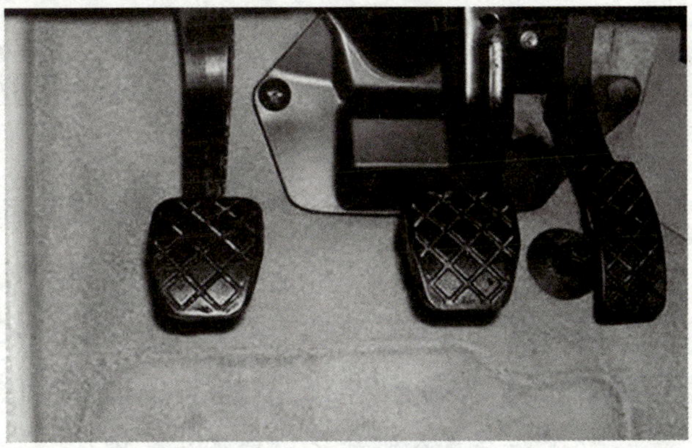

图 5-1　离合器踏板

5. 离合器踏板自由行程及踏板行程的检查

用手指按压踏板并用测量标尺测量踏板的自由行程量，检查踏板自由行程是否处于标准范围内。如果超出标准范围，调整踏板的高度，如图 5-1 所示。踏板自由行程标准值为 6 ～ 13 mm。同时，还应检查离合器踏板的行程，其标准值为（140 ± 3）mm（汽油发动机）。

用手指按压踏板时，感觉踏板逐渐变重的过程分两步：第一步，踏板运动直到踏板推杆接触总泵活塞；第二步，踏板运动直到总泵引起液压上升。离合器分离轴承推动膜片弹簧以前，会随着踏板发生一定量的移动，踏板自由行程也就被确定。

6. 离合器分离点的检查

发动机怠速运转时，不踩下离合器踏板，分别慢慢地换挡到前进挡和倒车挡；逐渐踩下离合器踏板，测量离合器踏板的自由行程的结束位置到齿轮噪声停止的位置的行程量，此行程量为离合器分离行程。

齿轮噪声停止的位置为离合器分离点。

7. 离合器噪声、离合器沉重感及离合器磨损的检查

发动机怠速时，踩下离合器踏板。换到“1”挡或者倒车挡，并检查是否有异常噪声、换挡是否平稳。同时，检查是否有异常噪声，或者在踩下踏板时其力量是否可以接受。

二、离合器踏板高度及自由行程的调整

1. 离合器踏板高度的调整

（1）松开限位螺栓锁止螺母。

（2）转动限位螺栓，直到踏板高度正确。

（3）拧紧限位螺栓锁止螺母。

2. 离合器踏板自由行程的调整

（1）松开推杆锁止螺母。

（2）转动踏板推杆，直到踏板自由行程正确。

（3）拧紧推杆锁止螺母。

（4）调整好踏板自由行程后，检查踏板高度。

知识拓展

液压式离合器操纵机构的排空气法

每次拆卸离合器油管、离合器软管、离合器总泵或者踩下离合器踏板感觉软绵绵时应对离合器液压系统放气。注意加注的离合器油为SAE J1703（或DOT3、DOT4），切勿使用质量差的离合器油。

（1）把一根塑料软管套在放气螺栓上，将排出的离合器油导入一个容器内，打开离合器分泵放气螺栓。

（2）慢慢地反复地踩下离合器踏板。如果反复地踩下离合器踏板的速度过快，气缸里的空气将不能放尽，每次放松离合器踏板时都要回到最高位置。

（3）踩住离合器踏板，拧紧放气螺栓。

（4）在储油罐中加注离合器油到规定位置。

课堂讨论

离合器的检查维护的注意事项有哪些？

任务二　手动变速器的保养更换

一、手动变速器常见故障

手动变速器常见的故障包括变速器各轴头和接合垫部位漏油；变速器运转时发出异响，车辆行进时遇到坡道起步、爬陡坡或急加速时掉档（也称跳档），或乱档而不能挂入相应的档位等。

（一）漏油

1. 现象

变速器盖周边、壳体侧盖周边、加油口螺塞、放油口螺塞、第一轴回油螺纹、第二轴油封（或回油螺纹）或各轴承盖等处有明显漏油痕迹。

2. 主要原因

（1）接合平面变形或加工粗糙；密封垫片太薄、硬化或损坏。

（2）变速器盖、壳体侧盖和轴承盖等处固定螺钉松动或拧紧顺序不符合要求。

（3）油封与轴颈安装不同轴、油封装反、油封本身磨损、硬化或轴颈与轴不同轴。

（4）回油螺纹与轴颈安装不同轴、回油螺纹沟槽污物沉积严重或有加工毛刺阻碍回油。

（5）油封轴颈磨损成沟槽。

（6）加油口盖、放油口螺塞松动或螺纹损坏。

（7）壳体有铸造缺陷或裂纹。

（二）异响

1. 现象

变速器齿轮的啮合、轴承的运转都发出很大噪声，而且变速器发出干磨、撞击等不正常响声。

2. 主要原因

（1）滚动轴承缺油（如第 1 轴前导轴承），滚珠磨损失圆，滚道有麻点、脱层、伤痕，内外滚道在轴上或壳体内转动，或轴承间隙太大。

（2）齿轮加工精度差或热处理工艺不当等造成齿轮偏摇或齿形发生变化；齿隙过大或花键配合间隙太大。

（3）修复过的齿面没有对毛刺、凸起等进行修整。

（4）齿面剥落、脱层、缺损、磨损过甚或换件修复中齿轮未成对更换。

（5）第 1 轴、第 2 轴或中间轴弯曲变形。

（6）壳体轴承孔镗孔、镶套修复后，使两孔中心距发生变动或使两轴线不平行。

（7）经修复后的变速叉弯度不对或变速叉磨损后单边堆焊太厚，致使相关齿轮位置不准。

（8）第 2 轴紧固螺母松动或其他各轴轴向定位失准。

（9）自锁装置凹槽、钢球磨损过甚或自锁弹簧疲劳、折断，造成挂档时越位。

（三）掉档

1. 现象

汽车重载加速或爬越坡道时，变速杆有时从某档自动跳回到空档位置。

2. 主要原因

（1）相啮合的一对离合器式齿轮在啮合部位磨损成锥形。

（2）由于离合器壳后孔中心位置变动、离合器壳与变速器壳接合平面相对曲轴轴线的垂直度变动或第 1 轴、第 2 轴轴承过于松旷等原因，造成第 1 轴、第 2 轴、曲轴三者不在同一轴线上。

（3）挂入档位后齿轮啮合未达轮齿全长或自锁钢球未进入凹槽内。

（4）各轴轴向间隙或径向间隙太大。

（5）有多道常啮齿轮的变速器，装在第 2 轴上的常啮齿轮轴向间隙或径向间隙太大。

（6）自锁装置凹槽、钢球磨损严重或自锁弹簧疲劳、折断。

（四）乱档

1. 现象

在离合器分离彻底的情况下，要挂档挂不上或要摘档摘不下；有时要挂某档，结果挂在其他档位上。

2. 主要原因

（1）互锁装置损坏。

（2）变速杆下端长度不足、下端工作面磨损过大或变速叉轴上导块的导槽磨损过大。

（3）变速杆球头定位销松旷、折断或球头、球孔磨损过大。

二、手动变速器常见问题检查

1. 渗漏情况的检查

检查各区域的渗漏情况，如图 5-2 所示。检查部件包括壳的接触面处；轴和拉索伸出的区域；油封处；加油螺栓和放油螺栓处。

图 5-2 检查各区域的渗漏情况

2. 油质情况的检查

松开放油螺栓，用专用容器接下部分油液，观察所排出的油液的情况（是否存在有异味，油液是否有浑浊情况）。用手指触摸油液，油液中不应存在细小的金属颗粒；如果油液有变质情况，应进行更换。

3. 手动变速器油油位的检查

（1）拆卸加油螺栓，如图 5–3 所示。

（2）将手指插入螺栓孔，检查油与手指接触的位置。如果检查到油位低于规定要求，则应从加油螺栓处添加油液。

4. 手动变速器油液的更换

（1）将汽车平稳地停放在举升机上，并将汽车举升至一定高度。

（2）拆卸放油螺栓 A，排出变速器油，如图 5–4 所示。

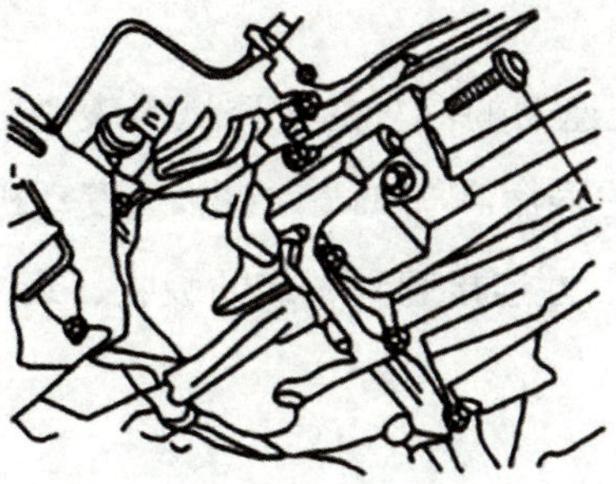

图 5–3　拆卸加油螺栓

图 5–4　拆卸放油螺栓

（3）排放完毕后，用新垫片安装放油螺栓。

（4）通过加油螺栓添加新润滑油，直到油位正好低于加油螺栓开口为止。

（5）分别用规定的力矩拧紧放油螺栓和加油螺栓。放油螺栓和加油螺栓的拧紧力矩均为 60 ～ 80 N·m。应采用规定的变速器油（SAE 75 W/85，APIGL–4），油量为 1.9 L。

知识拓展

齿轮油使用注意事项

（1）不同等级的车辆齿轮油不能混用，且不能将使用级（品种）较低的齿轮油用在要求较高的汽车上。若将普通齿轮油加在准双曲面齿轮驱动桥中，会使齿轮很快磨损和损坏。等级较高的齿轮油可以用在要求较低的汽车上，但降级使用不经济。

（2）不要误认为高黏度齿轮油的润滑性能好。使用黏度牌号太高的齿轮油，将使燃料消耗显著增加，特别是对高速轿车影响更大，应尽可能使用合适的多级齿轮油。

（3）齿轮油一般要加到与齿轮箱加油口下缘平齐，不能过高、过低，应经常检查各齿轮箱是否渗漏，并保持各油封、衬垫完好。

（4）齿轮油的使用寿命较长，如使用单级油，在换季维护时换用不同的黏度牌号，放出的旧油若不到换油指标，可在再次换油时使用。旧油应妥善保管，严防水分、机械杂质和混油污染。

（5）应按规定的换油指标换用新油。无油质分析手段时，可按期换油。国外推荐的换油周期是（50 000 ～ 120 000）km，我国换油周期为（40 000 ～ 50 000）km，可结合汽车定期维护换油。SH/T0475–1992 推荐的换油里程为 4.5 万 km。换油时应趁热放出旧油，并清洗齿轮箱。

任务三　自动变速器的免解体维护

一、自动变速器概述

电控液力自动变速器与机械式手动变速器相比，具有下列显著优点。

（1）提高了发动机和传动系统的使用寿命

采用电控液力自动变速器的汽车与采用手动变速器的汽车的对比试验表明，前者发动机的寿命高85%，变速器的寿命高12倍，传动轴和驱动半轴的寿命高75%～100%。发动机与传动系统由自动变速器的液力变矩器连接，这种液体工作介质的“软”性连接起到一定的吸收、衰减和缓冲作用，大大减少了冲击和动载荷。

（2）提高了汽车的通过性

采用液力自动变速器的汽车在起步时，驱动轮上的驱动力矩是逐渐增加的，可防止振动、减少车轮的打滑，使起步容易，且更平稳。当行驶阻力很大时（如爬陡坡），发动机也不至于熄火，使汽车仍能以极低的速度行驶。在特别复杂的路况行驶时，因换挡时没有功率间断，不会出现汽车停车的现象。

（3）具有良好的自适应性

采用液力自动变速器的汽车采用了液力变矩器，它能自动适应汽车驱动轮负荷的变化。当行驶阻力增大时，汽车自动降低速度，使驱动力矩增加；当行驶阻力减小时，汽车自动减小驱动力矩，增加车速。这说明变矩器能在一定范围内实现无级变速，大大减少了行驶过程中的换挡次数，有利于提高汽车的动力性和平均车速。

（4）操纵轻便

采用液力自动变速器的汽车采用液压或电控液压换挡，使换挡实现自动化，驾驶人只需变换变速杆的位置，控制系统就会自动操纵液压控制系统的滑阀，比手动变速器用拨叉拨动滑动齿轮实现换挡更轻便。而且它的换挡齿轮组一般都采用行星齿轮组，是常啮合齿轮组，这就降低或消除了换挡时的齿轮冲击，大大减轻了驾驶人的劳动强度。

（5）降低了排放污染

变工况地使用发动机是造成发动机排放指标差的重要原因之一。在采用手动变速器的汽车上，通过频繁变换变速器的档位来稳定发动机转速是很难实现的。但在采用电控自动变速器的汽车上，可把发动机转速稳定在低污染和低油耗的区域，通过变速器档位的自动变换适应外界的路况变化。

电控液力自动变速器由变矩器、机械式变速器（一般多采用行星齿轮）和电子液压控制系统三部分组成。

电控液力自动变速器的组成如图 5–5 所示。它通过各种传感器的检测将发动机的转速、节气门开度、车速、发动机冷却液温度、ATF 温度等参数信号以及驾驶人的驾驶意图，转换成电信号输入到 ECU。ECU 经过计算、比较处理后，根据预先编制的换挡程序确定并输出换挡指令，并通过电磁阀控制换挡阀，使其打开或关闭通往换挡离合器和制动器的油路，从而控制换挡时刻和档位的变换，以实现自动变速。

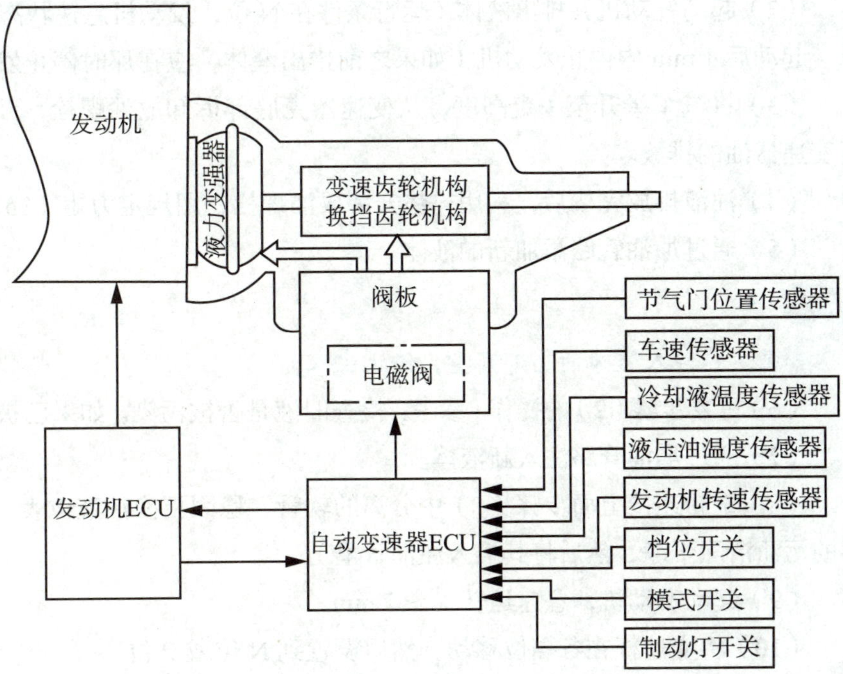

图 5–5　电控液力自动变速器的组成

二、自动变速器常见问题检查

1. 各区域的渗漏情况的检查

检查渗漏情况时，应检查以下各处。壳的接触面处，轴和拉索伸出的区域，油封处，放油螺栓。

2. 油冷却软管及相关管件的连接和损坏情况的检查

检查油冷却软管是否有裂纹、隆起或者其他形式的损坏，其连接部分是否有松动等。

3. 自动变速器油情况的检查

（1）将汽车停在平坦路面上，拉紧驻车制动器手柄。

（2）起动发动机，变速器油温度达到 70 ～ 80 ℃后，踩住制动踏板，将变速杆从 P（驻车）位换到 L 位，每 2 ～ 3 s 在各挡位来回移动 2~3 回，最后挂入 N（空挡）位或 P（驻车）位。

（3）打开发动机舱盖，拔出变速器油标尺。要避免衣服或手碰到旋转部分及过热的散热器。

（4）擦干变速器油标尺后，再次将它插入变速器，然后拔出，确认变速器油是否在 HOT 范围之内。

（5）变速器油不足时，利用漏斗加入变速器油至 HOT 范围。

（6）检查完毕后，牢固地插入油尺。

提示

测量自动变速器油油量时，应在发动机温度达到正常温度后测量。注意不要被散热器和排气装置烫伤。

4. 自动变速器油液的更换

如果发现自动变速器油液变质或达到规定时限，应及时更换，过程如下。

（1）分离连接变速器和自动变速器的每个软管（散热器内侧）。

（2）起动发动机并排出液体（运行条件在 N 位，发动机怠速状态）。

起动后 1 min 内停止发动机（如果之前排出液体，应在那时停止发动机）。

（3）将汽车举升至一定高度，从变速器壳底部拆卸放油螺栓，并在其下部安放接油容器，然后进行变速器油的排放。

（4）油液排放完毕后，利用衬垫安装放油螺栓，用规定力矩（35 ～ 45 N·m）拧紧。

（5）通过加油管路添加新的液体。

注意

如果不能注入液体的全部容量，停止注入。

（6）重复步骤（2）的操作 [参考：检查旧液是否被污染。如果已被污染，重复（5）和（6）的步骤]。

（7）通过加油管路注入新液体。

（8）重新连接上面步骤（1）中分离的软管，稳固更换油液位表（在更换的情况下，将油液标尺周围的污渍清除干净，然后将其插入注油管里）。

（9）起动发动机，怠速运转 1 ～ 2 min。

（10）将变速杆在各挡位移动，然后设置到 N 位或 P 位。

（11）驱动汽车直到液体温度上升到正常温度（70 ～ 80℃），然后再次检查液位。液位必须在 HOT 位置。

（12）将油位计插入到机油滤清器管内。

5. ATF 滤清器的更换

在进行预防性维护时，ATF 滤清器通常被遗忘。在大部分情况下，ATF 滤清器并不像润滑油、空气或燃油滤清器那样易于更换。除非该滤清器的堵塞已经影响到变速器的正常工作，否则通常会被忽略。由于 ATF 滤清器是对自动变速器进行保护的装置，所以应该保持其清洁或者按照其制造商推荐的更换周期及时更换。

自动变速器通常采用纸质滤清器、毡质滤清器或滤膜滤清器来滤除其油液中的杂质。亚洲汽车制造商喜欢使用滤膜滤清器；而欧美汽车制造商则更倾向于纸质或毡质滤清器。

知识拓展

自动变速器油的更换周期

每行驶约 100 000 km 时更换一次自动变速器油。

规定变速器油：DIAMOND ATF SP-Ⅲ / SK ATF SP-Ⅲ。

恶劣条件时，每行驶 40 000 km 更换一次。

任务四　四轮定位的检测与调整

一、四轮定位概述

（一）四轮定位参数

所谓的四轮定位参数，是在前轮定位参数（主销后倾角、主销内倾角、前轮外倾角、前轮前束）的基础上增加了后轮前束与后轮外倾角两个定位参数。许多前轮驱动汽车有较小的负后轮外倾角，以改善转向稳定性，后轮外倾角与前轮外倾角在定义上基本上相同。

（1）主销后倾角

主销后倾角是转向轴线向后倾斜的角度。主销后倾角是从汽车纵向平面观察时，转向轴线至垂直线之间的角度，用 γ 表示，一般 γ 角为 2°～3°，如图 5-6 所示。

（2）主销内倾角

主销在前轴上安装后，其上端略向内倾斜，称为主销内倾。在汽车横向平面内，主销轴线与垂线之间的夹角 β 称为主销内倾角，如图 5-7 所示。

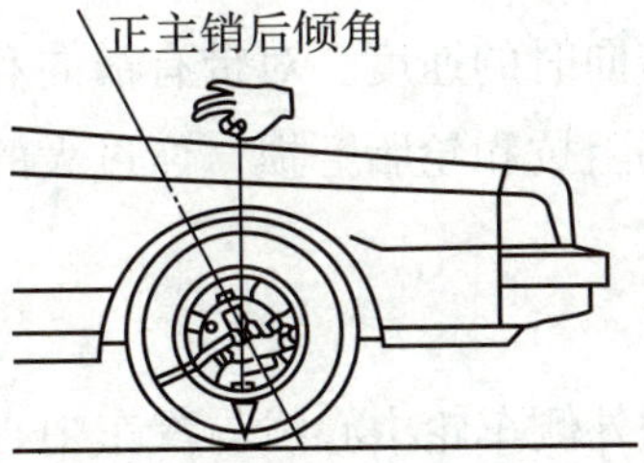

图 5-6　主销后倾角

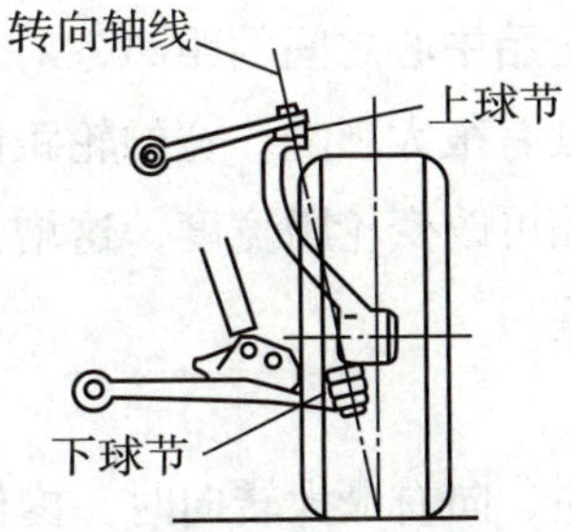

图 5-7　主销内倾角

（3）前轮外倾角

前轮安装在车桥上，其旋转平面上方相对纵向垂直平面略向外倾斜，称为前轮外倾。在汽车的横向平面内，前轮中心平面向外倾斜一个角度 a，称为前轮外倾角，现在的汽车一般都将外倾角设定为 1° 左右。

（4）前轮前束

俯视汽车，两个前轮的旋转平面并不完全平行，而是稍微带一些角度，这种现象称为前轮前束。在通过两前轮中心的水平面内，两前轮的前边缘距离 B 小于两前轮后边缘距离 A，A-B 之差称为前轮前束，像内八字一样前端小后端大的称为前束，而像外八字一样后端小前端大的称为后束或负前束。

（5）后轮外倾角与后轮前束

后轮外倾角与前轮外倾角在定义上基本相同，在前轮驱动汽车中，驱动力使后轮心轴受向后的力。因此，这些后轮根据汽车本身的情况设计成零前束或很小的前束，正确的后轮前束设置对保证轮胎正常寿命有重要意义。

（6）推力线（推进线）

推力线是指两后轮总前束的平分线。

（7）推进角

推进角是指汽车实际的车身几何中心线与推进线之间形成的夹角。

（二）四轮定位仪检测的项目

四轮定位仪可检测的项目包括：前轮前束、前轮外倾角、主销后倾角、主销内倾角、后轮前束角、后轮外倾角、汽车轮距、汽车轴距、转向 20° 时的前张角、推力线和左右轴距差等。目前常见的国产或进口四轮定位仪可以测量上述检测项目中的几个或全部项目。在这些检测项目中，前轮前束、前轮外倾角、主销后倾角、主销内倾角统称为前轮定位，也称前轮定位四要素，各种前轮定位仪都能对其进行检测。汽车的操纵稳定性不仅仅由前轮定位来保证，后轮定位也起着至关重要的作用，所以最好使用四轮定位仪对后轮也进行检测。

（三）四轮定位仪的其他测量功用

除了前面的测量外，四轮定位仪还有附加测量的功能，这可以帮助找到轮胎不正常的磨损、汽车跑偏的原因。下面主要介绍附加测量的情况。

1. 轴距

轴距是指前轴中心到后轴中心的距离，对于多轴汽车其轴距也是指从前轴中心到后轴中心的距离。长的轴距使活动空间更大、驾驶更舒适并减小振动带来的倾斜，短的轴距使转弯半径小。

2. 轮距

轮距是指左、右轮胎中心之间的距离，对于双轮胎汽车指从一对车轮的中间到另一对车轮之间的距离，它对汽车转向驾驶有很大影响。宽的轮距能提高转向时的速度。对带有横向和倾斜转向的单轮车轮悬架，借助弹簧的伸缩可改变轮距宽度，这增大了滚动阻抗和轮胎磨损，但过大的轮距宽度变化会使汽车的直线行驶性能变差。

3. 最大总转角

最大总转角是向左、向右最大转向时，内侧车轮和外侧车轮中心线与汽车中心线间的角度。最大总转角误差影响，造成汽车不同的最大转向角度。

4. 转向角

转向角是车轮中心线与行驶方向（车轮运动方向）的夹角。由于侧向阻力（侧风力、离心力）会影响正在行驶的汽车，所以车轮要改变行驶方向，对原行驶方向偏移 α 角。当前、后转向角一样时，行驶状态保持不变。如果前轮转向角较大，会使得前轮转向不足，后轮转向过度。转向角由轮重、阻力、轮胎构造、外形、胎压及摩擦力决定。

5. 轮轴偏移

轮轴偏移是指两个前轮（或后轮）与地面接触点的连线，与垂直于几何轴线的直线间的夹角。当车轮在左前方时，此角度值为正；在左后方时，此角度为负。

6. 轴距偏差

轴距偏差是两前轮之间的连线与两后轮间连线所形成的夹角。当右侧轮距大于左侧轮距时，此角度为正；反之为负。

7. 横向偏位

横向偏位是指左或右前轮和后轮与地面接触点连线与几何轴线间夹角。如果后轮超出前轮，此角度为正。

8. 轨迹宽度偏差

轨迹宽度偏差是指左前轮和左后轮与地面接触点之间的连线，同右前轮和右后轮与地面接触点之间的连线的夹角。当后部宽度超过前部宽度时，此角度为正。轨迹宽度偏差只能以度为单位测量。

9. 轴偏位

轴偏位是轨迹宽度偏差角的平分线与几何中心线的夹角。如果后轴偏移到右侧，该角为正。

二、操作步骤

（一）定位前汽车的检查

1. 在定位前应检查的项目

整备质量，轮胎，悬架高度，转向盘游隙，减振器或滑柱，车轮轴承调整，球铰状况，摆臂及衬套，转向传动装置及转向横拉杆接头，横向稳定杆及衬套，燃油箱是否满。

2. 应在汽车停在地面时进行的检查

（1）检查粘到底盘上的泥是否过多，卸去不计在整备质量内的行李舱及客舱内的大宗物件。对于有的重物（如工具箱或机械用具与随车物品）应该在车轮定位位程中留在车内。

（2）将轮胎充气至规定值，并注意每只轮胎上是否有异常磨损或损坏。注意所有轮胎尺寸应相同。

（3）检查前轮是否有径向圆跳动。

（4）检查悬架高度。如果尺寸不在规定范围内，检查弹簧是否下陷或破损。对于有扭力杆的悬架，检查扭杆并调节。

（5）当前轮处在中央位置时，来回转动转向盘以检查转向轴、转向器或转向传动装置的间隙。

（6）检查减振器或滑柱、衬套或螺栓是否有松动，并看减振器或撑杆是否出现渗漏。

（7）在汽车各个角处对每只减振器或滑柱进行摇晃检查。

3. 应该在汽车被抬升后悬架被支撑起进行的检查

（1）检查前轮轴承是否有水平移动。对于前轮驱动的汽车，检查所有的车轮轴承。车轮轴承必须在车轮定位以前调整好，并视情况进行清洁、重新装配或其他调整。

（2）测量球铰轴向、径向移动。如果任何方向出现过大的位移，就应更换球铰。注意在检查球铰时悬架必须支撑妥当。

（3）检查摆臂是否有损坏、摆臂衬套是否有磨损。

（4）检查所有转向传动装置以及转向横拉杆接头是否有松动。

（5）检查横向稳定杆固定铰链及衬套是否有磨损。

（6）检查转向器固定螺栓是否松动、安装托架和衬套是否有磨损。

（二）四轮定位的检测

（1）做好准备工作。

① 调整转角盘和后滑板，根据轮距和轴距调整举升机的宽度。

② 将汽车驶到转角盘和后滑板上，车轮要位于转盘和滑板的中部。

③ 拉上驻车制动器手柄，使汽车不能滑动。

④ 抽出转角盘和后滑板的安全销，使汽车车轮处于自由状态。

⑤ 进行汽车目视检查，检查车轮轮辋和车胎尺寸、轮胎的胎纹深度和胎压。

⑥ 检查转向装置和轮轴间隙，弹簧装置和减振器的状态。

⑦ 安装卡具和传感头，进行轮辋补偿。

⑧ 松开制动，用力压下车身前部和后部，使减振弹簧装置恢复到中间位置。

⑨ 安装制动器锁，锁定制动踏板。

（2）安装车轮卡具和传感头。

在开始定位前，将每个车轮卡具和传感头总成安装在车轮的轮辋上。注意各传感头的位置，如果位置颠倒将使定位仪不能正常工作，留意各个传感头上的箭头标就不会弄错位置。

松开拧紧旋钮，通过拉伸上下滑板使卡具能够很快地由外向内或相反方向夹紧在轮圈上，将夹爪张到适合轮辋直径大小。卡具安装要求卡具手柄向上并且垂直地面，要求四爪的定面必须与轮辋的边缘靠齐。转动手轮调整并锁紧夹具在轮的位置，晃动一下，检查夹具是否固定牢固。然后，用防滑胶圈将夹具固定在轮胎上。

（3）接通仪器电源，开机进入 SUN 主界面；选择四轮定位测试，系统开始自检。

（4）选择制造厂家，车型资料。选择相应汽车制造商，按回车键进入汽车年款选项；按回车键确定后，汽车有关技术资料出现在显示器上；记录这些数据，按回车键，进入项目检查选项。

（5）按动键盘上的向下光标箭头，仪器进入基本功能选择，显示器显示如下。

开始定位操作、设定；定位机操作说明；保养定位机；档案库管理（以上功能都可通过上下光标键进行选择）。

（6）依次进行定位预备检查、轮胎检查、制动检查、车底检查、发动机舱盖下检查，按回车键进入轮辋补偿。

（7）前轮退缩角的测定程序。

前轮退缩角的测量步骤如下。

① 将车轮按中央箭头指定方向左右转动，直到计算机显示器的上转向盘调整杆视窗完全变为黄色，表示车轮已摆正。

② 将前轮传感器调整水平，直到屏幕上红色水平泡处于中心位置。

③ 前轮退缩角测定完毕后，计算机自动进入下一画面，即主销后倾角测量屏。

（8）测量包容角。

① 按 M 键，进入 SAI（内倾角）、包容角及后倾角界面。

包容角是主销后倾角与车轮外倾角之和。因为包容角是由刚性零件（转向铰节组件或麦弗逊式减振柱）确定的，所以它一般是不可调的。当这些零件变形时 SAI 将发生变化，因此，包容角是一个用来诊断车轴及减振器变形或磨损的重要参数。注意，某些汽车的包容角是可调的。

② 进入主销后倾角测量屏后，按照屏幕提示操作：向右转动转向盘 10° 位置，直到屏幕上显示 OK；根据提示向左转动转向盘 10° 位置，直到屏幕上显示 OK；根据提示将转向盘归到 0° 位置，直到屏幕上显示 OK。

③ 主销后倾角测量完毕，直接读出包容角的测定值。

（9）按回车键进入下一操作，调平机头；进入后轮测量状态。

（10）按回车键，进入前轮测量准备，调平并锁紧转向盘，调平并锁紧机头。按 M 键进入前轮测量状态。

（11）打印测量结果。点击调整结束，进入打印机。出现画面对话框提示“是否保存客户资料”。如保存，则鼠标单击 Yes 键；如不保存，则鼠标单击 No 键。若选择保存数据，显示画面，然后输入相关数据。其中“车辆号码或客户名字”一项必须输入，否则，将无法储存。如果确认将输入内容保存在电脑内时，鼠标单击画面存储数据处，出现对话框，单击 OK 出现下面的画面，填写后单击打印数据，打印机将把汽车的数据打印出来。不需要保存时，鼠标单击画面取消操作处。

（三）四轮定位的调整

1. 后轮前束和外倾角的调整

进行定位前，应先检查底盘零件是否有损坏、轮胎气压是否正确。如果后桥上已装有任何形式的调整垫片，应先将垫片拆除并装好后轮再进行测量。汽车定位调整的顺序规则是：先调后轮，再调前轮；后轮先调外倾角，后调前束角；前轮先调主销后倾角，后调外倾角，再调前束角。

通常刚性后桥（俗称死后桥）的车轴垂直没有前束和车轮外倾角，因此常常不考虑后轮定位的调整。但是在汽车行驶过程中常常会发生后桥轻微变形或车轴的轻微变形，这种变化长期作用会造成后轮的磨损，出现偏磨或啃胎，还会产生推力角，引起汽车跑偏。若出现了这样的症状，它采用方形垫片——全接触式后轮定位调整专用整片，来调整刚性后桥车轮外倾角和前束角。其具体操作按以下步骤。

（1）根据测量结果计算后轮需要调整的角度，选择相等或相近的垫片。

（2）拆下后轮及轮毂。

（3）将与垫片接触的表面清理干净。

（4）按如下需要放置垫片。

① 角度标注片朝上——增大外倾角。

② 角度标注片朝下——减小外倾角。

③ 角度标注片朝后——增大前束角。

④ 角度标注片朝前——减小前束角。

（5）如需同时改变外倾角和前束角，可将两个垫片叠加使用（每侧车轮最多只能加两个垫片）。

（6）将轮毂装回，按技术要求的力矩拧紧螺栓，安装车轮。

2. 前轮定位参数的调整

（1）增减垫片调整主销后倾角和车轮外倾角，适用于别克、丰田、马自达、陆地巡洋舰等车型，如图 5-8 所示。

（2）移动上控制臂来调整前轮外倾角和主销后倾角，适用于克莱斯勒等车型，如图 5-9 所示。

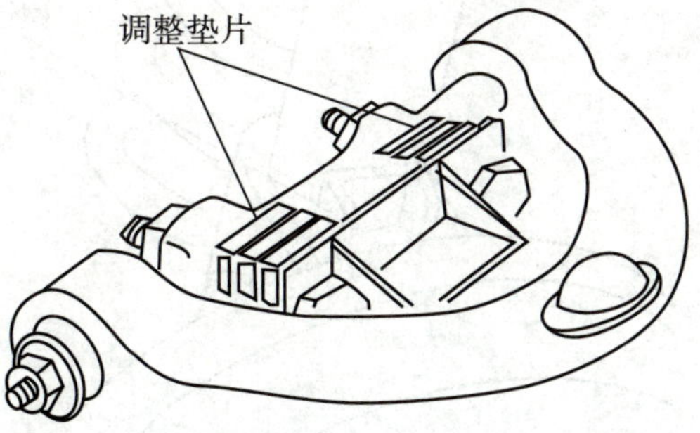

图 5-8　增减垫片调整主销后倾角和车轮外倾角

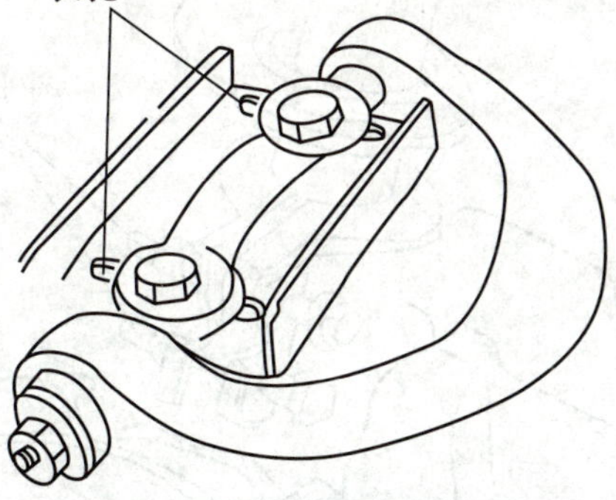

图 5-9　移动上控制臂来调整前轮外倾角和主销后倾角

（3）旋转凸轮来调整车轮外倾角和主销后倾角，适用于别克、凯迪拉克、雪佛兰、福特等车型，如图 5-10 所示。

（4）分别旋转两个偏心螺栓调整车轮外倾角和主销后倾角，适用于本田汽车，如图 5-11 所示。

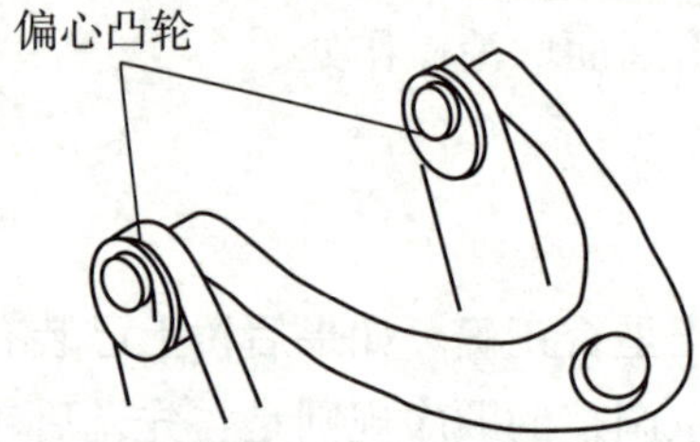

图 5-10　旋转凸轮调整车轮外倾角和主销后倾角

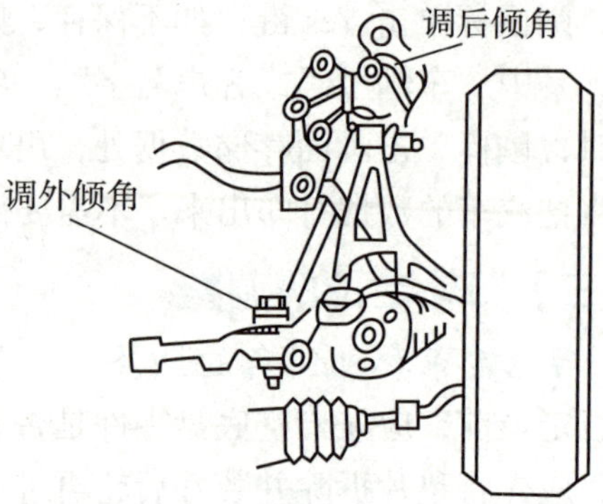

图 5-11　旋转两个偏心螺栓调整车轮外倾角和主销后倾角

（5）松开下控制臂前端的球头安装螺栓，可以推进或拉出球头，从而调整前轮外倾角，适用于奥迪、大众系列等车型，如图 5-12 所示。

（6）松开前减振器顶上几个定位螺栓，可以沿前卡孔左右移动减振器来调整前轮外倾角，适用于奥迪等车型，如图 5-13 所示。

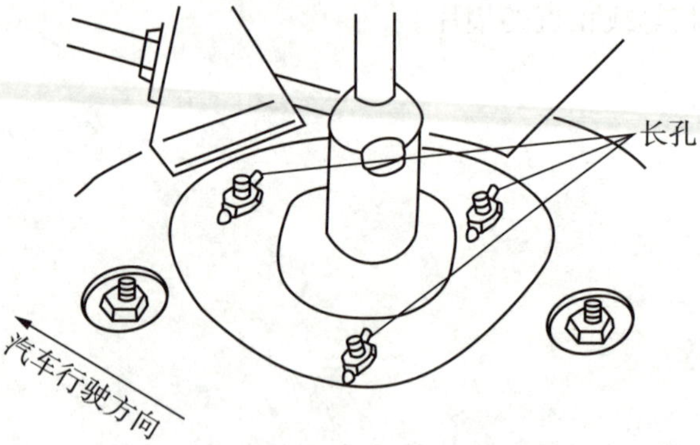

图 5-12　推动偏心球头调整前轮外倾角

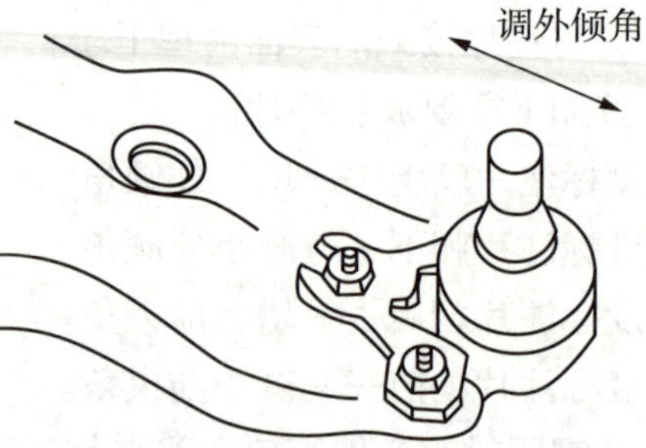

图 5-13　松开前减振器顶定位螺栓移动减振器来调整前轮外倾角图

（7）松开两个螺栓向里推或向外拉轮胎，可以调整车轮外倾角，适用于别克、云雀、凯迪拉克、雪弗莱、克莱斯勒等车型，如图 5-14 所示。

（8）松开减振器两个螺栓向外或向内移动轮胎上部，可以调整车轮外倾角。调整后可以加进楔形锯齿边铁片，既能固定又可防松脱，适用于福特等车型，如图 5-15 所示。

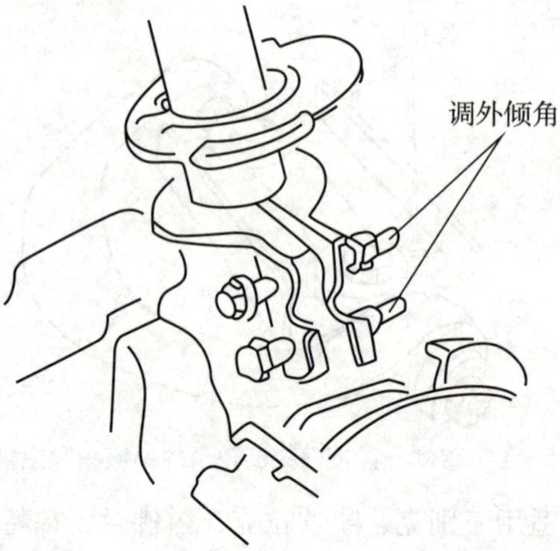

图 5-14　松开两个螺栓向里推或向外拉轮胎调整

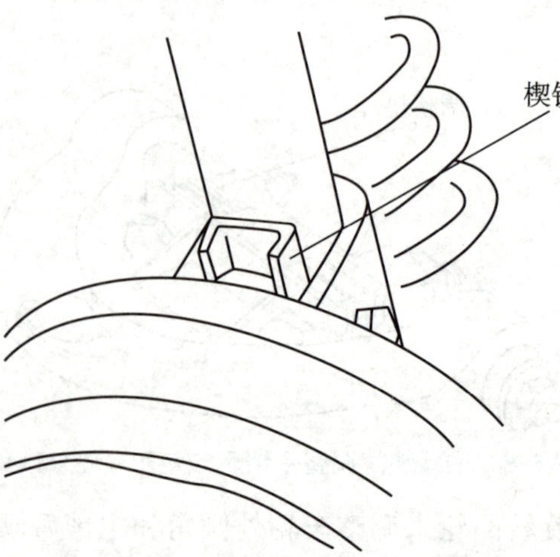

图 5-15　松开减振器后加进楔型锯齿边

知识拓展

四轮定位测量结果分析

四轮定位测量出的结果超出正常值时，可对照表 5–1 进行故障原因的进一步分析，为排除故障奠定基础。

（1）前轮主销后倾角左右不对称，偏差超过 0.5°，汽车朝主销后倾角小的一侧跑偏。

（2）前轮外倾角左右不对称，偏差超过 0.5°，汽车朝前轮外倾角正值最大的一侧跑偏。

（3）后轮外倾角左右不对称，偏差超过 0.5°，汽车朝后轮外倾角最小的一侧跑偏。

（4）根据前、后轴的退缩角可以观察到汽车轴距的变化。前后退缩角之和超过 0.2°，就会出现可感觉到的跑偏，跑偏朝向轴距小的一侧。

表 5–1　麦弗逊悬架的故障诊断表

主销内倾角	车轮外倾角	包容角	可能出现的故障区域
正常	小于规定值	小于规定值	半轴弯曲、麦弗逊立柱弯曲
正常	大于规定值	大于规定值	半轴弯曲、麦弗逊立柱弯曲
小于规定值	小于规定值	正常	控制臂弯曲，或由于车体变形使立柱上端向外受推，或发动机托架扭曲失调
小于规定值	小于规定值	正常	由于车体变形使立柱上端向内受推或发动机托架扭曲失调
小于规定值	大于规定值	大于规定值	控制臂弯曲，或由于车体变形使立柱上端向外受推，半轴弯曲或立柱弯曲
小于规定值	大于规定值	小于规定值	控制臂弯曲，或由于车体变形使立柱上端向外受推，半轴弯曲或立柱弯曲
小于规定值	小于规定值	小于规定值	控制臂弯曲，或由于车体变形使立柱上端向外受推，半轴弯曲或立柱弯曲

任务五　轮胎的检测与维护

一、轮胎概述

（一）车轮与轮胎

车轮与轮胎是汽车行驶系中的重要零部件，其作用是支撑整车质量，缓和来自路面的冲击力，通过轮胎与地面的附着力产生驱动力和制动力；在保证汽车正常转向行驶的同时，通过车轮产生的自动回正力矩，使车轮保持直线行驶方向等。

车轮是介于轮胎和车轴之间承受负荷的旋转部件。车轮通常主要由轮胎、平衡块、车轮、装饰罩、螺栓、气门嘴组成，如图 5–16 所示。根据轮辐的构造，车轮可分为辐板式车轮和辐条式车轮。

轮胎安装在轮辋上，直接与地面接触。轮胎由胎侧、胎面、胎体、胎圈组成。根据胎体结构的不同，轮胎可分为充气轮胎和实心轮胎。现代汽车绝大多数采用充气轮胎，实心轮胎仅用在低速汽车或重型挂车上。

汽车普遍采用充气轮胎，轮胎质量的好坏直接影响汽车的各种使用性能，轮胎是汽车上最重要的部件之一。汽车轮胎应有足够的承载能力，因汽车轮胎直接与地面接触，轮胎承受并传递与地面各方向的力。因此，轮胎必须有适宜的弹性和承受载荷的能力。同时，在其与路面直接接触的胎面部分，应具有用以增强附着作用的花纹。此外，车轮滚动时，轮胎在所承受的重力和由于道路不平而产生的冲击载荷作用下受到压缩。压缩消耗的功，在载荷去除后并不能完全回收，有一部分消耗于橡胶的内摩擦，使得轮胎发热。温度过高将严重地影响橡胶的性能和轮胎的组织，从而大大增加轮胎的磨损而缩短轮胎的使用寿命。

近年来，汽车越来越多地采用子午线轮胎，这种轮胎的帘布层帘线是径向排列的，如图 5–17 所示。这样排列的帘线，工作时直接受拉力，因此在承受同样的载荷时，子午线轮胎帘布层数可减少许多，子午线不用缓冲层，而用高强度的带束层代替。与普通胎相比，子午线胎具有寿命长、在路面滚动时周向变形小、滑移小、更耐磨、滚动阻力小、附着性能好、胎体弹性好、接地面积大等优点。

图 5–16　车轮总成

图 5–17　子午线轮胎

在汽车使用过程中，由于汽车受承受载荷、行驶路况、轮胎质量、悬架或转向系统零部件损伤、车轮定位失准及驾驶习惯等因素影响，使车轮产生变形和轮胎异常磨损，导致汽车产生行驶振动摇摆，轮胎加速磨损以及制动性能、加速性能和转向性能降低等，使汽车的行车安全性和使用经济性受到严重影响。因此，应定期检查轮胎磨损状况；同时，为提高各个轮胎的磨损均匀性，还需要定期进行车轮换位，延长轮胎使用寿命。

（二）轮胎标示含义

轮胎标示的含义如图 5–18 所示。

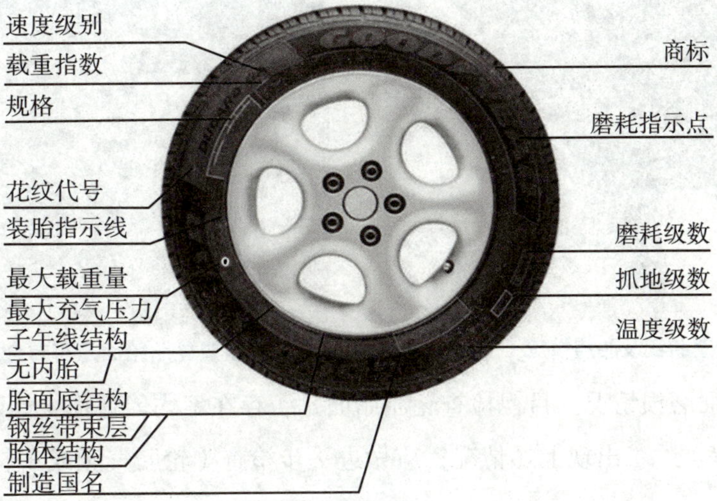

图 5-18　轮胎标示的含义

二、操作过程

（一）轮胎的检查

1. 备胎检查

（1）将汽车平稳地停放在举升机上，打开行李舱盖，从行李舱中取出备用车胎，安放在车轮支架上。

（2）检查轮胎的胎压。用手旋下轮胎气门嘴的防尘帽，使用轮胎气压表检查轮胎气压是否符合 2.5 kg/cm^2（依据车型而定）的要求。如果气压过低，应进行充气；若气压过高，则应适当地放气，直到达到规定要求，如图 5-19 所示。

（3）检查气门嘴的漏气情况。用手旋下轮胎气门嘴的防尘帽，将轮胎气压加到规定要求，然后在气门嘴上涂抹一层肥皂水。目视检查气门嘴是否存在漏气现象，如图 5-20 所示。

图 5-19　检查轮胎的胎压

图 5-20　检查气门嘴的漏气情况

（4）检查胎侧及胎肩情况。用手沿胎侧及胎肩方向按圆周方向检查其是否有变形、裂纹等情况；同时，配合目视检查在胎侧及胎肩方向上是否有异常磨损或鼓包、橡胶开裂等现象，如图 5-21 所示。

（5）检查轮胎胎面是否有金属颗粒或其他异物嵌入，如图 5-22 所示。目视观察轮胎胎面异物嵌入情况，如果存在异物，应将异物剔除。

图 5-21　检查胎侧及胎肩情况

图 5-22　检查轮胎胎面是否有金属颗粒或其他异物嵌入

（6）检查轮胎胎面磨损情况。目视检查轮胎胎面是否存在不均匀磨损（如两边磨损、中间磨损、羽状磨损、单侧磨损等）。若出现上述情况，应做进一步检查（轮胎气压或车轮定位等），如图 5-23 所示。

（7）检查轮胎胎面花纹沟槽深度，如图 5-24 所示。首先，擦净轮胎花纹顶面及纹槽；然后，将深度尺垂直插入纹槽中，保持深度尺的测量平面与两侧花纹顶面可靠接触；同时，在整个轮胎上进行多点测量；最后，观察并读取深度尺外壳顶端与标尺对齐的刻度线指示的数值，该数值即为轮胎花纹深度值。车轮轮胎花纹深度应不低于极限值。胎面深度极限值为 1.6 mm。

图 5-23　检查轮胎胎面磨损情况

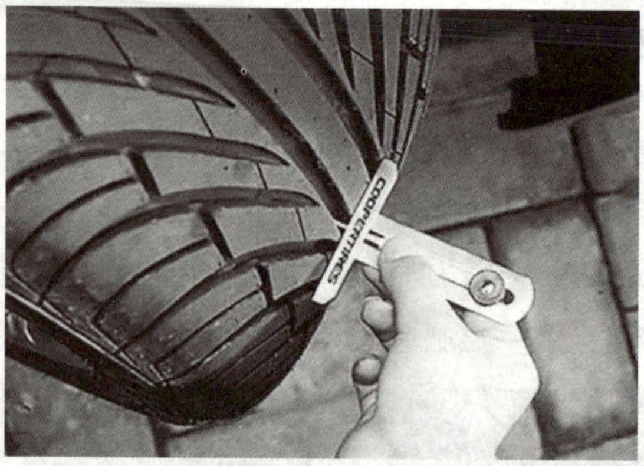

图 5-24　检查轮胎胎面花纹沟槽深度

（8）检查轮圈和轮盘的情况。目视检查轮圈和轮盘是否存在变形、腐蚀、裂纹等损坏情况，如果存在，应更换轮胎，如图 5-25 所示。

（9）检查轮胎螺栓孔的情况。目视检查连接螺栓孔，不应有腐蚀、变形等情况，如图 5-26 所示。

图 5-25　检查轮圈和轮盘的情况

图 5-26　检查轮胎螺栓孔的情况

2. 轮胎及车轮轴承的检查

（1）将汽车平稳地停放在举升机上，操纵举升机将汽车举升至适当高度，锁止举升机。

（2）检查车轮是否摆动、转动是否良好且无噪声，如图 5–27 所示。

图 5–27　检查车轮是否摆动、转动是否良好且无噪声

（3）进行车轮的检查。检查项目分别为胎侧及胎肩情况、轮胎胎面是否有金属颗粒或其他异物嵌入、轮胎胎面磨损情况、轮胎的胎压、气门嘴的漏气情况、轮圈和轮盘的情况、轮胎螺栓孔的情况、轮胎胎面花纹沟槽深度，检查的方法和检查备胎的方法一样。

思政链接

2020 年 8 月 17 日，李师傅驾驶货车在高速路面行驶时，左前轮胎突然爆炸，车辆瞬间失控，车辆就迅速向左偏移，冲出中央护栏，与对向车道的货车相撞后侧翻，李师傅受重伤不幸去世。事故发生后，妻子王女士在四川西华交通鉴定中心获得事故鉴定报告，发现是轮胎爆炸造成了本次事故。

所以我们需要定期的对轮胎进行检查，防患于未然，避免因轮胎问题导致事故的发生。

任务六　行驶系统的检查与维护

一、行驶系统概述

行驶系统

（一）行驶系的主要功用

（1）接收由发动机经传动系传来的转矩，并通过驱动轮与地面之间的附着作用，产生驱动力，以保证整车正常行驶。

（2）支撑汽车的总质量。

（3）传递并支承路面作用于车轮上的各种反力及其所形成的力矩。

（4）尽可能地缓和不平路面对车身造成的冲击和振动，保证汽车平顺行驶。

（二）行驶系的组成

行驶系由车架、车桥、车轮和悬架组成。车架的作用是支撑连接汽车的各零部件，并承受来自车内外的各种载荷；车架是整个汽车的基本，汽车的绝大多数部件和总成都是通过车架来固定其位置。车架一般由纵梁和横梁组成，通过铆接或焊接的方法将纵梁和横梁连接成坚固的刚性构件，汽车车架的结构形式主要有：边梁式、中梁式（或称脊骨式）、综合式和无梁式。

悬架是车架（或车身）与车桥（或车轮）之间一切动力连接装置的总称。图 5-28 为前悬架结构图，图 5-29 为后悬架结构图。

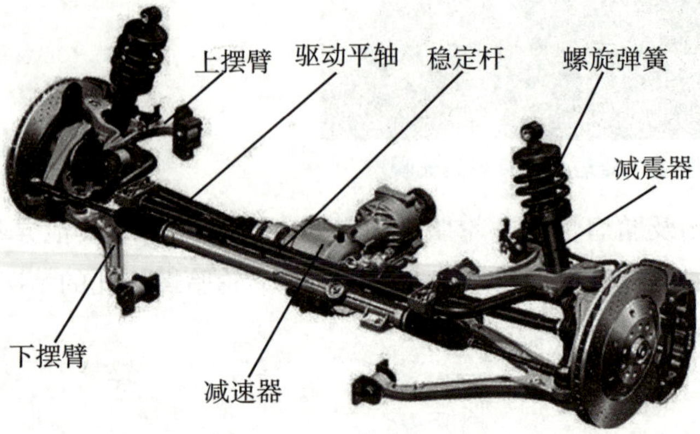

图 5-28 前悬架结构图

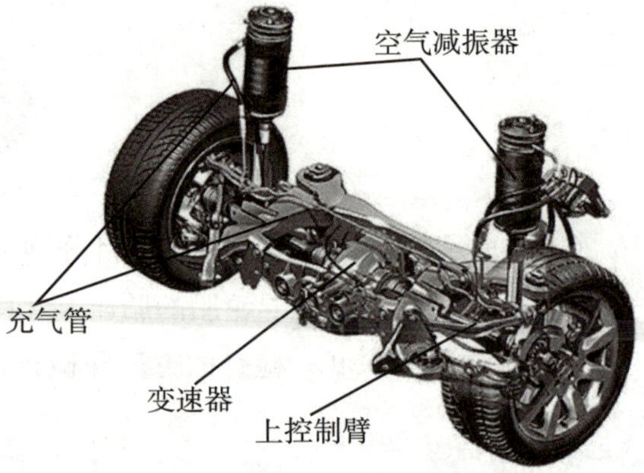

图 5-29 后悬架结构图

汽车悬架是车架或承载车身与车轮之间的弹性传力装置。由它的弹性元件和阻尼元件构成在车轮到车身之间的减振环节，其作用为把车架或承载车身与车轮连接起来，以缓和吸收车轮在不平路面上行驶时所受到的冲击和振动，保证汽车行驶的平顺性。

汽车悬架可分为独立悬架和非独立悬架两大类。现代汽车悬架有多种不同的结构形式，但是一般都由弹性元件、减振器和导向机构组成。

二、操作过程

（一）悬架检查

1. 减振器减振力检查

通过上下摇动车身确定减振器的缓冲力大小，并且检查车身停止摇动需要的时间，时间应尽量少，如图 5-30 所示。

2. 汽车倾斜情况的检查

将汽车平稳地停在举升机上，并使各轮胎气压保持一致，目测汽车是否有倾斜。

3. 各悬架组件的检查

用目视、手摸或摇晃等方法检查减振器、螺旋弹簧、稳定杆、下臂及托臂和扭转梁是否有损坏、变形等情况。

4. 减振器的检查

检查减振器上是否有凹痕。检查防尘罩上是否有裂纹、裂缝或其他损坏，如图 5-31 所示。

图 5-30　检查汽车倾斜情况

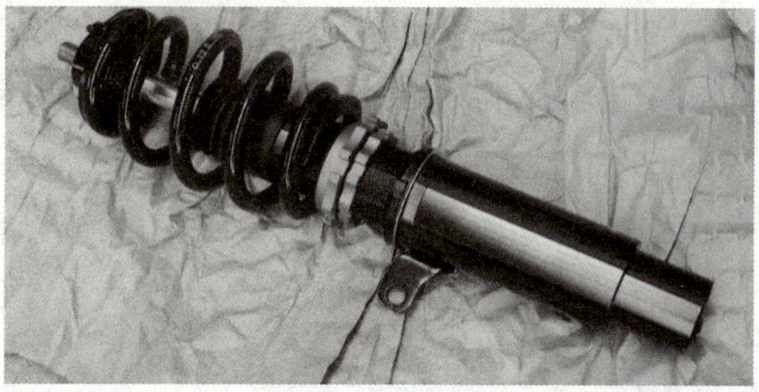
图 5-31　检查减振器

5. 检查减振器中渗漏情况

用手摸减振器，观察减振器是否存在油液渗漏情况。

6. 连接摆动检查

通过摇晃悬架连接头上的连接来检查衬套是否磨损或者有裂纹，并且检查是否摆动，同时，检查连接是否损坏。

7. 螺旋弹簧的检查

观察弹簧是否有裂纹、变形及磨损等情况，用手摇晃弹簧是否有松动。

8. 对汽车下臂、托臂及桥梁的检查

目视及用手晃动上述部件，观察其有无损伤及松动情况，如图 5-32 所示。

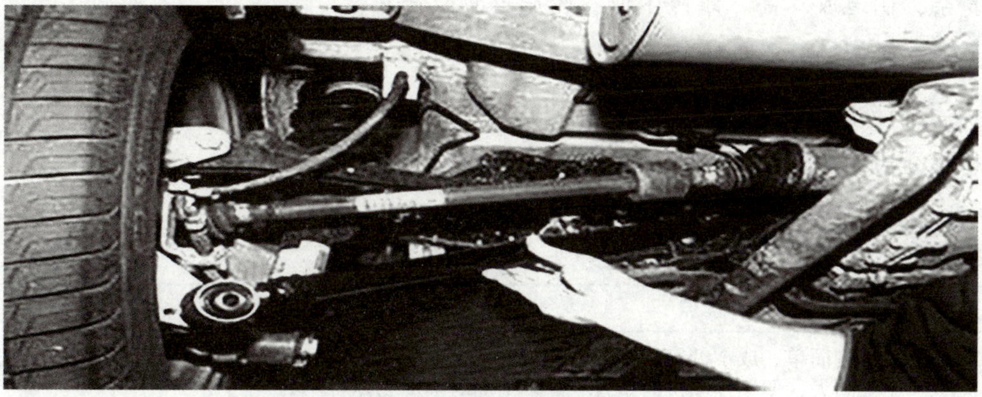
图 5-32　对汽车下臂、托臂及桥梁的检查

9. 左、右前减振器座螺栓紧固情况的检查

用工具对左、右前减振器座螺栓进行紧固，拧紧力矩为 45 ～ 60 N·m。

（二）底盘连接螺栓和螺母的紧固检查

（1）紧固下臂球头总成到转向节螺栓（球节至转向节），拧紧力矩为 100 ～ 120 N·m。

（2）紧固制动钳装配螺栓，拧紧力矩为 78.5 ～ 98.1 N·m。

（3）紧固车架装配螺栓（螺母），拧紧力矩为 160 ～ 180 N·m。

（4）紧固车架支撑杆装配螺栓（螺母），拧紧力矩为 45 ～ 55 N·m。

（5）紧固减振器至车身螺栓，拧紧力矩为 100 ～ 120 N·m。

（6）紧固转向机外壳至横梁的固定螺栓，拧紧力矩为 60 ～ 80 N·m。

（7）紧固稳定杆至稳定杆连杆螺母，拧紧力矩为 100 ～ 120 N·m。

（8）紧固制动钳固定螺栓，拧紧力矩为 78.5 ～ 98.1 N·m（前制动）；49.0 ～ 58.8 N·m（后制动）。

（9）紧固前支柱总成到转向节螺栓，拧紧力矩为 137.3 ～ 156.9 N·m。

（10）紧固稳定杆连杆到支柱总成螺母，拧紧力矩为 100 ～ 120 N·m。

（11）紧固支柱总成到转向节螺栓，拧紧力矩为 140 ～ 160 N·m。

知识拓展

（一）独立悬架的优缺点

1. 独立悬架的优点

（1）在不平道路上行驶时车架和车身的振动小，而且有助于消除转向轮不断偏摆的不良现象。

（2）减少了汽车的非簧载质量，则悬架所受到的冲击载荷也减小，可以提高汽车的平均行驶速度。

（3）采用断开式车桥，发动机总成的位置可以降低和前移，使汽车重心下降，提高了汽车行驶稳定性。

2. 独立悬架的缺点

结构复杂，制造成本高，维修不便，轮胎磨损较严重。

（二）独立悬架的分类与比较

1. 独立悬架分类

独立悬架分为麦弗逊式、双横臂式和多连杆式三种。

2. 三种悬架的比较（表 5-2）

表 5-2 三种悬架优缺点的比较

序号	类型	优点	缺点	适用
1	麦费逊式	结构简单、成本低、两侧车轮内侧空间大，便于发动机的布置	抗侧倾能力一般，高速转向时横向稳定性不好	中低级轿车的前悬架
2	双叉臂式	侧倾小，可调参数多、轮胎接地面积大、抓地性能优异	占用较大的空间，而且其定位参数较难确定	中高级轿车，部分运动型轿车及赛车的后轮
3	多连杆式	舒适性和操纵稳定性非常好	结构复杂、成本高	多用于高级轿车

任务七　转向系统的检查与维护

一、汽车转向系统概述

汽车转向系统是用于改变或保持汽车行驶方向的机构。其作用是使汽车在行驶过程中能够按照驾驶人的操纵要求适时地改变行驶方向，并在受到路面传来的偶然冲击而可能使汽车意外地偏离行驶方向时，能与行驶系统共同保持汽车直线行驶的稳定性。图 5-33 为转向系统的组成，一般的转向系统由转向盘、转向柱轴管、转向轴、万向节和转向器组成。

图 5-33　转向系统的组成

由于机械式转向系统本身不能同时满足转向操作既省力又灵敏的要求，所以，现在很多汽车上均采用转向助力装置。这种装置可以选用传动比小的转向器，保证转向的高灵敏性，同时，又有动力协助转向，可达到转向既省力又灵敏的目的。北京现代悦动汽车采用的是液压动力转向系统，该装置由转向液压泵、储油罐、动力转向器和油管等组成。

转向传动机构的功用是将转向器输出的动力和运动传给转向轮，使两个转向轮偏转角按一定关系变化，以实现汽车顺利转向。转向传动机构按照悬架的不同，可分为非独立悬架配用的转向传动机构和与独立悬架配用的转向传动机构两大类。

二、各项检查的必要性

1. 检查转向盘的必要性

转向盘在汽车行驶过程中起到控制方向的作用，如果出现故障，会造成操纵失灵，极易出现危险。如果转向间隙过大，容易造成行驶跑偏、转向盘抖振，影响正常的行驶，因此，需对转向盘进行定期检查，及时排除故障隐患。

2. 检查液压动力转向系统的必要性

对于装有液压动力转向系统的汽车，当汽车转向时，驾驶人只需作用在转向盘上较小的力，此时，由发动机驱动的动力转向泵建立的高压油在控制阀的控制下进入转向器内的动力油缸，推动转向偏转，实现汽车转向。对于液压动力转向装置而言，在使用过程中会出现动力转向油变质、有气泡、浑浊、管路渗漏堵塞或液位下降等现象，致使动力转向装置性能下降或丧失，造成转向沉重。

3. 转向传动机构检查维护的重要性

随着汽车行驶里程的增加，转向系统各零部件会产生磨损、固定螺栓松动等现象，使转向系统间隙变大、传动零部件松动，导致汽车转向沉重、行驶跑偏、转向不灵敏等，影响到行驶的安全性。防尘罩、转向横拉杆及其球头是汽车转向系统的重要组成部件。如果长时间使用，防尘罩的橡胶会老化、破裂，引起润滑脂流失与变质，影响转向器密封和润滑，加速转向器的磨损；转向横拉杆会弯曲变形，使转向车轮定位角度发生变化，造成转向操纵不稳定及轮胎异常磨损等；转向球头会磨损，使球头与球笼配合松旷，造成异响，若磨损过大，会造成汽车失去方向控制的危险情况。

三、更换动力转向油的注意事项

（1）动力转向油有一定的腐蚀性，应注意防护。

（2）在添加或更换动力转向油时，要使用正品动力转向油。如果使用另一种类型的动力转向油，可能导致磨损加剧，低温状态转向不良。

四、汽车转向系统常见故障

目前绝大多数汽车是靠前轮转向的，故其常见的故障是前轮轮胎磨损不正常、转向沉重、转向跑偏、前轮摆头和转向盘自由行程过大等。

1. 前轮轮胎磨损不正常

（1）故障现象：前轮轮胎磨损过快，胎面形状出现异常。

（2）主要原因如下。

① 轮胎气压不符合要求。

② 轮胎长期未换位。

③ 前轮定位不正确，尤其是前束值与外倾角配合不正确。

④ 轮毂轴承松旷或转向节与主销松旷。

⑤ 纵、横拉杆或转向机松旷。

⑥ 钢板弹簧 U 形螺栓松旷；钢板弹簧衬套与其销松旷。

⑦ 前轮径向圆跳动或轴向圆跳动太大；前轮旋转质量不平衡；前轮摆头。

⑧ 前轴与车架纵向中心线不垂直或车架两边的轴距不相等；前轴或车架弯、扭变形；前轴刚度不足。

⑨ 转向横拉杆（尤其是弓形横拉杆）或横拉杆臂刚度不足。

⑩ 前轮放松制动回位慢或制动拖滞。

⑪ 轮胎螺栓松动。

⑫ 经常超载、偏载、起步过急、高速转弯或制动过猛。

⑬ 经常行驶在拱度较大的路面上。

⑭ 转向梯形机构不能保证各车轮纯滚动，出现过度转向或不足转向。

⑮ 轮胎质量不佳。

2. 转向沉重

（1）故障现象：汽车行驶中驾驶人向左、右转动转向盘时，感到沉重费力，无回正感；当汽车以低速转弯行驶或掉头时，转动转向盘更加吃力，甚至打不动。

（2）主要原因如下。

① 轮胎气压不足。

② 转向节与主销配合过紧或缺油。

③ 纵、横拉杆球头连接调整过紧或缺油。

④ 转向器主动部分轴承预紧力太大或从动部分与衬套配合太紧。

⑤ 转向器主、从动部分的啮合调整得太紧。

⑥ 转向器无油或缺油。

⑦ 转向节止推轴承缺油或损坏。

⑧ 转向器转向轴弯曲或其套管凹瘪造成刮碰。

⑨ 主销后倾角、主销内倾角过大或前轮负外倾。

⑩ 前梁、车架变形，造成前轮定位失准。

3. 自动跑偏

（1）故障现象：汽车行驶中自动跑向一边，必须用力握住转向盘才能保持直线行驶。

（2）主要原因如下。

① 两前轮轮胎气压不等、直径不一或装载不均。

② 左右两副前钢板弹簧（大中型客货车）挠度不等或弹力不一致。

③ 前梁、后桥轴管或车架在水平平面内发生弯曲。

④ 车架两边的轴距不等。

⑤ 两前轮轮毂轴承或轮毂油封的松紧度不一致。

⑥ 前、后桥两端的车轮有单边制动或单边拖滞现象。

⑦ 两前轮外倾角、主销后倾角或主销内倾角不等。

⑧ 前束太大或负前束。

⑨ 路面拱度较大或有侧向风。

4. 前轮摆头

（1）故障现象：汽车在某低速范围内或某高速范围内行驶时，有时出现两前轮各自围绕主销进行角振动的现象，通常称之为前轮摆头（也称前轮摇摆）。尤其是高速摆头时，两前轮左右摆振严重，握转向盘的手有麻木感，甚至在驾驶室内可看到整个车头晃动。

（2）主要原因如下。

① 前轮旋转质量（包括轮胎、轮辋、制动鼓或盘、轮毂等）不平衡。

② 前轮径向圆跳动或轴向圆跳动太大。

③ 前轮使用翻新胎。

④ 前轮外倾角太小、前束太大、主销负后倾或主销后倾角太大。

⑤ 两前轮的主销后倾角或主销内倾角不一致。

⑥ 前梁或车架弯、扭变形。

⑦ 转向系统与前悬架的运动互相干涉。

⑧ 转向系统（如横拉杆、横拉杆臂、垂臂等）刚度太低。

⑨ 转向机主、从动部分啮合间隙或轴承间隙太大。

⑩ 转向机垂臂与其轴配合松旷。

⑪ 纵、横拉杆球头连接松旷。

⑫ 转向节与主销配合松旷或转向节与前梁拳形部沿主销轴线方向配合松旷。

⑬ 前轮轮毂轴承松旷。

⑭ 转向机在车架上的连接松动。

⑮ 前悬架减振器失效或左、右两边减振器效能不一致。

⑯ 左、右两副前悬架高度或刚度（钢板弹簧表现在厚度、长度、片数、弧高或新旧程度等方面）不一致。

⑰ 前钢板弹簧 U 形螺栓松动或钢板销与衬套配合松旷。

5. 转向盘自由行程过大

（1）故障现象：汽车保持直线行驶位置静止不动时，轻轻来回晃动转向盘，感到游动角度很大。

（2）主要原因如下。

① 转向器内主、从动啮合部位松旷或主、从动部分的轴承松旷。

② 转向盘与转向轴的连接部位松旷。

③ 转向器垂臂轴与垂臂连接部位松旷。

④ 纵、横拉杆球头连接部位松旷。

⑤ 纵、横拉杆臂与转向节的连接部位松旷。

⑥ 转向节与主销松旷。

⑦ 轮毂轴承松旷。

五、操作过程

（一）转向盘的检查

1. 检查转向盘的转动自由行程量

（1）将汽车停放在举升机处，安装好底板垫、座椅套和转向盘套。

（2）起动发动机，使汽车处于笔直向前状态。在前轮不动状态下，使用直尺测量转向盘可以转动的自由间隙（自由行程），如图 5-34 所示。转向盘自由行程的标准值应不大于 30 mm。如果自由行程大于标准值，应检查转向轴的连接部位和横拉杆球头的间隙。

图 5-34　转向盘

2. 转向盘的松动和摆动情况的检查

用两手握住转向盘，轴向和垂直地移动转向盘，确保其没有松动；同时，两手握住转向盘，向两侧移动转向盘，确保其没有摆动，如图 5-35 所示。

3. 点火开关处于 ACC 位置时状态的检查

将点火开关转动到 ACC 位置时，转向盘应不锁定并且可以自由转动，如图 5-36 所示。

图 5-35　转向盘的松动和摆动情况的检查

图 5-36　点火开关处于 ACC 位置时转向盘的状态图

4. 检查转向盘自动回位

（1）检查转向盘回正力时（图 5-37），无论快慢转动转向盘，左右两侧的回正力都应相同。

图 5-37　检查转向盘回正力

（2）车速在 23 ～ 30 km/h 转动转向盘 90°，保持 1 ～ 2 s 后，放松转向盘应回到 70° 以上位置；如果快速转动转向盘时可能在瞬间感到转向盘沉重，这不属于故障。

（二）动力转向油的检查

1. 动力转向油液位的检查

将汽车停放在平坦地面，调整转向盘，使前车轮处于直线行驶状态。

（1）起动发动机，在空挡状态下转动转向盘数次，使转向油温上升到 50 ～ 60℃。

（2）在发动机怠速状态下数次转动转向盘至左、右极限位置。

（3）检查储油罐的转向油是否有泡沫或混浊。

（4）检查发动机起动后和停止后的储油罐液面之差。正常液位应处于上刻度线（MAX）与下标度线（MIN）之间。若液面高于 MAX 刻线，应用吸管将多余油液吸出；若液面低于 MIN 刻线，确认系统无泄漏后，应及时添加，如图 5-38 所示。

2. 动力转向油的添加

将汽车停放在水平地面上，保证前转向轮处于直线行驶位置状态，旋开动力转向油储油罐盖，在加注口周围铺好干净的抹布，添加动力转向油，使液位处于规定要求。

3. 动力转向油的更换

如果动力转向油出现变白、浑浊或气泡等现象，应及时更换动力转向油。排除系统内的动力转向油可用吸管将储液罐内的动力转向油吸出，放置在专门的容器内。

图 5-38　检查动力转向油液位

（1）举升汽车至合适位置，用鲤鱼钳将转向器回油管卡箍脱离压紧部位，接油容器置于液压泵下方。

（2）拉出回油管，将动力转向油接入接油容器中。排净后，用软管一头连接回油管，另一头连接接油容器。

（3）起动发动机并怠速运转，反复地左右转动转向盘至极限位置，使转向系统内的动力转向油注入接油容器中。

（4）当无动力转向油排除出时，重新连接回油管至储液罐，停止发动机运转，并将转向盘回位到中间位置。

（5）使用动力转向油填充储液罐，反复地左右转动转向盘至极限位置，直到当转向盘回味到中间位置时。

（6）使液位达到规定位置，并给动力转向系统放气。

4. 液压动力转向系统放气

（1）使用动力转向油补充液位至储液罐 MAX 标记位置。

（2）将车举升至一定高度，通过快速将点火开关从“ON”位置转到“START”位置来转动发动机 1～2 次，但不起动发动机。

（3）将转向盘从左极限位置转到右极限位置 5 ～ 6 次，持续 15 s 左右。

（4）起动发动机并保持转向盘转动从左锁止至右锁止位置，直到发动机怠速状态下储液罐内停止出现气泡为止，排气过程结束。

如果液位低于规定要求，则应添加动力转向油。

（三）液压动力转向系统泄漏的检查

起动发动机，保持发动机怠速运转，转动转向盘至极限位置并保持。此时，液压动力转向系统中油压最高，便于发现泄漏部位。

（1）检查动力转向泵处是否存在渗漏。

（2）检查转向器处是否存在渗漏。

（3）检查液体管路和各连接点处是否有渗漏（检查动力转向泵及各管接头、储液罐及各管路连接部位等）。

（4）检查各软管是否有裂纹、老化或其他损坏。

（5）举升汽车至适当位置，检查动力转向器处的波纹管是否有裂纹或者破损，是否存在润滑脂或者润滑油渗漏。

如果上述地方存在渗漏，应更换相关零部件和密封圈。

知识拓展

（一）检查转向角度

（1）将前轮置于转角盘上，检查车轮转向角（图 5–39）。最大转向时，内侧车轮转向角标准值为 40.7°　±2°，外侧车轮转向角标准值为 32.4°。

图 5–39　检查车轮转向角

（2）若超出标准值，进行调整后再测量转向角。

（二）转向系统的检查维护

（1）目视检查防尘罩是否有裂纹或破损。

（2）目视检查转向连接机构是否弯曲或者损坏。

（3）用手摇晃转向连接机构是否松动或者摆动。

任务八　制动系统的检查与维护

一、制动系统的功用与组成

1. 功用

制动是指固定在与车轮或传动轴共同旋转的制动毂或制动盘上的摩擦材料承受外压力而产生摩擦作用，使汽车减速停车或驻车。能产生这样功能的一系列专门装置称为制动系统，制动系统是组成汽车最重要的系统之一，它有以下四个基本功能。

（1）降低汽车的行驶速度。

（2）使行驶中的汽车停止运行。

（3）使已停驶的汽车保持不动。

（4）在最大制动时能够进行方向控制。

2. 组成

图 5-40 为制动系统的主要组成部分。一套完整的制动系统包括行车制动——可以降低汽车的行驶速度；驻车制动——使已停驻的汽车保持不动。现今许多新型汽车装有防抱死系统，大部分汽车还装有牵引力控制系统。

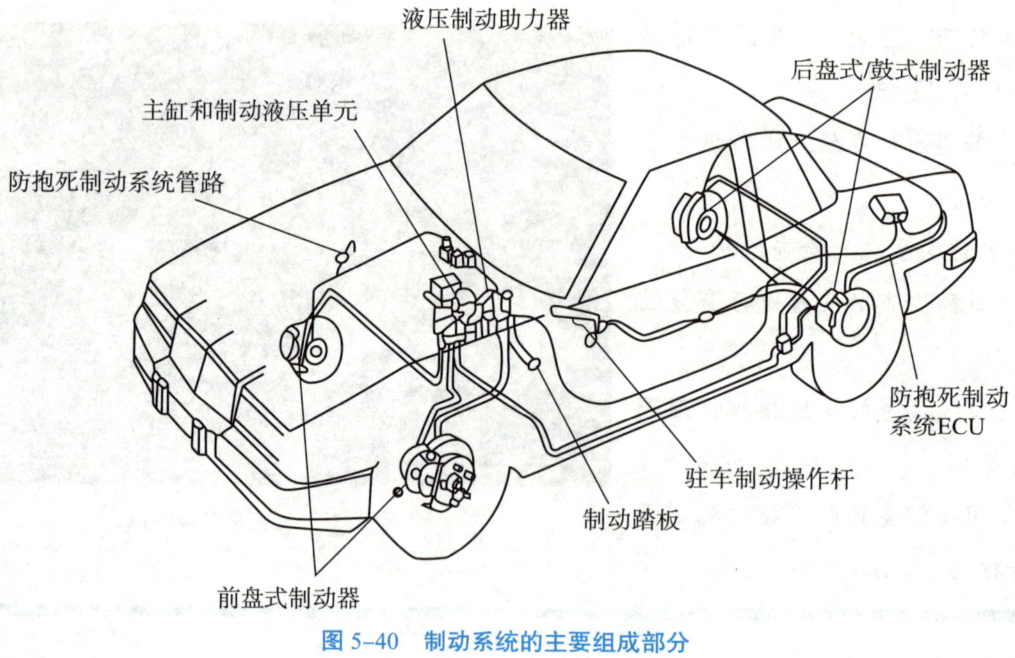

图 5-40　制动系统的主要组成部分

每套制动装置都由产生制动作用的制动器和操纵制动器的传动结构组成。它们一般有以下四个组成部分。

（1）供能装置

供能装置包括供给、调节制动所需能量和改善传能介质状态的各种零部件，如气压制动系统中的空气压缩机、液压制动系统中的液压泵。

（2）控制装置

控制装置包括产生制动动作和控制制动效果的各种零部件，如制动踏板等。

（3）传动装置

传动装置将驾驶人或其他动力源的作用力传到制动器，同时控制制动器的工作，从而获得所需的制动力矩，包括将制动能量传输到制动器的各个零部件，如制动主缸、制动轮缸等。

（4）制动器

制动器是产生阻碍汽车的运动或运动趋势的力的零部件，如制动盘或制动鼓等。较为完善的制动系统还包括制动力调节装置以及报警装置、压力保护装置等。

3. 原理

制动踏板工作时带动制动助力器，助力器利用驾驶人输入的力促使推杆移动，移向制动主缸或离开制动主缸。制动主缸活塞通过压缩制动液将机械运动转换成液压运动，并通过制动管路将制动力传递到车轮制动部分。制动主缸和车轮之间的各种阀体控制流入车轮的制动液的压力和流量。阀体不能控制制动力，但可以将制动力分配到前轮和后轮。

在车轮上，液压压力被转换成机械运动，机械运动一直持续到制动机械装置的最后一个部分。在鼓式制动器中，制动是由车轮主缸、制动蹄和制动鼓组成的。盘式制动器的制动操作是由卡钳、制动衬垫和制动盘完成的。防抱死制动系统只在车轮有抱死拖滑倾向时才会发挥作用，防抱死制动系统可以通过调节液压压力来减少制动效力。制动系统的原理和操作很直接也很简单，它是汽车很重要的系统之一。

二、真空加力装置

汽车高速化后，要求制动液压力升高（可达 10 ～ 20 MPa）以产生与车速相适应的制动力矩，特别是盘式制动系统，因制动器无助势作用，必须加大制动液压。

在普通的液压制动系统中加装真空加力装置，可以减小驾驶人施加于制动踏板上的力，增加车轮的制动力，达到操纵轻便、制动可靠的目的。

真空加力装置可分为增压式和助力式两种。增压式加力装置通过增压器将制动主缸的液压进一步增加，增压器装在主缸之后。它通过助力器来帮助制动踏板对制动主缸产生推力，助力器装在踏板与主缸之间。

三、制动系统

制动系统

1. 气压式制动系统

图 5-41 为气压式制动系统，它是利用压缩空气作为动力源的动力式制动装置。驾驶人只需按不同的制动强度要求控制制动踏板的行程，便可控制制动气压的大小来获得所需要的制动力。

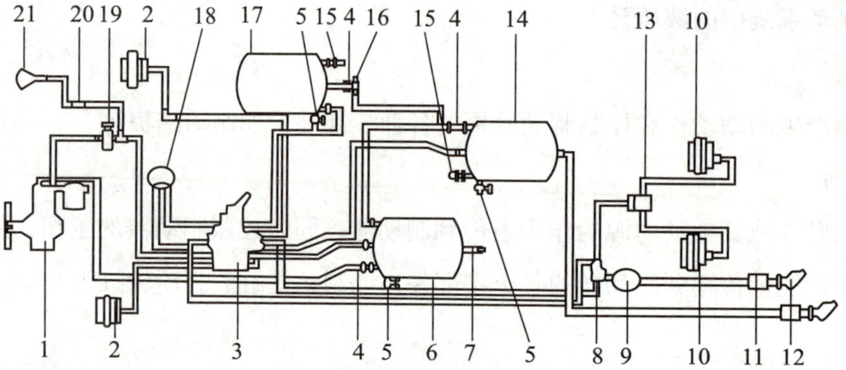

1- 空气压缩机；2- 前制动气室；3- 双腔制动阀；4- 储气罐单向阀；5- 放水阀；6- 湿储气罐；7- 安全阀；8- 梭阀；9- 挂车制动阀；10- 后制动气室；11- 挂车分离开关；12- 接头；13- 快放阀；14- 主储气罐（供前制动器）；15- 低压报警器；16- 取气阀；17- 主储气罐（供后制动器）；18- 双针气压表；19- 调压器；20- 气喇叭开关；21- 气喇叭。

图 5-41　气压式制动系统

2. 液压式制动系统

液压式制动系统利用制动液将制动踏板力转换为制动液压力，通过管路传至车轮制动器，再将制动液压力转变为制动蹄张开的机械推力。

液压式制动系统由制动踏板、制动主缸、制动轮缸、制动管路、制动器等组成，如图 5-42 所示。

3. 驻车制动机构

驻车制动器的作用是停驶后防止滑溜，坡道起步，行车制动效能失效后临时使用或配合行车制动器进行紧急制动。制动器安装在变速器或分动器之后，这类制动器称为中央制动器，其制动力矩作用在传动轴上。轿车由于底盘结构空间的限制或前轮驱动的原因，在后轮制动器中加装了必要的机构，使之兼充驻车制动器，是复合式制动器。

带驻车制动机构的鼓式制动器进行驻车制动时，将手动驻车制动操纵杆拉到制动位置，将驻车制动杠杆的下端向前拉，使之以平头销为支点顺时针转动。在传动过程中，其中间支点推动制动杠杆左移，将前制动蹄推向制动鼓。前制动蹄压靠到制动鼓上之后，推杆停止运动，则制动杠杆的中间支点成为其继续转动的新支点，于是制动杠杆的上端右移，使后制动蹄压靠到制动鼓上，进行驻车制动。

带驻车制动机构鼓式制动传动机构如图 5-43 所示，解除制动时，先将操纵杆扳动少许，再压下操纵杆端头的压杆按钮，将操纵杆向下推到解除制动位置，杠杆在弹簧作用下回位，回位弹簧将两制动蹄拉回。推杆内、外弹簧除可将两制动蹄拉回到原始位置之外，还可以防止制动推杆在工作时窜动，碰撞制动蹄而发出噪声。这种以车轮制动器兼作驻车制动器的驻车制动系统可用于应急制动。

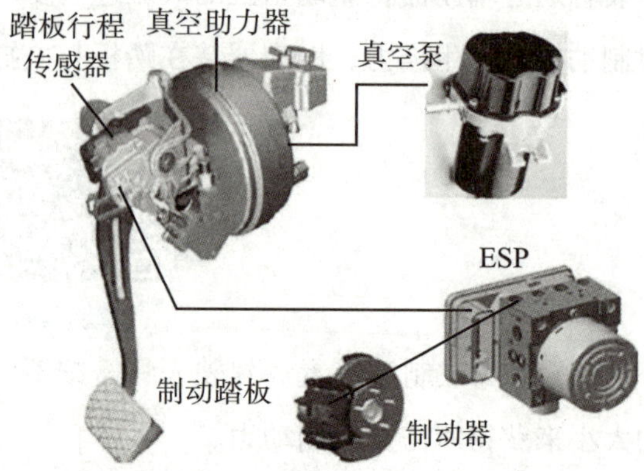

图 5-42　液压式制动系统

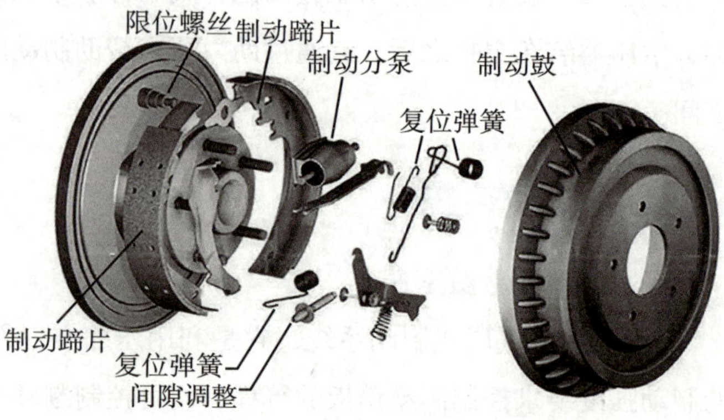

图 5-43　鼓式制动传动机构

四、操作步骤

（一）制动液及行车制动踏板的检查

1. 制动液面情况的检查

检查储油罐内的制动液液面是否正常（图 5–44）。制动液面应位于储油罐上 MAX 与 MIN 刻度线之间。若液量不足，应先对液压系统进行泄漏检查，再补充制动液至规定液位。

2. 行车制动踏板的检查

（1）关闭发动机后踩几次制动踏板，检查制动踏板是否出现变形等损伤。踩下制动踏板数次，释放真空助力器中残余的真空度。通过踩踏制动踏板检查踏板是否反应灵敏、无异常噪声及过度松动等。

（2）取出制动踏板下方的底板垫。

（3）使用金属直尺测量制动踏板高度。测量时，将金属直尺垂直于地板面，观察制动踏板上平面在金属直尺上的对应数值，该数值即为制动踏板高度，如图 5–45 所示。制动踏板高度标准值是 174.3 mm。若制动踏板高度不在规定范围内，将会直接影响制动系统的制动力。

（4）使用金属直尺测量制动踏板自由行程。测量时，将金属直尺保持与地板垂直，制动踏板处于自然状态，确认此时的制动踏板高度值后，用手稍用力下压制动踏板，当感觉阻力增大时，停止下压，观察制动踏板上平面在金属直尺上对应的数值，计算得出的两个数据的差值即为制动踏板自由行程，制动踏板自由行程标准值为 3 ～ 8 mm。

图 5–44　制动液液面情况

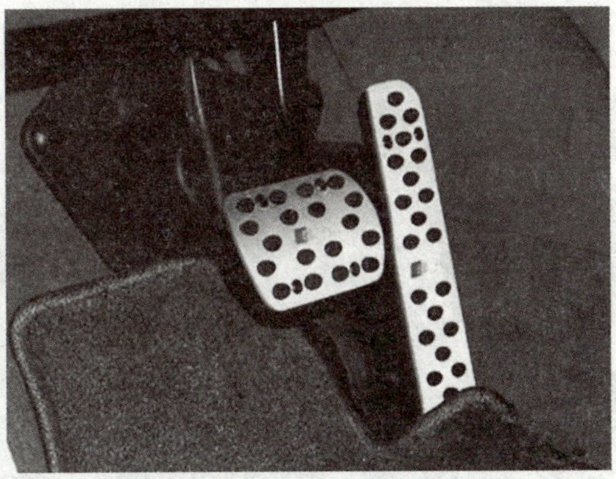
图 5–45　测量制动踏板高度

如果测量数值不在规定范围内，将会影响制动系统正常工作性能。如果测量值过大，系统产生的制动力变小，汽车的制动距离增加；如果测量值过小，会出现制动拖滞，导致制动器过热，制动效能下降。

（5）使用金属直尺测量制动踏板行程。起动发动机并怠速运转，测量时，首先将金属直尺垂直于地板，然后确认制动踏板自由状态下的高度值，用力踩下制动踏板至止动位置，观察此时金属直尺上对应的制动踏板高度，两高度值之差即为制动踏板行程，制动踏板行程标准值为 135 mm。如果制动踏板行程大于规定值，应检查制动系统是否泄漏、储油罐中液面是否正常、制动蹄是否磨损过度、制动系统内是否存留空气等。

（6）制动踏板高度调整。分离制动开关插接器，拧松制动开关的锁紧螺母 A，拧松制动开关 B，直到它不再接触制动踏板为止。拧松推杆的锁紧螺母 A，用钳子向内、外扭转推杆，直到制动踏板距离地面的高度达到标准值为止。调整后，牢固地拧紧锁紧螺母。压下推杆时，禁止调整制动踏板高度，如

图 5–46 所示。

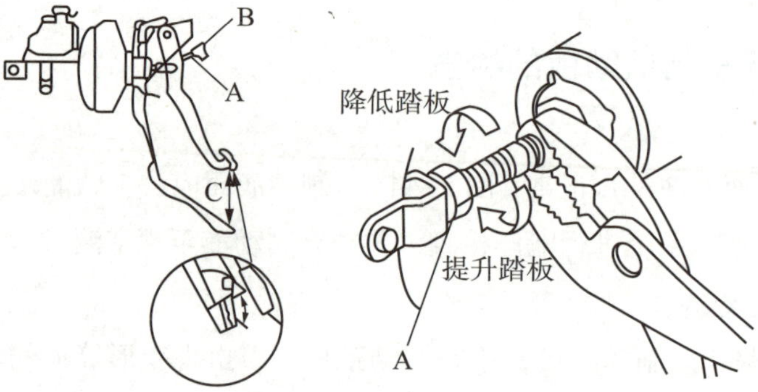

图 5–46　制动踏板高度调整

（二）真空助力器的检查

（1）起动发动机并运转 1~2 min 后停止运转。如果制动踏板第一次可以完全踩下，但接下来踩时，每次制动踏板的高度逐渐上升，说明制动助力器正常；如果制动踏板高度无变化，说明制动助力器已坏。

（2）在发动机停止运转状态下，踩数次制动踏板，然后在踩下制动踏板的状态下，起动发动机。这时，如果制动踏板稍微向下移动，说明制动助力器工作正常；如果没有变化，说明已经损坏。

（3）发动机运转状态下，踩下制动踏板后使发动机熄火，踩下制动踏板 30 s。如果制动踏板高度不变化，说明助力器处于良好状态。

（三）驻车制动器的检查

（1）目视检查驻车制动器操纵杆，应无变形损伤，如图 5–47 所示。

（2）将点火开关置于“ON”位置，拉起驻车制动操纵杆时，仪表板上驻车警告灯应亮起；放下驻车制动操纵杆时，警告灯应熄灭，如图 5–48 所示。

图 5–47　驻车制动器的基本检查

图 5–48　驻车制动器及指示灯工作情况

（3）检查驻车制动器的预定行程。用大约 197 N 的力缓慢地拉起驻车制动器操纵杆，驻车制动器操纵杆行程应在预定的槽数内（拉动时可以听到“咔哒”声）。标准响声是 6 ～ 8 响。

（4）检查驻车制动器棘爪的锁定性能。将变速杆挂入空挡位置，然后将汽车举起离地一定的高度（不低于 20 cm），拉起驻车制动器的操纵杆，然后转动两后车轮，后车轮无法转动时，棘爪锁止功能可靠。

（5）检查驻车制动器解除锁定性能。按下操纵杆前端按钮，操纵杆能快速复位时，按钮性能正常。同时，转动两后车轮，后车轮应转动灵活。

（四）制动管路的检查

（1）检查制动主缸（前端）、油管（接口处）是否泄漏，管路是否有破损；储油罐应无裂纹。

（2）将汽车举升至适当高度，将举升机锁止，检查各制动管路是否存在泄漏，油管与车身底板是否有摩擦痕迹、是否有压痕等。

（3）检查制动管路软管是否老化、裂纹、扭曲、凸起或有其他损坏。

（4）检查制动器管道和软管的安装是否牢固。

（5）检查制动轮缸处是否存在泄漏。

（6）转动车轮，观察车轮内侧是否与制动管路发生摩擦或干涉。

（五）制动液的检查、更换与添加

（1）关闭点火开关，拔下安装在储液罐上的液位传感器的电插头，旋下储液罐盖。观察制动液的颜色，如变色，应更换，如图 5–49 所示。

图 5–49　检查制动液颜色

（2）观察制动液的颜色，如无变色、变质，检查制动液液面。检查储油罐内的制动液液面是否正常。制动液面应位于储油罐上 MAX 与 MIN 刻度线之间。若液量不足，应补充制动液至规定液位。

（3）对于变质的制动液应进行更换。

常规方法更换制动液需要两人配合进行。一人踩踏制动踏板，给液压制动系统加压，另一人打开制动分泵上的放气阀，排出制动系统中的空气和制动液。

维修技师甲进入驾驶室内，关闭车门，降落车窗玻璃，放松驻车制动器操纵杆。维修技师乙将车举升至适当高度，将举升机锁止，并将右后车轮制动分泵放气阀上的防尘帽取下，同时，将一根塑料软管一端插入制动轮缸的放气阀上，另一端插入接油容器中，并用排气专用扳手拧松制动轮缸放气阀，如图 5–50 所示。维修技师甲随维修技师乙的口令踩踏制动踏板，维修技师乙观察制动液的排放情况，当无油液排出时，拧紧放气阀，取下塑料软管，至此右后车轮轮缸内的制动液排放完毕。按此过程分别将左前、左后、右前车轮分泵内的制动液排放完毕。

制动液排放完毕后应进行必要的制动管路的清洗。将汽车降至地面，旋下储液器盖，在储液罐加油口周围放好一块干净的抹布，然后将新的制动液缓慢倒入储液罐内，直到达到规定要求为止，最后旋紧储液罐盖，如图 5–51 所示。按照排放制动液的方法将该部分制动液排出，直至排出的制动液的色泽鲜亮清澈，然后，再次给储液罐内加注制动液，直至规定要求。

图 5-50　制动液排放过程

图 5-51　加注制动液

（六）制动系统排气

1. 常规方法进行制动系统排气

（1）拧下制动液罐盖，加满制动液。注意勿将制动液滴在车身上，如油漆沾上制动液应立即清洗干净，以免腐蚀油漆。

（2）按照图 5-52 的数字顺序对各车轮分泵放气。

（3）在制动轮缸放气孔上插上软管，将另一端插入容器中。

（4）维修技师甲在车上踩若干次制动踏板。

（5）在踩住制动踏板的情况下，维修技师乙拧松放气螺塞，当发现塑料管中制动液的流动速度变慢时，维修技师乙拧紧制动分泵上的放气阀，并通知维修技师甲继续踩制动踏板。

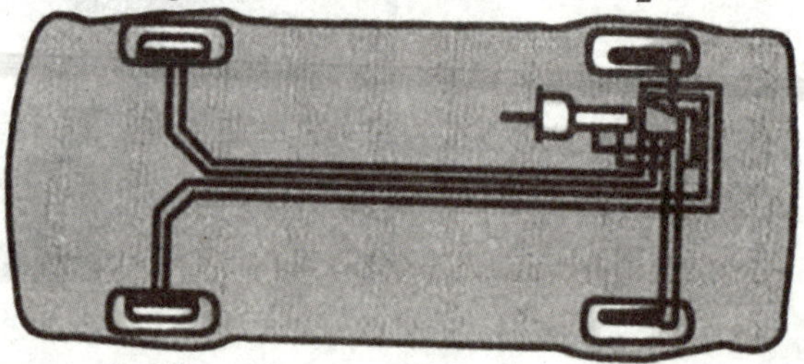

图 5-52　各车轮分泵放气顺序

（6）按第（4）、（5）步骤重复进行，直到放气孔中无气泡流出，按规定力矩（7 ~ 13 N·m）拧紧放气螺塞。取下放气软管，擦净油迹。至此，右后车轮制动管路排气结束，观察储液罐中的制动液，如少于规定量，则应添加。

2. 利用解码仪进行制动系统排气

（1）关闭点火开关，将解码仪与汽车诊断插座连接好。

（2）将汽车举升至离地约 30 cm 处，将车轮拆卸下来。

（3）将点火开关置于 ON 位置，开启解码仪，进入相应的操作界面并选择“制动控制”项目，选定后按下确认键；进入该项目后，再选择“给 HCU 放气”项目。

（4）选定“给 HCU 放气”项目并按下确认键后，界面弹出做该项目的基本要求。

（5）然后维修技师甲坐在车内，关好车门，摇下车窗；同时，维修技师乙将汽车举升至适当高度，将举升机安全锁止后，进到汽车下。

（6）维修技师乙同时分离制动分泵的放气阀与防尘帽，并在放气阀上接入一段塑料软管，软管另一头置入接油容器中，用扳手套在放气阀的锁止螺母上。

（7）当维修技师甲踩下制动踏板时（踩到底，不放），同时按下解码仪的确认键（接操作步骤（6）。

当制动踏板踩到底时，维修技师乙便拧松放气阀上的锁止螺母，进行放气。约 3 s 后，维修技师甲感到制动踏板会有向上顶的感觉时，应让维修技师乙停止放气。如此反复进行，直到接油容器中不再有气泡出现为止。排气顺序按右后、左前、左后、右前车轮进行。

利用解码仪进行排气时，应按规定要求进行操作。每次选定“给 HCU 放气”项目并按下确认键后，解码仪反复驱动 HCU 的电动机约 1 min。当需要多次选择“给 HCU 放气”项目时，应在每次之间适当等待一段时间，以防止 HCU 的电动机过热损坏。

（七）拆卸前轮制动器

（1）做好必要的准备，将汽车停在举升机上，并将汽车举升至一定高度，使用冲击扳手按照交叉顺序拆卸车轮螺母，松开车轮螺栓，并拆下轮胎。

（2）拆卸卡钳总成，如图 5-53 所示。

（3）从卡钳支架上拆卸制动块。

（八）对制动盘和制动块的检查

（1）目视检查制动块是否有裂纹、油渍或脱胶现象。

（2）目视检查制动块的表面与制动盘的接触面积和接触位置是否存在不均匀磨损。制动盘上不应有刻痕、不均匀或者异常磨损以及裂纹和其他损坏。

（3）对制动盘和制动块表面进行清洁工作。

（4）检查制动块（外侧）厚度。前制动块厚度标准值为 11.0 mm，维修界限为 2.0 mm；如低于规定要求，应进行更换。后制动块厚度规定值为 10.0 mm，维修界限为 2.0 mm；如低于规定要求，应进行更换。

（5）检查制动盘厚度。清除制动盘表面上的锈及污染物，至少取 8 点测量制动盘厚度，如图 5-54 所示。前制动盘厚度规定值为 26.0 mm；极限值为 24.0 mm。任意两个位置的厚度差不能超过 0.005 mm；如果磨损超过规定值，则应更换。后制动盘厚度规定值为 10.0 mm，极限值为 8.4 mm；如果磨损超过规定值，应进行更换。任意两位置的厚度差不能超过 0.01 mm；如果磨损过度，则更换汽车左、右两侧的圆盘和衬块。

图 5-53 拆卸卡钳总成

图 5-54 前制动盘厚度检查

（6）检查前制动盘跳动量。在距制动盘外缘约 5 mm 处用百分表测量制动盘的径向圆跳动误差。制动盘跳动量极限值为 0.05 mm。若超过极限值，则更换。如果径向圆跳动误差不超过极限值，将其转动 180° 安装，再次检查径向圆跳动误差。如果改变制动盘的位置后，跳动误差超过公差，可以光盘处理。

（7）后制动盘跳动误差的检查（方法与前制动盘的一样）。在距制动盘外缘约 5 mm 处用百分表测量制动盘的径向圆跳动误差。极限值为 0.05 mm，若超过极限值，则更换。如果跳动误差不超过极限值，将其转动 180° 安装，再次检查圆跳动误差。如果改变制动盘的位置后，圆跳动误差超出公差，可以光盘处理。

（8）目视检查制动卡钳及连接管路是否有液体渗漏。如果有渗漏，应进行更换。

知识拓展

鼓式制动器

鼓式制动器是靠制动蹄片挤压随车轮同步旋转的制动鼓的内侧而获得制动力的，所以俗称内部扩张双蹄鼓式制动器。鼓式车轮制动器按其制动蹄促动装置形式的不同，可分为轮缸式车轮制动器和凸轮式车轮制动器。轮缸式车轮制动器如图 5-55 所示。

根据制动时两制动蹄对制动鼓的径向作用力之间的关系，鼓式制动器可分为简单非平衡式、平衡式和自增力式三种。

盘式制动器

盘式制动器摩擦副中的旋转元件是以端面工作的金属圆盘，被称为制动盘。由制动盘和制动钳组成的制动器称为钳盘式制动器。汽车上使用的盘式制动器有两种：一种是定钳盘式制动器；另一种是浮动钳盘式制器。定钳盘式制动器有两个液压缸，分置于制动盘两侧，必须用跨越制动盘的钳内油道或外部油管来连通，这使得制动钳的尺寸过大，轮辋难以安装；热负荷大时，液压缸（特别是外侧液压缸）和跨越制动盘的油管或轮缸中的制动液容易受热汽化；若兼用于驻车制动，则必须加装一个机械促动的驻车制动钳。这是定钳盘式制动器最大的缺点，不能适应现代汽车的使用要求，逐渐被浮钳盘式制动器所取代。

图 5-56 为浮钳盘式车轮制动器。它的旋转元件是制动盘，与车轮固定在一起旋转，以其端面为摩擦工作表面。其固定的摩擦元件是摩擦块、制动钳支架和轮缸活塞，都装在跨越制动盘两侧的钳体上，总称制动钳。制动钳用螺栓与转向节或桥壳上的凸缘固装。

图 5-55　轮缸式车轮制动器

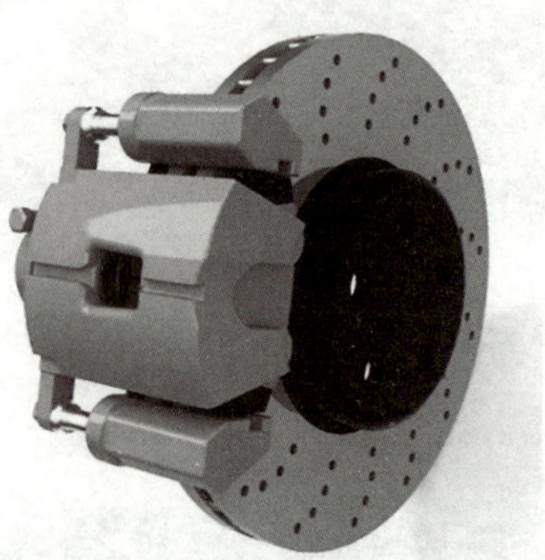

图 5-56　浮钳盘式车轮制动器

思考练习

一、选择题

1．双片离合器与单片离合器相比，其传递的转矩增大了（　　）。

A.4 倍　　B.3 倍　　C.2 倍　　D.1 倍

2．汽车行驶时，如驱动力和行驶阻力相等，汽车处于（　　）状态。

A. 加速行驶　　B. 等速行驶　　C. 减速行驶　　D. 急速行驶

3．汽车在变速器与驱动桥之间加装万向传动装置的作用是（　　）。

A. 转动灵活　　B. 等比传动

C. 进行连接和实现扭矩传递　　D. 进行连接和转动连续性

4．汽车转向盘的自由行程一般为（　　）。

A.3° ～ 5°　　B.4° ～ 7°　　C.7° ～ 10°　　D.10° ～ 25°

5．盘式制动器制动盘的端面圆跳动量一般应不大于（　　）mm。

A.0.01–0.05　　B.0.125–0.175　　C.0.05–0.10　　D.0.150–0.125

二、填空题

1．变速器常见的故障有__________、__________、__________、变速器异响和漏油。

2．离合器分离间隙过小会导致离合器__________，其值过大会导致离合器__________。

3．车桥通过__________和车架相连，两端安装车轮。

4．转向系的常见故障有__________、__________，操纵不稳定；汽车行驶跑偏转向发卡 和汽车高速摆振等。

5．转向系统由转向盘、__________、__________、万向节和转向器组成。

项目六

新能源汽车的维护与保养

项目概述

随着中国制造2025战略的大力实施，加上国家节能减排政策的越加严格，我国新能源汽车产业有了快速发展，近年来我国新能源汽车每年以超过百万辆的速度递增。在新能源汽车减免购置税、优先上牌等优惠政策推动和充电桩快速普及以及新能源汽车不断提高产品质量的大背景下，越来越多的消费者开始添置新能源汽车，新能源汽车保有量快速增长，新能源汽车的维护保养也成为当务之急。本项目介绍新能源汽车的周期和类别以及学会新能源汽车的维护和保养，包含以下两个任务。

任务一：新能源汽车的保养周期及类别。

任务二：新能源汽车维护与保养作业和检测技术。

通过以上两个任务的学习，使读者能够掌握知道汽车日常维护、一级维护、二级维护、季节性维护、免拆维护和新能源汽车维护的基本概念，知道新能源汽车的保养周期及保养项目。

学习目标

知识目标

- 了解新能源汽车冬夏两个季节的使用特点及其维护作业的要点。
- 熟悉新能源汽车有关系统和总成进行深度维护作业的原因。
- 知道新能源汽车的保养周期及保养项目。
- 熟练掌握现代新能源汽车的维护与保养的作业技术。

能力目标

- 熟练掌握新能源汽车的保养内容。

素质目标

- 培养学生分析事物的能力。
- 培养学生的动手能力、探索能力。

思政目标

◆ 通过学习，培养学生创新意识，让学生对新能源汽车的维护与保养工作更加了解，可以让学生认识大国工匠，学习和弘扬工匠精神。

任务工单

任务名称	纯电动汽车的基本控制原理	学时		班级	
学生姓名		学生学号		任务成绩	
实训设备	比亚迪 E6 纯电动汽车、常用工具一套	实训场地		日期	
任务载体	根据已经学习的内容，以比亚迪 E6 纯电动汽车的车型为例，重点掌握并识别纯电动汽车的主要部件。				

一、资讯

车型：__________ 发动机型号：__________ 行驶里程：__________

二、操作前准备（禁用高电压系统）

实训教师在执行该操作任务前，必须首先执行车辆高电压的禁用规定。

1. ______________________________
2. ______________________________
3. ______________________________
4. ______________________________

三、实施

1．比亚迪 E6 主要高压部件布置。

____

2．比亚迪 E6 主要部件识别。

____

四、检查及评估

1．请根据任务完成的情况，对自己的工作进行自我评估，并提出改进意见。

____

2．教师对小组工作情况进行评估，并进行点评。

____

任务一　新能源汽车的保养周期及类别

一、新能源汽车概述

我国现代新能源汽车的主要类型有纯电动汽车、混合动力汽车和氢燃料电池汽车。其中，混合动力汽车作为过渡产品，其保有量逐年下降；氢燃料电池汽车技术还不够成熟，保有量增长缓慢；而纯电动汽车技术成熟度较高，起步快，保有量迅速增长。本章以纯电动汽车为例来介绍新能源汽车维护保养的相关知识和技能。

纯电动汽车由动力电池组和电动机代替传统汽车的发动机来驱动汽车行驶，虽然纯电动汽车与传统汽车的驱动方式有了较大差别，但依然要进行日常维护与保养。

二、新能源汽车的保养周期和类别

新能源汽车的保养周期及类别以北汽新能源 EV150/EV200 系列纯电动乘用车为例（图 6–1），其保养周期及类别见表 6–1。

图 6–1　北汽新能源汽车 EV150

表 6–1　北汽新能源 EV150/EV200 系列纯电动乘用车的保养周期及类别

保养类别	保养项目	累计行驶里程 /km					
		10 000	20 000	30 000	40 000	50 000	以此类推
A 级保养	全车全面保养 高压安全检查	√		√		√	
B 级保养	主要项目检查、保养 高压安全检查		√		√		√
费用标准（元 / 台）		320	120	320	120	320	120

知识拓展

新能源汽车的保养项目及内容

新能源汽车的保养项目及内容以EV150/EV200系列纯电动乘用车为例，其保养项目分别为动力电池系统、电机系统、电器与电控系统、制动系统、转向系统、车身系统、传动及悬架系统、冷却系统及空调系统等内容，保养内容详见表6-2。

表6-2　北汽新能源EV150/EV200系列纯电动乘用车的保养项目及内容

保养项目及内容								
系统类别	检查内容	处理方法	A级保养			B级保养		
			项目	配件及材料	数量或价格	项目	配件及材料	数量或价格
（1）动力电池系统	安全防护	检查并视情处理	√			√		
	绝缘	检查并视情处理	√			√		
	插接件状态	检查并视情处理	√			√		
	标志	检查并视情处理	√					
	螺栓紧固力矩	检查并视情处理	√			√		
	动力电池加热功能检查	检查并视情处理	√					
	外部检查	清洁处理	√					
	数据采集	分析并视情处理	√			√		
（2）电机系统	安全防护	检查并视情处理	√			√		
	绝缘检查	检查并视情处理	√			√		
	电动机和控制器冷却检查	检查并视情处理	√			√		
	外部检查	清洁处理	√					
（3）电器与电控系统	机舱及各部位低压线束防护及固定	检查并视情处理	√			√		
	机舱及各部位插接件连接状态	检查并视情处理	√			√		
	机舱及底盘高压线束防护及固定	检查并视情处理	√			√		
	机舱及底盘各高、低压电器固定及插接件连接状态	检查视情处理并清洁	√			√		
	蓄电池	检查电量状态，并视情处理	√			√		
	灯光、信号	检查并视情处理	√			√		
	充电口及高压线	检查并视情处理	√			√		
	高压绝缘监测系统	检查并视情处理	√			√		
	故障诊断系统报警监测	检测、检查并视情处理	√			√		

续表

系统类别	检查内容	处理方法	A 级保养			B 级保养		
			项目	配件及材料	数量或价格	项目	配件及材料	数量或价格
（4）制动系统	驻车制动器	检查效能并视情处理	√			√		
	制动装置	泄漏检查	√			√		
	制动液	液位检查	√	更换制动液	E150EV 为 1.25 L；C70 为 1 L	√	视情况添加制动液	
	制动真空泵、控制器	检查（漏气）并视情处理	√			√		
	前、后制动摩擦副	检查并视情况更换	√			√		
（5）转向系统	转向盘及转向管柱连接紧固状态	检查并视情处理	√			√		
	转向器本体连接紧固状态	检查并视情处理	√			√		
	检查转向横拉杆间隙及防尘套	检查并视情处理	√			√		
	检查转向助力功能	路试并视情处理	√					
	风窗及洗涤刮水器	检查并视情况更换处理	√	添加风窗洗涤剂	材料收费	√	添加风窗洗涤剂	材料收费
（6）车身系统	顶窗	检查并视情处理	√			√		
	座椅及滑道	检查并视情处理	√	加注润滑脂	润滑脂 250 g	√	加注润滑脂	润滑脂 250 g
	门锁及铰链	检查并视情处理	√			√		
	机舱铰链及锁扣	检查并视情处理	√			√		
	行李舱铰链及锁	检查并视情处理	√			√		
（7）传动及悬架系统	变速器（减速器）	检查减速器连接、紧固及渗漏	√	更换减速器齿轮油	E150EV 单减 1.1 L			
	传动轴	检查球笼间隙及护罩，并视情处理	√			√		
	轮辋	检查、紧固，视情处理	√					
	轮胎	检查胎压，并视情处理	√			√		
（8）冷却系统	冷却液液位及冰点	液位及冰点测试，视情况添加	√	更换冷却液	冷却液 6 L	√	冬季时检测冰点，视情况添加	
	冷却管路	检查渗漏情况并处理	√			√		

续表

系统类别	检查内容	处理方法	A 级保养			B 级保养		
			项目	配件及材料	数量或价格	项目	配件及材料	数量或价格
（8）冷却系统	水泵	检查渗漏情况并处理	√			√		
	散热器	检查并清洁	√			√		
（9）空调系统	空调冷、暖风功能	测试并处理	√					
	压缩机及控制器	检查压缩机及控制器安装及线束插接件状态	√					
	空调管路及连接固定	管路防护检查并视情况捡漏处理	√			√		
	空调系统冷凝水排水口	检查、处理	√					
	空调滤芯	检查、处理	√	更换空调滤芯	滤芯收费（首次保养免费）	√	清洁	

课堂讨论

新能源汽车有哪些优点？新能源汽车的保养周期是多长时间？

任务二　新能源汽车维护与保养作业和检测技术

由上述内容和表 6-2 可知，纯电动汽车的维护保养项目尽管与传统汽车的维护保养项目有许多相同之处，但两者维护与保养的最大区别在于传统汽车主要针对发动机进行保养，需要定期更换机油、机油滤清器等；而纯电动汽车主要是针对电池组和电动机进行日常的维护与保养。因此，这里以保有量较大的北汽新能源 EV150 汽车为例，着重介绍有关新能源汽车的充电系统、动力电池系统、驱动电机以及驱动电机控制器的维护与保养的作业技术。

一、充电系统的维护与保养

1. 充电系统进行维护与保养时的安全注意事项

① 充电系统内有高压装置，严禁擅自拆开机器开展检修、维护等作业。

② 输入电源必须正确搭铁。

③ 严禁在正常充电过程中断开电池连接线。

④ 切勿将充电机放置于雨淋位置。

⑤ 直流插头与插座应连接牢固，如有破损、松动，应立即更换。

⑥ 充电机在正常工作过程中如有异常声音或气味，应立即断开输入电源。

⑦ 切勿堵住充电机的进、出风口。

⑧ 移动充电机时需断开电源线和充电插头。

⑨ 为避免损坏充电电缆，切勿拉扯、扭动或摇晃电缆。

2. 充电系统的维护与保养项目及操作要领

（1）检查 AC/DC 功能

① 检测项目是检测车载充电机的工作状态。

② 检测方法是对车辆进行充电，查看指示灯是否正常。

③ 认识指示灯是以北汽新能源 EV150 汽车为例，车载充电机指示灯如图 6–2 所示。

① Power 灯：电源指示灯，当接通交流电后，该灯会亮起。

② Charge 灯：充电指示灯，当充电机接通动力电池进入充电状态后，该灯会亮起。

③ Error 灯：报警指示灯，当充电机内部有故障时，该灯会亮起。

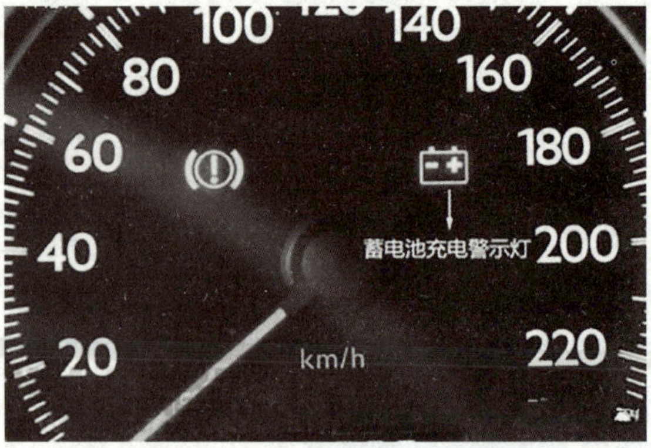

图 6–2　车载充电机指示灯

提示

① 充电正常时，Power 灯和 Charge 灯会同时点亮。

② 当起动 30 s 后仍只有 Power 灯亮时，则可能为动力电池无充电请求或已充满电。

③ 当 Error 灯点亮时，则说明充电系统出现异常。

④ 当充电灯均不亮时，应检查充电桩以及充电线束及插接件。

（2）检查充电线

① 检测项目是检查充电线功能、外观及其插头状态，目测充电线外观有否破损、裂痕，同时进行充电测试，检测充电线是否导通。

② 检测方法是目视检测充电线整个外观及其插头状态（图 6–3）。

充电过程中，充电线会产生热量，如有破损，应及时更换，否则容易发生触电等危险，从而对人员和车辆造成损害。

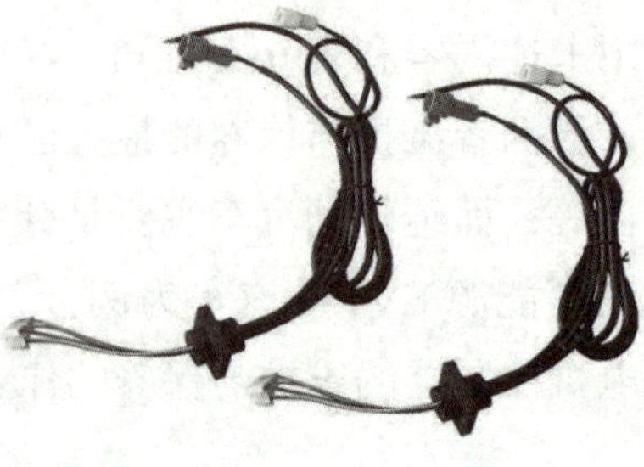

图 6–3　充电线

（3）检测充电口盖开关状态

① 检测项目是检测充电口盖的开关状态。

② 检测方法是当充电口盖板打开时，仪表充电指示灯应常亮（图 6–4）；当关闭充电口盖时，仪表充电指示灯应熄灭。检查充电口盖能否正常开启或关闭（图 6–5 中的箭头所示）。如果充电口盖出现故

障，车辆将无法正常起动，应及时联系专业维修人员进行检修。

图 6-4　仪表充电指示灯

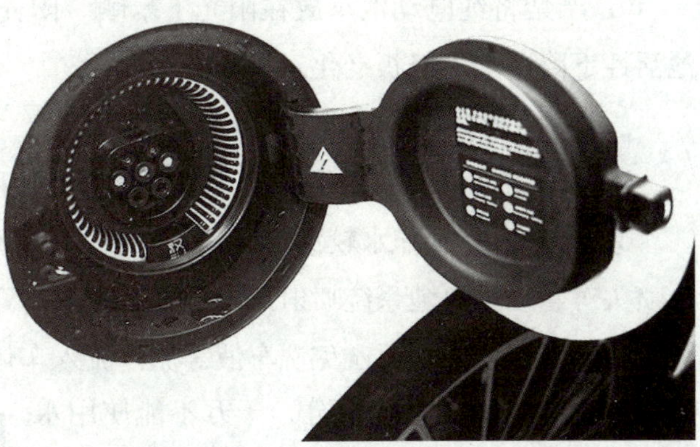

图 6-5　充电口盖

充电系统对新能源汽车至关重要，需要定期的对充电系统进行维护和保养，使得在行驶过程更为安全，很大程度避免了安全事故的发生。

二、动力电池系统的维护与保养

1. 动力电池系统的使用条件

动力电池的保养

① 车辆行驶过程中，随着电量的消耗，SOC 表上指针指示的数值会逐渐减小。当 SOC 减小到 15% 以下时，SOC 表上的电量不足，指示灯会点亮。此时动力电池系统的能量即将耗尽，应尽快对电池包进行充电。

如果电池在使用后没有及时充电，则处于亏电状态，在此状态下存放车辆，电池很容易出现硫酸盐化，硫酸铅结晶物附着在极板上，堵塞电离子通道，造成充电不足，电池容量下降。

② 当动力电池系统的 SOC 小于 10% 后，不要猛踩加速踏板，因此时整车控制器已开启降功率运行模式，准备进入跛行回家模式（限速 9 km/h）。

纯电动汽车在起步、载人、上坡时也不要猛踩加速踏板，如果猛踩加速踏板，则会形成瞬间大电流放电。大电流放电容易导致硫酸铅结晶，从而损害电池极板的物理性能。

③ 动力电池系统属于化学电源，由于其自身能量转换时对温度的敏感，所以在电池包内部安装了加热单元。在温度较低的冬天，对电池包进行充电时，加热单元会启动对动力电池系统进行加热的模式。当温度达到适宜充电的温度范围后，电池管理系统会自动启动动力电池系统的充电程序。

④ 如果动力电池系统的加热单元损坏，应及时进行维修。这是因为在低温条件下不加热，电池箱体内部达不到适应充电的温度范围，电池管理系统不会启动充电程序，动力电池系统将不能进行正常充电。

⑤ 搁置动力电池系统时，应确保动力电池系统处于半电状态（SOC 50% ～ 60%）。动力电池系统在搁置过程中会发生自放电现象，每个月的电量都会降低 4% 左右。因此搁置时间过长时，动力电池系统的开路电压会降低到放电终止电压以下，此时电池管理系统会进行报警。

动力电池系统若长期处于低压状态，其使用寿命会受到影响。搁置动力电池系统的时间不要太长，最多不要超过 3 个月，搁置环境温度应该在 −20 ～ 50℃范围之内，搁置过程中应该确保动力电池系统不要被暴晒，也不能被雨水浇淋。

⑥ 严禁将纯电动汽车放在阳光下暴晒。阳光暴晒后的动力电池会因内部压力增加而失水，引发电池活性下降，加速极板老化。

2. 动力电池系统的使用注意事项

① 汽车在上下坡、拐弯时应当减速慢行，以防过大的加速度影响电池箱体。

② 汽车不宜在积水较深的路面上行驶，以免水面接触、浸湿动力电池系统底部；洗车时应避免水枪喷头对着动力电池系统喷射。

在清洗过程中，要避免洗车液等流体流入车体充电插座（图 6-6），否则会导致车身线路短路。谨慎清洗动力电池部分，千万不能使用水枪喷射清洗，以免电池受潮短路。

图 6-6　车体充电插座及充电线

③ 若发现动力电池系统表面出现划痕、掉漆等现象，应及时补漆，做好电池表面防护，防止动力电池系统箱体被长期腐蚀而降低强度。

④ 如果汽车在行驶过程中发生正面碰撞、侧面碰撞、追尾或侧翻等交通事故，不论动力电池系统从表面观察有无损坏，均应与专业维修人员进行联系并检查。

⑤ 如果汽车落水或者被水浸泡，千万不要擅自处理。

3. 动力电池系统进行维护与保养时的安全注意事项

① 非专业维修人员绝对不要自行拆卸、调整、安装动力电池系统。

② 不要触摸动力电池系统的正、负极母线。

③ 由于动力电池系统安装在汽车底部，所以在驾驶过程中应特别注意路面状况，应避免不平的路面或路面障碍物挤压、撞击电池包。

④ 由于电池包重量较大，所以不要使用扳手或其他工具松动动力电池系统紧固螺钉。

⑤ 因交通事故或其他原因造成车辆起火时，应立即关闭电源总开关。

由于配备锂电池的纯电动汽车更容易发生火灾，因此千万不能危险驾驶，否则一旦发生严重的碰撞事故，后果更加严重。

4. 动力电池系统的维护与保养项目及操作要领

（1）动力电池外箱的检查、维护

① 将车辆举升，目测动力电池外箱底部（图 6-7）有无磕碰、划伤、损坏的现象。

② 定期（1 个月）清理动力电池外箱灰尘。

③ 在安装动力电池内箱以前，应检查极柱座橡胶护套是否齐全，极柱是否氧化（图 6-8）；如果已氧化，则应使用 1 500 目砂纸轻轻打磨，或使用棉布用力擦，将氧化层去掉；如果发现极柱拉弧或打火烧蚀，则应及时更换。

图 6–7　动力电池外箱

图 6–8　电池极柱及电缆

提示

如发现以上情况，应及时予以修理与更换。

（2）动力电池的定期充放电

① 正确把握电池的充电时间和频次。

在正常行驶的情况下，如果电量表的指示灯（红灯和黄灯）都亮了（图 6–9），就应该充电了；如果黄灯熄灭只剩下红灯亮，应尽快停止运行，利用充电桩（图 6–10）进行充电，否则电池会因为过度放电而缩短寿命。

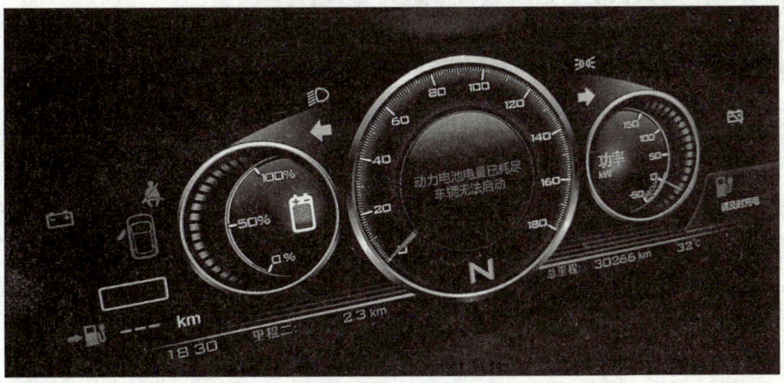

图 6–9　电量表指示灯

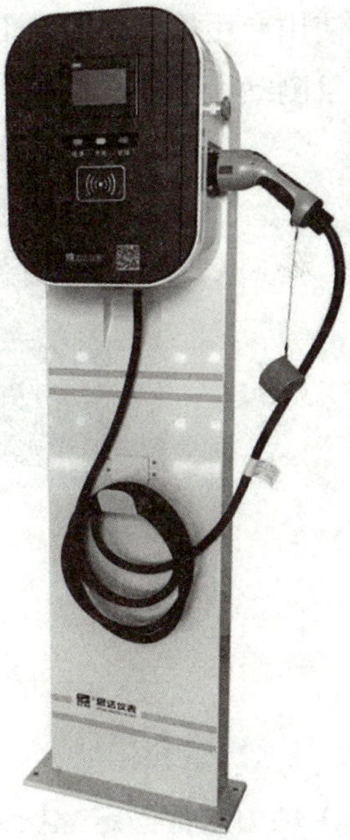

图 6–10　充电桩

一般情况下电池平均充电时间为 10 h 左右，过度充电、过度放电和充电不足都会缩短电池寿命；在充电过程中如果电池温度超过 65 ℃，应立即停止充电；应尽量在儿童无法接触到的地方进行充电。

② 定期对电池进行一次深放电，以“活化电池”，即保持电池的活性。

（3）动力电池单体电池一致性测试

使用专用检测仪器（图 6–11）和检测软件对动力单体电池进行测试。

① 拆下新能源汽车的仪表板下挡板。

② 链接检测仪器，即可使用电池检测软件查看各类电池信息，包括电池电压、SOC 电量、电池温度、CAN 总线通信状态等。

纯电动汽车在行驶中如果出现速度突然降低，一定要当心可能是某一组电池出现了故障。此时，在仪表显示屏幕上会出现提示信息（图 6–12），应尽快进店检查。一旦个别电池单体出现问题，会影响整个动力电池的工作状态。

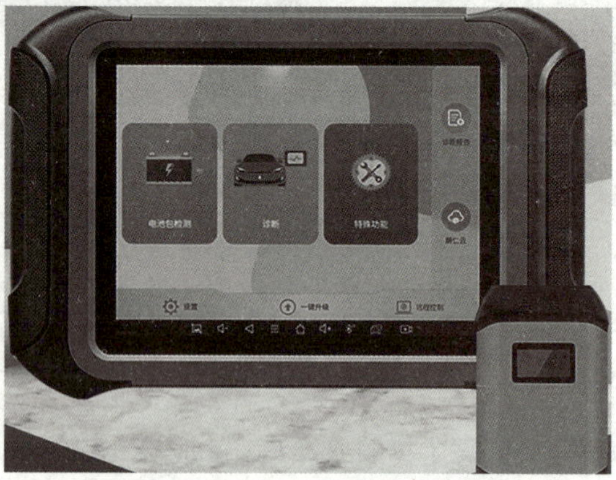

图 6–11　纯电动汽车专用检测仪

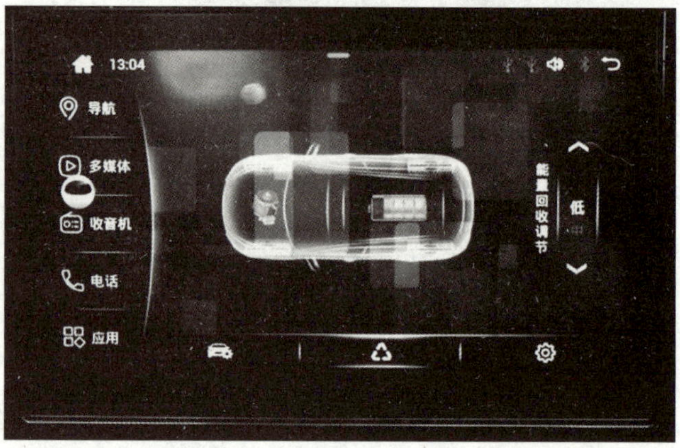

图 6–12　显示屏电量信息

（4）检查 BMS、绝缘电阻、插接件与紧固件情况

① 使用专用检测仪器对 BMS、绝缘电阻进行测试。

② 目测动力电池高低压插接件（图 6–13）变形、松脱、过热、损坏的情况。

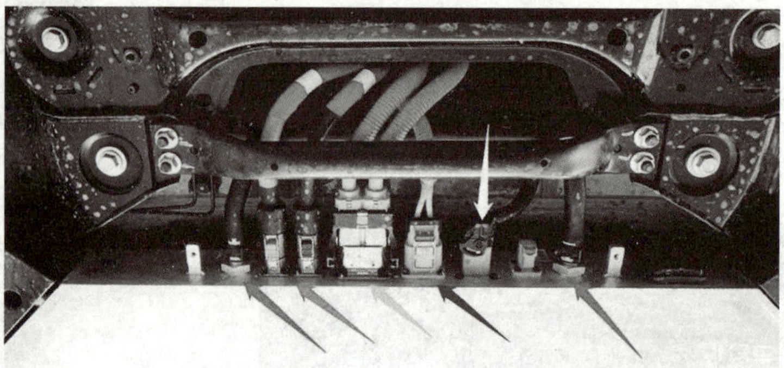

图 6–13　动力电池高低压插接件

提示

如发现以上情况，应及时予以修理与更换。

（5）动力电池固定螺栓力矩检测螺栓标准力矩应为 95 ～ 105 N·m。

（6）动力电池系统的常规保养以北京 EV150 新能源汽车为例，其汽车动力电池系统的常规保养项目、目的及方法等见表 6–3。

表 6–3　北京 EV150 新能源汽车动力电池系统的常规保养项目、目的及方法

序号	保养项目	保养目的	保养方法	所需工量具及仪器设备
1	绝缘检查（内部）	防止电箱内部短路	将电箱内部高压盒插头打开，用绝缘表测试总正、总负搭铁电阻，阻值≥ 500 Ω/V；（1 000 V）	绝缘表

续表

序号	保养项目	保养目的	保养方法	所需工量具及仪器设备
2	模组插接件检查	防止螺钉松动，造成故障	用做好绝缘的扭力扳手紧固（扭力：35 N·m），检查完成后，做好极柱绝缘	扭力扳手
3	电箱内部温度采集点检查	确保测温点工作正常，采集点合理	计算机监控温度与红外热像仪温度对比，检查温感精度	笔记本计算机、CAN 卡、红外热像仪
4	电箱内部除尘	防止内部粉尘较多，影响通信	用压缩空气清理	空气压缩机
5	电压采集线检查	防止电压采集破损，导致测试数据不准	将从板接插接件打开安装 1 次	无
6	标志检查	防止标志脱落	目测	无
7	熔断器检查	防止标志脱落	用万用表二极管档测量通断	万用表
8	电箱密封检查	保证电箱密封良好，防止水进入	目测密封条或更换密封条	无
9	继电器测试	防止继电器损坏，车辆无法正常上高压	用监控软件启动关闭总正总负继电器	万用表、笔记本计算机、CAN 卡
10	高低压插接件可靠生检查	确保插接件正常使用	检查有无松动、破损、腐蚀、密封等情况	目测、万用表、绝缘表
11	其他电箱内零部件检查	保证辅助性部件正常使用	检查有否松动、破损、脱落等情况	螺丝刀、扭力扳手
12	电池包安装点检查	防止电池包脱落	目测检查每个安装点焊接处是否有裂纹	目测
13	电池包外观检查	确保电池包未受到外界因素影响	电池包无变形、无裂痕、无腐蚀、无凹痕	目测
14	保温检查	确保冬季电池包内部温度正常	目测检查电池包内部边缘保温棉是否脱落、损坏	目测
15	电池包高低压线缆安全检查	确保电池包内部线缆无破损和漏电	目测电池包内部线缆是否破损、挤压	目测
16	电芯防爆膜、外观检查	防止电芯损坏、漏电	目测可见电芯防爆膜、电芯外观绝缘是否破损	目测
17	CAN 电阻检查	确保通信质量	下电情况：用万用表电阻档测量 CAN1（3）高对 CAN1（3）低的电阻	万用表
18	电池包内部干燥性检查	确保电池箱内部无水渍	打开电池包，目测观察电池箱内部有否积水，测量电池包绝缘	绝缘表
19	电池加热系统测试	确保加热系统工作正常，避免冬季影响充电	电池箱通 12 V 电，打开监控软件，启动加热系统，目测风扇是否正常	12 V 电源、笔记本计算机、CAN 卡

三、电机及电机控制器的维护与保养

1. 电机及电机控制器的定期维护规则

① 每天开车前应检查动力电池散热器是否有足够的冷却液，如冷却液太少（或没有），则必须加以补充。冷却液需采用乙二醇型冷却液，要求其冰点低于当地最低温度 5 ℃。

② 每两个月检查电机本体及控制器冷却管道是否通畅，如果冷却管道有堵塞现象，则应及时清理堵塞物。

③ 每半年检查清理 1 次电机本体及电机控制器表面灰尘。清理方法：断开动力电源，用高压气枪清理电机本体及控制器表面灰尘。

严禁用高压气枪直接对准控制器外壳上的“呼吸器”吹气，应用软毛刷进行清理。

2. 电机及电机控制器的运行注意事项

① 电机系统上电顺序要求：给电机控制器上高压电源之前，必须先将低压控制电源接通。断电时，先断开高压电源，再断开低压控制电源。

② 电机控制器不能应用在与标称电压不符的电源上，这时控制器或者不能正常工作，或者会被烧毁。

③ 电机控制器只能与车用动力电池组配套使用，不要尝试使用整流电源。

④ 故障出现在电机及控制器的任何地方都有可能导致重大的设备损坏，甚至是严重的人身伤害（即存在潜在的安全隐患），因此，还必须采取附加的外部预防措施（如主接触器）用于确保安全运行，从而即使在故障出现时，也能够得到保护。

⑤车辆停止使用或长期驻车时，需要将高、低压电源断开。

⑥ 装有该型号电机及控制器的电动车辆出现故障，被拖走维修时必须保证该电动车辆档位处于物理空档位置，以实现电机轴伸端与变速器输入的物理连接脱离，避免电机高压发电造成系统损坏以及安全事故。

3. 电机及电机控制器的维护与保养项目及操作要领

（1）目测车身底部防护层、驱动电机有否磕碰、损坏（图 6–14）

图 6–14　纯电动车驱动电机

提示

① 目测时必须注意防止汽车的车厢底板、轮罩和边梁等部位伤到自己。

② 要特别注意，所有导线应固定在支架中，所有塞子均处于规定位置，并且底板未受到任何损坏。

③ 若发现故障，则务必到新能源汽车维修企业找专业人员进行维修。

（2）驱动电机及变速器悬置软垫固定螺栓力矩的检测

① 用专用工具和维修设备进行检测。

② 按照规定力矩进行检测：支架与车身悬置连接转矩为（65 ± 5）N·m；变速器悬置连接转矩为 95 ～ 105 N·m。

（3）底盘高压线缆保护套的检查

① 检测项目。

底盘高压线缆的外观及连接状况。

② 检测方法。

目测检查底盘高压线缆保护套是否进水、老化、破损。

（4）驱动电机、电机控制器的外观检查

使用压缩空气或干布对驱动电机、电机控制器的外观进行清洁。

注意

严禁使用水枪对驱动电机、电机控制器喷水清洗。

四、电器与电控系统的维护与保养项目及操作要领

1. 查询监控终端

（1）所需专用工具

电动汽车专用检测仪（图 6–15）。

（2）检测项目

检测系统故障码。

（3）检测方法

① 拧下转向盘底部的固定下盖板的螺钉，拆下盖板。

② 连接诊断测试仪（图 6–16）。

③ 将电门钥匙置于“ON”位。

④ 进行测试，查询故障码。

图 6–15　电动汽车专用检测仪

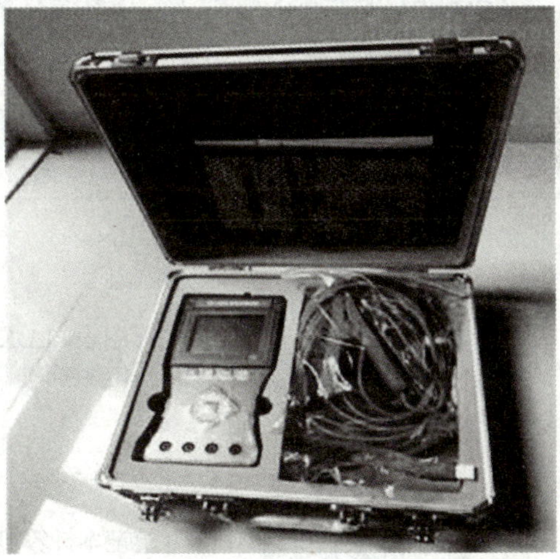

图 6–16　连接诊断测试仪

2. 检查机舱线束（高低压）插接件情况，线束根部有无过热、变形、松脱情况

（1）检测项目

高低压线束的外观及连接情况。

（2）检测方法

按照下列说明进行目测。检测前机舱内的线束、软管、接头及零部件等有否泄漏、擦伤及发脆现象。

提示

务必排除所有检查时发现的故障；如果不是因消耗造成的冷却液、制动液损失，则务必查找原因予以排除。

3. 高压线束的导电性和绝缘性检查

① 选择数字式万用表或纯电动汽车所配备的专用万用表。

② 检测前将连接动力电池的线束与电源控制器进行分离（图 6-17、图 6-18），然后用万用表探针逐个测试，测得参数如果在规定数值内，则判定为合格。

图 6-17　动力电池的线束

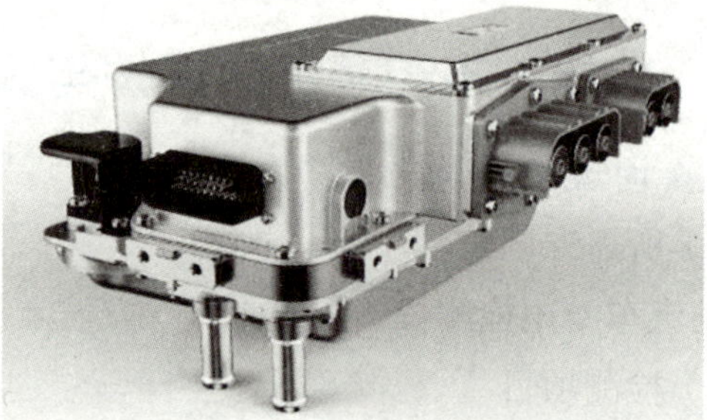

图 6-18　电源控制器

新能源汽车的高压线束好比传统能源汽车的燃油系统管路，其导电性和绝缘性的好坏将直接决定纯电动汽车能不能正常驾驶和行车安全与否的问题。大多数新能源汽车厂家对高压线束的保修时间为 5 年，若超过规定年限，应到厂家指定的新能源汽车 4S 店进行更换，以免发生短路等故障。

五、新能源汽车维护与保养的检测技术

新能源汽车维护与保养后的相关检测以北汽新能源 EV150 汽车为例，相关内容详见表 6-4。

表 6-4　北汽新能源 EV150 汽车高压部件的检测项目及方法

序号	高压零部件	检测项目	检测所需仪器设备	检测方法	标准值
1	动力电池	（1）动力电池正、负极与车身（外壳）绝缘电阻的检测	万用表 FLUKE1587C（电阻档）	① 拔掉高压盒端动力电池输入线 ② 将电门钥匙置于 ON 位 ③ 将万用表（电阻档）黑表笔接于车身，红表笔逐个测量动力电池正、负极端子	动力电池正极绝缘电阻为 ≥ 1.4MΩ；负极绝缘电阻为≥ 1.0MΩ
		（2）数据采集	笔记本计算机、CAN 卡	计算机监控	
		（3）充电测试	笔记本计算机、CAN 卡、钳形万用表（电流档）	① 计算机监控 ② 充电桩监控 ③ 钳形万用表（电流档）测量充电机输出线缆	
		（4）温度监控	笔记本计算机、CAN 卡、温度计	① 监控整车环境温度 ② 计算机监控	
		（5）压差监控	笔记本计算机、CAN 卡、监控系统	充放电末端压差监控	

续表

序号	高压零部件	检测项目	检测所需仪器设备	检测方法	标准值
1	动力电池	（6）CAN 口检查	笔记本计算机、CAN 卡	目测	
		（7）放电测试	行车记录仪	车辆按工况行驶，进行监控	
		（8）管理系统绝缘监控电路检查	绝缘表	将车辆电源关闭，打开高压盒输入插头，用绝缘表检测	（1 000 V）合格值：总正为＞ 1.5 MΩ、总负为＞ 1.0 MΩ
2	车载充电机	车载充电机正、负极绝缘电阻的检测	万用表 FLUKE1587C（电阻档）	① 将低压蓄电池负极断开； ② 拔掉高压盒 8 芯插头； ③ 将万用表（电阻档）黑表笔接于车身，红表笔逐个测量高压盒 8 芯插头的 B（正极）和 H（负极）	车载充电机绝缘阻值： 在环境温度为 23 ℃ ±2 ℃和相对湿度为 45% ～ 75% 时，其正、负极输出与车身（外壳）之间的绝缘电阻为≥ 1 000 MΩ；在环境温度为 23 ℃ ±2 ℃和相对湿度为90%～95%时，其正、负极输出与车身（外壳）之间的绝缘电阻为≥ 20 MΩ
3	DC/DC	DC/DC 正、负极绝缘电阻的检测	万用表 FLUKE1587C（电阻档）	① 将低压蓄电池负极断开； ② 拔掉高压盒 8 芯插头； ③ 将万用表（电阻档）黑表笔按于车身，红表笔逐个测量 A（正极）和 G（负极）	DC/DC 绝缘阻值： 在环境温度为 23 ℃ ±2 ℃和相对湿度为 80% ～ 90% 时，高压输入与车身（外壳）之间的绝缘电阻为≥ 1 000 MΩ；在工作温度为 -20 ～ 65 ℃和工作湿度为 5% ～ 85%HR 环境下，高压输入与车身（外壳）之间的地缘电阻为≥ 20 MΩ
4	空调压缩机	空调压缩机正、负极绝缘电阻的检测	万用表 FLUKE1587C（电阻档）	① 将低压蓄电池负极断开； ② 拔掉高压盒 8 芯插头； ③ 将万用表（电阻档）黑表笔接于车身，红表笔逐个测量 C（正极）和 F（负极）	向空调压缩机内充入 50 cm^3 ±1 cm^3 的冷冻机油和 63g ±1 g 的 HFC-134 a 制冷剂后，其正、负极对车身（外壳）的绝缘电阻为≥ 5 MΩ；清空空调压缩机内部的冷冻机油后，其正、负极对车身（外壳）的绝缘电阻为≥ 50 MΩ
5	PDC	PDC 正、负极绝缘电阻值的测量	万用表 FLUKE1587C（电阻档）	①将低压蓄电池负极断开； ② 拔掉高压盒 8 芯插头； ③ 将万用表（电阻档）黑表笔接于车身，红表笔逐个测量 D（正极）和 E（负极）	PDC 正、负极与车身（外壳）绝缘电阻值为≥ 500 MΩ
6	电机控制器、驱动电机	电机控制器、驱动电机正 / 负极输入绝缘电阻值的测量	万用表 FLUKE1587C（电阻档）	① 将低压蓄电池负极断开； ② 拔掉高压盒电机控制器插头； ③ 将万用表（电阻档）黑表笔接于车身，红表笔逐个测量正、负极端	电机控制器正、负极输入端子与车身（外壳）绝缘电阻值为≥ 100 MΩ

续表

序号	高压零部件	检测项目	检测所需仪器设备	检测方法	标准值
7	熔断器盒	高压盒正、负极绝缘电阻值的测量	万用表 FLUKE1587C（电阻档）	① 将低压蓄电池负极断开； ② 拔掉高压盒 8 芯插头，动力电池输入插头，驱动电机控制器输出插头； ③ 将万用表（电阻档）黑表笔接于车身，红表笔逐个测量高压盒端（动力电池输入，驱动电机控制器输出）	高压盒端（动力电池输入，驱动电机控制器输出）与车身（外壳）绝缘电阻值为无穷大

注：在测量高压部件绝缘阻值前，先将低压蓄电池负极断开（除动力电池），用万用表测量所测部位，确认无高压后再进行测量。

思考练习

一、选择题

1．打开点火开关后，仪表正常点亮，但是解码仪无法与整车通信，原因可能是（　　）。

A. 智能钥匙失效　　B. 整车无电

C. 点火开关损坏　　D.OBD 诊断接口损坏

2．交流充电插枪之后，仪表充电指示灯不亮，可能原因是（　　）。

A.CC 断路　　B. 充电枪电源未接

C.CP 断路　　D. 点火开关损坏

3．未插枪，仪表充电指示灯点亮，可能原因是（　　）。

A.CC 断路　　B.CC 搭铁

C.CP 断路　　D. 点火开关损坏

4．以下可以辅助新能源汽车高压系统故障诊断的是（　　）。

A. 解码仪　　B. 气压表

C. 胎压表　　D. 深度尺

5．以下会造成整车无法驱动的是（　　）。

A. 智能钥匙电量不足　　B. 动力电池包 SOC 低

C. 旋变传感器余弦信号线断路　　D.DC/DC 不工作

二、填空题

1．我国现代新能源汽车的主要类型有__________、__________和氢燃料电池汽车。

2．车辆行驶过程中，SOC 突然从 30% 跌到 0%，原因可能是单体电池电压达到预设的__________。

3. 冷却液需采用乙二醇型冷却液，要求其冰点低于当地最低温度__________。

4. 当 SOC 减小到__________以下时，SOC 表上的电量不足，指示灯会点亮。

5. 定期对电池进行一次深放电，以__________，即保持电池的活性。

参 考 文 献

[1] 白云，张静 . 新能源汽车维护与保养 [M]. 北京：科学出版社，2024.
[2] 董光，尹力卉 . 汽车维护与保养 [M]. 北京：机械工业出版社，2023.
[3] 夏长明 . 现代汽车维护与保养 [M].4 版 . 北京：机械工业出版社，2022.
[4] 曹阳 . 汽车维护与保养 [M]. 北京：中国铁道出版社，2022.
[5] 王茂美 . 汽车维护与保养 [M]. 北京：机械工业出版社，2022.
[6] 楚宜民 . 陈小虎 . 汽车维护与保养 [M]. 北京：化学工业出版社，2021.
[7] 吉武俊 . 胡勇 . 汽车维护与保养 [M].3 版 . 北京：机械工业出版社，2021.
[8] 夏雪松．汽车维护与保养入门 [M].2 版 . 北京：化学工业出版社，2020.
[9] 蔡晓兵 . 樊永强 . 新能源汽车维护与保养 [M]. 北京：机械工业出版社，2020.